イスラーム・ジェンダー・スタディーズ

長沢栄治 監修
嶺崎寛子 編著

7 *Muslims Living in Japan*

日本に暮らすムスリム

明石書店

「イスラーム・ジェンダー・スタディーズ」シリーズ刊行にあたって

――7『日本に暮らすムスリム』

本シリーズは、「イスラーム・ジェンダー学」科研の成果を具体的な内容で分かりやすく読者に示すことを目的にしています。

この第7巻のタイトルは『日本に暮らすムスリム』です。本巻の出版の経緯は、第1巻『結婚と離婚』と同様に、本科研が実施した公開セミナーに由来するものです。それは2020年9月26日にオンラインで開かれた「日本に暮らすムスリムを取り巻く諸問題――職場・学校・地域から」です。このセミナーは本来、同年3月、名古屋にて実施予定でしたが、新型コロナ感染拡大のため延期されたものでした。

その後、感染状況の変化に伴い、公開セミナーは対面・オンラインのハイブリッド形式で、2023年3月4日「鹿児島から『異文化』と『食』を考える」（鹿児島大学）、同年8月21日「北海道におけるムスリム――ムスリム観光客受入と定住者との共生に向けた課題」（室蘭工業大学）と続けて開催することができました。いずれも地域社会におけるムスリムとの共生をテーマにしたものであり、本巻の内容と密接に関係しています。これらのセミナーの企画に当たっては研究分担者の小野仁美さんに大変お世話になりました。また二つのセミナーの基調講演者の早稲田大学名誉教授の店田廣文様と室蘭工業大学教授の清末愛砂様にはとくに御礼を申し上げたく思います。

さて、監修者が個人的にムスリムとの共生の問題に接したのは、大学に勤務していた当時、ムスリム留学生の学生団体の顧問を務めた体験を通じてです。大学の生協食堂のハラール表示、礼拝場所をめぐる関係学部とのやりとり、イスラームの基礎知識に関する毎年の公開セミナーなど、いくつもの忘れられない思い出があります。顧問になった当初、それは2003年のイラク戦争の直前の時期だったと思いますが、ラマダーン月のイフタール（日没後の食事）に招かれると、メインの食事が生協の鯖の塩焼き弁当でした。そのときはかわいそうな気がしましたが、数年後には南アジア料理のケータリングにグレードアップしていました。退職時には、歓送会を開き、記念品までいただき感激しました。

普通の授業ではあまり見られない輝く目で、熱心に耳を傾ける彼らに向かい、いつかこんな話をしたことがあります。誰でも状況によってマジョリティにもなればマイノリティにもなるものです。皆さんは日本ではマイノリティとして暮らし、多くの体験をされたことでしょう。帰国された時には、こうした体験で得たマジョリティでは気がつかない視点や気遣いを、様々な人たちと暮らす中で生かしていってくださ い、と。本巻の内容から、鈍感なマジョリティの人たちが学ぶべきものはとても多いと考えています。

「イスラーム・ジェンダー学」科研・研究代表者
長沢栄治（東京外国語大学アジア・アフリカ言語文化研究所フェロー／東京大学名誉教授）

※本シリーズの各巻は、日本学術振興会科学研究費補助金・基盤研究（A）課題番号16H01899「イスラーム・ジェンダー学構築のための基礎的総合的研究」（2016～19年度）および基盤研究（A）課題番号20H00085「イスラーム・ジェンダー学と現代的課題に関する応用的・実践的研究」（2020～23年度）の成果の一部です。プロジェクトのウェブサイトURLは、islam-gender.jp です。

はじめに

嶺崎寛子

本書の目的は、日本に暮らすムスリム・ムスリマ（イスラーム教徒。ムスリムは男性形、ムスリマは女性形。本書では、ムスリムを男女双方を含む言葉としても用いる）の諸相を、日本の様々な地域、トピック、視点を通じて描き出すことにある。そしてジェンダーの視座は、本書全体に重低音のように常に響いている。

日本は国勢調査で宗教統計と移民統計（出生地とは異なる国に居住している者、ここでは外国で生まれて日本に居住する人の統計。国籍は問わない）を取っていない。そのため日本のムスリム人口などの統計的な全体像は、在留外国人統計等を用いて推計する以外に方法がなく、正確にはわからない。そして日本のムスリムには社会に対して声を上げる人もいれば、上げない人もいる。モスクとかかわりをもたないムスリムや、結婚時に改宗したが離婚して棄教した元ムスリマなどは可視化されにくく、本書でも取り上げられていない。マジョリティの目に見えていることがすべてではない、というジェンダー研究の大事な成果を思う。取りこぼしたことはあるが、それは本書の価値をいささかも減じはしないだろう。なお、本書ではムスリムと自称する者をムスリムとし、主流ムスリムからは異端とされる宗派も論じる。

人間は数字ではない。編者が専門とする文化人類学は、量的研究ではなく質的研究を得意とする学問である。すべては個人から始まる。第二派フェミニズムの金言の通り「個人的なことは政治的なこと」なのである。一人ひとりのムスリムの声に耳を傾け、その困難や喜び、悩み、希望を知ることは、社会構造や政治を問うことと常につながっている。

そして日本に暮らすムスリムは実に多様で多彩で、とても一括りにはできない。たとえば、ムスリムは日本ではマイノリティだが、1世の出身国の多くではマジョリティである。マジョリティとしてイスラーム文化（これも地域差が大きい）の中で育った1世は、日本でムスリムとして、つまりマイノリティとして育つ2世と、イスラームに関するスタンスや感性が相当違う（さらにそのことに自覚的でないことが多い）。1世は異国で生活基盤や家庭を築くためや、信仰や生活習慣を守るための苦労も努力もしただろう。それは自らの決断に基づくもので、様々な意味でその経験は、宗教を異とする他の移民たちの経験とも重なる。

一方の2世は自らの境遇を選べない。彼らは宗教2世――「特定の信仰・信念を持つ親・家族とその宗教的集団への帰属の元で、その教えの影響を受けて育った子ども世代」（塚田 2021）――として育つ。宗教2世問題を抱える2世もいる。宗教2世問題とは、「当事者が、その帰属や生育環境、家庭と集団における規範や実践の規定力・影響力ゆえに、何らかの悩み・苦しみ・つらさを抱えて生きていかなければならない」ことを指す（塚田・鈴木・藤倉 2023:10）。親による強制や、（親が外国にルーツをもつ場合は）親の文化や宗教理解の押しつけ、イスラームに対して日本社会のマジョリティが抱く偏見、宗教による「自由」の制限などがときに2世を悩ませる。生まれ育つ日本でマジョリティ側から他者と見なされつづけることには、1世とは別の大変さがある。

また日本人の改宗ムスリムは、多くの場合移住の経験も、宗教2世として育った経験もない。しかし日本人改宗ムスリムは今まで馴染んだ生活習慣のいくつかを改宗によって手放し、ムスリムとしての生活習慣を新たに身につける。そのように生活を変えた経験は、生まれながらのムスリムの1世や2世にはない。

さらに、日々のムスリムとしての経験を左右する重要な要素の一つにジェンダーがある。2世男性と2世女性には共通点も多いが、ジェンダーによって異なる経験もまた多い。一般に、水泳の授業に出られない、門限が厳しいなど、2世の女性の方が男性よりも親からの制限が多い。1世の日本語能力や就労経験もジェンダーによってはっきり異なる傾向がある。移民やその子どもたちの経験はジェンダー化されているのだ。日本人改宗ムスリムの経験も同様である。ムスリムの国際結婚は、日本人女性と外国人男性のケースが逆よりはるかに多い。必然的に、結婚による改宗も女性が多くなる。

ムスリマ、とくにヴェールをまとうムスリマが他と異なるのは、その可視性である。ヴェールは実際、日本では有徴な衣として機能する。日本ではそれはイスラームの、つまりは異文化の徴《しるし》であって、ムスリムがマジョリティの社会とは異なる社会的な反応や影響をもたらす。ある日本人ムスリマは「ヴェールをしてなかった頃はバスの運転手は〔乗り遅れまいと〕走ってたら待ってくれたのに、被ったら待ってくれなくなった」と語った。「〔金曜礼拝に行くために〕民族衣装を着て自転車に乗っていると高確率で職質〔職務質問〕される」と語った外国にルーツをもつ男子高校生は、制服で自転車通学をする際に職質されたことはないという。欧米ほどではなくても、ムスリムであることが可視化されると、ある種の偏見やイスラモフォビア〔イスラームやムスリムへの嫌悪〕に遭遇する確率は上がる。一方で、欧米と異なりイスラモフォビアが少なく、人々が他人の宗教に不干渉なことを、日本での暮らしやすさとして評価するムスリムもいる。マジョリティに紛れて目立たずに暮らせるかどうかによっても、状況は異なる。そしてそれは、ヴェールの有無、外国にルーツをもつかどうかなどに左右される。

彼ら／彼女らの経験は相当に異なる。イスラームへの理解も個々人やその出身地域によって異なるし、日々の実践に対するスタンスや理解も様々である。しかし皆「日本に暮らすムスリム」である。彼ら／彼女らには「ムスリムという自覚がある」以外の共通点はない、と考えてもいいくらいだ。

時代、ジェンダー、世代、母語、日本語能力、居住地、階層、在留資格、国籍、民族……諸々が交差するところにムスリムはいる。それぞれに異なる経験をできるだけ様々な視座から描き出そうというスタンスで、本書は編まれている。好きなところから読み進めてほしい。


本書は13章と11のコラム、一つの特論からなり、3部構成をとる。第Ⅰ部「日本でムスリマ／ムスリムとして生きる」は五つの章と四つのコラム、第Ⅱ部「歴史と社会制度」は五つの章と五つのコラム、第Ⅲ部「受け入れと共生」は三つの章と特論、二つのコラムで構成される。

第Ⅰ部では日本でのムスリムの経験に焦点を当てる。佐藤による第1章は、学校給食の多文化対応と、職場でのヒジャーブ着用の可否から見えてくるムスリムの宗教的ニーズに対する日本社会の理解とその限界について、4人の日本人ムスリマの経験を通して論じる。クレシによる第2章は、日本に暮らすムスリム第二世代の中には、周囲への同化願望と家庭の価値観や宗教的背景との葛藤に苦しむ者がいることを描き、彼らが「ムスリムであること」に肯定的に向き合うためには身近な理解者・共感者の存在が必要であることを示唆する。工藤による第3章では、パキスタン人を父に、日本人を母にもつ若いムスリム女性たちが、家庭や学校で子ども時代をいかに過ごし、成人への移行期に日本でどのようなアイデンティティを形成しているのかについて、インタビューの結果をもとに考察する。第4章でアズミは、滞日ムスリム家庭の子どもの教育に着目する。保護者が子どもの宗教教育やコミュニティによるイスラーム教育についてどう考えているのか、またどのような理由で学校・進路選択をするのか、彼ら／彼女らの思いと経験を描く。沈とアキバリによる第5章は、日本に住む外国人ムスリマのヴェールとその可視性に着目し、ムスリムそして外国人、これらの二重の他者性をもつ彼女らが日本社会そして日本国内のムスリム・コミュニティの両方で直面する生活世界や葛藤を描きだす。

第Ⅱ部では統計や法制度、歴史的展開など、個々のムスリムを取り巻く歴史的・社会的状況を描き、その文脈の中に日本のムスリムを位置づける。岡井は第6章で、人口推計をもとに日本のムスリムの特徴と実態把握上の課題を示したのち、「代表性問題」「可視化／不可視化問題」について検討する。そしてこれらを通じ、より鮮明に日本のムスリムの現実を捉えるための視点を提示する。伊藤は第7章で、日本人と外国人ムスリムとの国際結婚や、就労・中長期在留資格を有する外国人ムスリム同士の家族関係によって、日本におけるムスリム人口が増加する状況と、このようなグローバルな家族関係から生じる法律上の問題を述べる。森田は第8章で、日本のバブル景気を発端とする人手不足が生じた１９８０年代後半から１９９０年初めに中東から来日したムスリムの中でもとくに、イランおよびトルコからの移民の日本での定住化までの経緯について比較・検討した。佐伯は第9章で、各地の「インドネシア・パブ」で就労経験のあるインドネシア人女性の半生をまとめた。正規滞在と非正規滞在のはざまで翻弄されながらも、ムスリム女性たちが信仰と折り合いをつけ「夜の仕事」に従事し、生活の安定と心の平安を求めて格闘する様子が描かれる。沼田は第10章で、ロシアから日本を経由してトルコに渡ったタタール移民と１９５２年のイスタンブルで出会った朝日新聞の特派員が、「日本人より日本人らしい」と彼らを称える表現の危うさを通じて、両者の立場性の違いに注目した。

第Ⅲ部はムスリムの受け入れや共生にあたっての課題や方向性を示す。細谷は第11章で、日本に住むムスリムへの対応として医療者側から発信された情報を整理するとともに、地域のモスクでの活動や信者からモスクに寄せられる相談等を紹介し、保健医療分野における対応と取り組みを概観する。石川は第12章で、ヨーロッパのムスリム移民をめぐる「移民問題」から学ぶべき視点を提示した。重要なポイントは、ヨーロッパの「失敗」は、移民を受け入れたことそのものではなく、移民の社会的統合と包摂への努力を怠ってきた点にある。嶺崎は第13章で、日本で難民申請を行い、認められず強制退去となった後にカナダとドイツで再度難民申請を行った一家の事例から、各国の難民申請や移民政策の違いとその影響を論じる。小川は特論で、2021年のターリバーンによるカブール陥落以降、日本への退避を求めてきたアフガニスタン女性の声に突き動かされてきた経験を読み解き、アフガニスタン女性の権利が普遍的人権として尊重されず、むしろ政治的に都合よく利用されていることを描く。

各コラムのトピックも、大学での「イスラーム」の講義、第二世代の活動、ハラール化粧品、千葉のスリランカ人、イスラーム建築、クルドの人々、インドネシア人技能実習生、日本・トルコ交流史、テュルク系ムスリム、地方のモスク、ムスリムの埋葬など多岐にわたる。

日本のムスリムの多様で多彩な姿と、歴史や社会の中で変わりゆく姿は、紛れもなく日本の一部である。ムスリムに限らず、異文化をルーツとする人々とマジョリティは、どんな条件があればよりよく共生できるのかを、本書を通じて考えていただければ、幸いである。

日本のモスクの分布図

注：店田廣文 2021「付表 全国モスクリスト（2020年10月現在）」（『世界と日本のムスリム人口 2019/2020年』多民族・多世代社会研究所、p. 27）をもとに作成。同表に「閉鎖」「？」の表示のあるものを除いた112ヵ所に、本書で取り上げている津島アヤソフィヤジャーミィ、石巻モスク、大阪イスラミックセンターを加えた。

イスラーム・ジェンダー・スタディーズ7

日本に暮らすムスリム

目次

IG科研

第Ⅱ部　歴史と社会制度

［注記1］本書では、ムスリム女性が頭髪を覆うために着用する布の呼称を統一していない。呼称には言語差や地域差があるからである。執筆者によって「ヴェール」「スカーフ」「ヒジャーブ」「ヒジャブ」「ジルバブ」との呼称を個別に使用している。

［注記2］引用文中の〔　〕は筆者による補足である。

［注記3］本文中の写真で出所の記載のないものについては、原則として執筆者の撮影・提供によるものである。

第Ⅰ部

日本でムスリマ／ムスリムとして生きる

第1章

ムスリム理解を考える

――ムスリム"も"食べられるインクルーシブ給食と日本人ムスリマのヒジャーブの事例から

佐藤兼永

はじめに

本章では、ムスリムの子どもも含めた誰もが食べられる学校給食を求める取り組みと、職場での日本人ムスリマ（女性ムスリム）のヒジャーブ着用について論じる。給食とヒジャーブという二つの問題が、ムスリムの宗教的なニーズに対する日本社会の理解の度合いとあり方を示す格好の例になると考えるからだ。

教育現場、とくに多くの公立の小中学校においては、食事や礼拝・服装などムスリムの宗教的なニーズ（豚肉食の禁忌、一日5回の礼拝、女性の場合は、ヒジャーブの着用など露出度の低い服装）に対する配慮が行われてきているが、ムスリムの子どもが食べられる給食の提供の例はまだまだ限られている。一方、職場においては、アルコールを体質的に受け付けない人がいるという認識の広まりや、勤務時間後の仕事上の付き合いを疎む若者が増えたことなども影響し、酒を飲めないムスリムにとっても比較的働きやすい環境になってきている。また近年、人材難が叫ばれるなかで、日本で働く外国人の増加などもあり、職場での礼拝を行ったり、ヒジャーブ姿で仕事をするムスリマ、とくに外国人ムスリマが増えてきている。一方で、外国にルーツをもたない日本人ムスリマが職場でヒジャーブを被ることのハードルは、依然として非常に高い。

1　インクルーシブ給食の意義

日本に暮らすムスリムが子どもを学校に通わせるにあたり、給食への対応を迫られる。

ムスリムが豚肉食や飲酒を禁じられていることは比較的知られている。しかし、豚由来の成分やアルコールの含まれる食材や調味料のどこまでが禁じられているかについてのイスラーム法上の解釈には幅がある。それだけでなく、食の禁忌規定を普段の生活の中でどの程度厳密に守るかも、個々のムスリムにより異なる。成人ムスリムの場合、ある程度自身の判断でムスリムが食べても合法（ハラール）だとされている食べ物を選択できるが、子どもを日本の学校に通わせる場合、そうはいかない。日本にはまだ数えるほどしかないムスリム向けの学校以外では、完全にハラール対応のされた給食の提供は期待できない。保育園や、校内に調理施設がある小学校において、ムスリムの子ども向けに豚肉などを除去する形で給食を用意してくれているという話は筆者もごくまれに耳にしたことがある。ムスリムの親たちの中には献立のうちムスリムとして食べてよいものを子どもの判断で食べさせている家庭もあるが、多くの場合、給食の代わりに親が作った弁当を食べさせることで食の禁忌規定に触れるのを回避している。

ある地方都市（Y市）で、ムスリム団体の運営に携わる日本人ムスリマのアーミナさん（仮名）も、3人の子どものために毎朝弁当を作る生活を長年続けている。さらに彼女は、ムスリムをはじめとする様々な文化的背景をもつ子どもたちでも食べられる給食の提供を実現するよう、長年にわたって彼女が暮らす

子どもたちの弁当を用意する、埼玉県在住のパキスタン人の母親と日本人の父親。2018 年

自治体に働きかけてきた。ただし、これはハラール給食を求めることとは違うと彼女は強調する。

「ハラール給食っていうと給食自体を全部ハラールにして、それをムスリムの子どもだけに提供するっていうイメージが湧くじゃないですか」アーミナさんは言う。「ムスリムの子どもも含めた多文化な背景をもった子どもたちの、食の多様性の部分に対応できるような給食を作りだしてほしいというふうにお願いしているので、本当にムスリムの子どもだけを見てくれって言っているわけじゃなくて、ムスリムの子どもを含めたいろんな戒律をもった宗教の子どももいるし、文化っていう分野でも食べれないものをもっている子どももいるので」

ここで「ある地方都市（Y市）」と表現したのは、アーミナさん自身も彼女がかかわる団体も、匿名にすることを条件に話を聞かせてくれたからだ。彼女の所属団体のメンバーの一人は以前、地元のイベントで、給食にまつわるムスリム家庭の苦労と配慮を求める発言をした。それが地元紙で取り上げられた時、アーミナさんの所属団体にメールが届いた。アーミナさんは言う。

「『自分たちの税金をね、あんたら外国人に使う必要ないのよ』『そんな給食に使うんだったら日本から

『出てけ』みたいな。そういうのを受けると、そんなバッシングは納得なんか全然しませんけど、でもやっぱりメンタル的にね、ずっと落ちるし嫌だなって思う」

Y市の取り組みに限らず、給食の宗教対応にかかわるネット上の記事には、必ずといってよいほど「わがままだ」といった批判の声が上がる。このことからもわかるように、宗教的に配慮した給食の問題は誤解と批判を招きやすい。そもそも同様の取り組みを行う自治体の数が少ないため、アーミナさんが暮らすY市が位置する地方名なども、ここでは明示しない。

そうまでしてY市における取り組みを紹介したいと考えたのには、いくつか理由がある。まず、アーミナさんが個人として行政に求めてきたのではなく、彼女とその所属団体がY市在住のムスリム家庭にアンケートをとるなど、団体として自ら給食実現のために活動をし、自治体に情報提供をしてきたことだ。そして何より、Y市では2021年の秋に、試験的な試みとして誰もが口にできる給食を市立小中学校全校で提供したことだ。ちなみにこの給食にはある名前が付けられているのだが、先ほどと同様の理由で名前を伏せ、ここではインクルーシブ給食という、やや口はばったい呼び名を使う。

インクルーシブ給食とは具体的にどのようなものか。2022年7月の取材時点でインクルーシブ給食のプログラムを担当していたY市学校給食担当の大和田さん（仮名）によると、このインクルーシブ給食は卵や乳製品、肉類などアレルギーの原因になる28品目に加え、アルコール成分の含まれる食材を除いて作った給食だ。その意味では除去食だが、食事に何らかの制限のある子どもたちだけでなく、より多くの小中学生が食べるための給食として新たに考案されたという点で、通常の除去食とは異なる。

「現在の給食費の範囲内というかその金額で出せるように調整して作りました。そこはかなり難しかったんですけど」。実現にあたっての苦労をこのように振り返った大和田さんはまた、栄養価を保ちつつこの献立を考案するのにおよそ1年半の期間を要したと語った。

ちなみにY市では、この給食を宗教に配慮した給食とは謳っていない。大和田さんはこの給食の趣旨を次のように強調する。「宗教に対応したということではなく、アレルギーの子も、いろんな文化・信条的な理由で給食を食べられない子も、なるべく多くの子が食べられるように実施しました」

給食に関するY市内のムスリム団体からの働きかけが果たした役割に関して筆者が尋ねると「いろいろ考える時の材料の一つといったら変ですけれども、それがすべてのはじまりではないですね」との返事が返ってきた。ちなみに、大和田さんの知る限りイスラーム以外の宗教の信者からの給食に関する要望などはなかったが、ヴィーガンのような菜食主義の家庭からの給食に関する質問は過去にあったそうである。

しかしアーミナさんは、Y市の給食に関するこの新たな試みは、彼女たちの働きかけがようやく形になったものと捉えている。彼女が給食の問題に取り組みはじめたのは、長男が市内の小学校に入学する1年前、2010年のことだった。Y市の学校給食担当者を訪ね、アレルギー対応の一つと見なして、長男のために除去食を提供してもらえないかとお願いしたのだ。しかし、Y市の返答は否定的だった。

「一番最初に言われたのはアレルギーの子への対応は法律で決まっているのでやりますけど、宗教的配慮の必要な児童へのそういった食事っていうのは端的にいえば法律で決まっていないからやりませんって言われて。『すごい大変ですね』って同情はしてくれるけど、『やりません』みたいな」

ただ、担当の方からは後に、もう少し込み入った事情も聞かされたという。

「いろんなアレルギーの子どもがすでにいるのでキャパオーバーになっている部分もありますし、アレルギーの中の一環として対応しようとすると、ムスリムの子どもの食べられない部分というのがあまりに多くなってしまって、結局中身がすっからかんというか、薄い給食を提供することになってしまうんです。

除去食なので。代替食じゃない除去食なので。除去していくと実質的にすごい、『これだったらお母さんが作った食べ物を持たせた方が子どもの栄養面としても良いんじゃないか』と思ってしまう」

学校給食担当の職員の説明を、アーミナさんは記憶をもとに振り返った。

結局、長男のためには弁当を作って持たせることで対応したのだが、アーミナさんたちはその後も働きかけを続け、市議会議員や市長にも子どもたちの多様性に配慮した給食の必要性を訴えてきた。

「市長さんにもお手紙書いたし、教育委員会の教育長さんにも手紙を書いたし、あと県の方の教育長さんにも手紙を書かせていただいて、『こういう状況なので、Y市だけの問題じゃない。当然県下に広がるたくさんの地域に〔ムスリムの〕子どもたちが住んでいるので、学校として、教育の配慮として考えてほしい』ということを伝えました」

それ以外にも前述したムスリム家庭を対象に行ったアンケートの結果を市に伝えたり、外国籍住民の声を掬い上げるためにY市が設置した協議会にアーミナさんの所属団体メンバーの一人が加わって、インクルーシブ給食の必要性を訴えたりと、あらゆる機会に給食の多文化対応の必要性を訴えてきた。

なぜそこまで給食にこだわるのか？　給食の代わりに弁当を持たせることには次の四つの問題があると、アーミナさんは指摘する。

一つ目は食事の違いによるいじめとからかいに対する懸念。アーミナさんの長男は高校2年生になって初めて、小学校時代のつらかった経験を彼女に語ってくれたそうだ。その原因には周りとの容姿の違いや父親が外国人であることも含まれるが、食事の違いも原因の一つだった。

二つ目は給食費と持参食材費の二重負担。ムスリムの家庭の中には給食を普段子どもに食べさせて、口にできないおかずがあるときだけ代わりのおかずを家で作って持たせるケースもある。そうすると給食費

埼玉県内の小学校で、給食代わりに家から持参した弁当の中身を同級生に見せるパキスタン人の小学生。2005年

を払いながら持参するおかずの食材費も負担することになる。給食を一切食べない場合には給食費の負担はないが、仮に栄養のバランスを保つために給食の献立と同じメニューの弁当を家庭で作るとなると、食材費の負担が給食費をはるかに超える。アーミナさんと共に給食の問題に取り組んできたインドネシア人ムスリマが以前、コスト計算をしてみたところ、一人分の弁当代が月に1万円近くかかっていた。給食費の倍以上の負担である。

三つ目は栄養バランスの確保や夏場の衛生面など、食事の安全・安心面。

そして四つ目は、万が一、病気や怪我により親が弁当を作れなくなった場合にどうするのかという問題だ。この問題には、後にアーミナさん自身が実際に直面することとなった。「去年、一昨年かな、私、がんになったんですよ。がんの診断を受けて〔中略〕手術日をいつに決めるかってことで、一番先に頭に浮かんだのが『子どもたちの給食どうしよう』ってことだったんです」。医師からは、がんの標準治療では診断から3ヵ月以内の手術を勧めているとの説明を受けた。術後の回復まで2週間は子どもの弁当を作ることができない。アーミナさんは手術を、3ヵ月以内という標準にギリギリ収まる子どもたちの冬休みまで延ばした。

こうした問題点の解決のためだけでなく、インクルーシブ給食を提供することには、より積極的な意義があるとアーミナさんは考えている。

「見た目も変えられないし名前も変えられないし、まあ宗教も変えられないし親も変えられないっていうなかで、何か変えられることがあるとすれば、学校の環境、学校の中でのそういった多文化・多宗教、食事、そういったものの環境を変えることはできると思うんですよね。だから、その一つとして給食がある」

確かに弁当を持たせればハラールな昼食を子どもに食べさせることはできる。しかし周りの子どもたちと同じものを食べられないという疎外感は残る。それがインクルーシブ給食で解消される。その意味で、インクルーシブ給食はムスリムの子どもの自己肯定感やアイデンティティの形成にも影響があると、彼女は考えている。

「『生活習慣が違う子どもたちも一緒に食べれるよ』っていうフレーズがいかにムスリムの子どもたちの、〔そして〕他の宗教の子どもたちの救いになるかって話ですよね。だって今までそれさえ認められてこなかったわけですから。存在はしているけど、サークルの輪の外みたいな。『私たちはこっちの輪の中にいるけれども、あなたは食べれないから輪の外ね』みたいな」

そしてインクルーシブ給食は、食事の制約がない子どもたちにも影響を及ぼす。

「毎日弁当持ってきている何々ちゃんが『今日は食べられるんだ、みんなと一緒に食べれるんだ』っていうふうになったときに、『何々ちゃんも食べられるけど私も食べられる。同じものが食べられる』っていうその体験が……自然に多文化だったり宗教的配慮だったりってのができる大人になっていくというふうに思いますね」

2023年4月に大和田さんから担当を引き継いだY市学校給食担当の中山さん（仮名）によると、このインクルーシブ給食は2022年秋にも同様の形で1度提供され、2023年秋にも同じ献立の給食が

Y市内の全市立小中学校で1度提供される予定である。

しかしアーミナさんは、年に1回では少ないと感じている。

「費用面の負担が他の給食よりも多いわけでないのであれば、毎月の給食メニューってローテーションでほぼ毎月同じようなメニューがきているので〔中略〕そのうちの一つに組み込んでもらえば、別に月々のローテーションに入るだけなのでいいんじゃないかなって思います」

それでも、この給食が2021年に初めて実施された時、彼女はY市の担当者にお礼の電話を入れた。「子どもたちもこれだけ喜んで、涙ぐんで喜んで話をしてくれたお母さんもいたんですよね。だから、そういった給食課さんの努力が実ってこういう結果になっているんですよってことをフィードバックとしてお伝えしたかった」

アーミナさんの話の中で筆者にとって何よりも目から鱗だったのは、ムスリムなど多様な文化的背景をもつ子どもも食べられる給食を提供することが、普段問題なく給食を食べられている大多数の子どもたちにも良い影響を与えるというものだ。Y市が提供するインクルーシブ給食は、その提供頻度という点ではムスリムの親たちにとって不満の残る取り組みかもしれない。しかし給食で困っている子どもたちだけでなく、すべての子どもたちに同じ献立の給食を提供することで相互理解を促すというY市のねらいは、アーミナさんたちの思いとも合致する。これがたとえば、ムスリムの宗教的ニーズだけに対応した給食をムスリムの児童・生徒だけに提供していたとしたら、ムスリムという少数派と多数派との差異のみを可視化したかもしれない。しかしムスリムを含めた多様な文化的背景をもつ子、アレルギーをもつ子など、可能な限り多くの子が口にできる給食をすべての子どもたちに提供することで、少数派と多数派の差異ではなく共通点が可視化できたといえよう。

2　職場でヒジャーブを被るということ

ヒジャーブを被ることは周囲に何らの負担もかけないはずだ。しかし筆者が知る限りでは多くのムスリムが、職場でのヒジャーブ着用を実現できている日本人ムスリマは少ないという認識を肌感覚としてもっている。そして同じ日本人ムスリマでも国際結婚の家庭に生まれた2世や、外国にルーツをもつムスリマがヒジャーブ姿で働くことは比較的認められやすい、ともいわれる。ここでいう「日本人ムスリマ」は、両親と自分が日本生まれの日本人のムスリマを指す。また、ムスリムが経営する会社などではヒジャーブの着用は問題なく行えるので、ここでの「職場」はムスリムがオーナーではない一般の企業などを指す。

栃木県内で介護士として働く日本人ムスリマのファーティマさん（仮名）は、前職のスーパーでの仕事を得るまでの話をしてくれた。ヒジャーブ姿の写真を履歴書に貼って提出し、面接にもヒジャーブ姿で足を運ぶも、4社立て続けに不採用になったという。

「最初は単純に条件に合わなかったのかなとか〔思いました〕。そんなすぐ合格っていうのもないだろうし、難しいだろうなって程度だったんですけど、二つ三つって落ちるたびに、ちょっとヒジャーブのせいかなって頭をよぎったり。面接の時点で〔自分が〕ムスリマだってのは結構前面に出していたので、もしかしたらそれがいけなかったのかなという感じもありましたね」

面接に落ちた時の心情を尋ねると、複雑な思いを語った。「悲しいっていうのもあるし、もうそろそろ〔仕事を〕決めなきゃってのもあったし。焦りもありましたね。まぁ、とにかくお金なかったんで」

彼女は当時、パキスタン人の夫と子ども2人と共に、パキスタンから日本に引っ越してきたばかりだった。パキスタンで約6年暮らし、ヒジャーブを「ずっとしているのが普通」のことだと思っており、他の会社では大丈夫だろうという気持ちがまだあったため、5社目の面接にもヒジャーブ姿で出向いた。「履歴書にもヒジャーブ付きの写真出して、『このままでやりたいんですけど』って言ったんですよ。そうしたら『えっ？　日本人だよね？』って言われて。『ちょっとウチはそういうの前例ないし、ちょっと無理』って」

ここでファーティマさんは、前4回の面接とは異なる行動に出る。「『じゃあ、取ったら大丈夫ですか？』って言ったら、『大丈夫ですよ』って言って採用になったんです」。結局、彼女は２０２１年までこのスーパーに勤めていたが、子どもが大きくなってきて出費も増えてきたのにパートで昇進がなかったため、ある高齢者介護施設に転職した。必要な資格取得を条件に正社員として採用された。

期待通りに給料は上がり、仕事も「面白い」と語るファーティマさんだが、過去に4社続けて不採用になった経験から「もう嫌になっちゃって」、この仕事に応募した時にはヒジャーブをせずに面接に臨んだという。「最初から聞くのをやめようって。面倒くさいし、たぶん落ちるだろうから、もう聞くのやめようって。その時は最初から〔ヒジャーブを〕しないで行きました」

当然、今も勤務中はヒジャーブをしていない。「できれば〔ヒジャーブを〕したいというのはあるけれど、実際、介護を始めて――介護は初めてだったんで――実際やってみて、ヒジャーブしながらだとかなり厳しいなってのはあります」

介護する高齢者たちは基本的に体温が低いため、施設内の室温が高めに保たれており、とにかく暑い。そのため、体力的な負担が大きいと語るものの、「常に罪悪感はあります」ともいう。

「ほんと一番の理想は、そこを妥協しないでまずイスラームのことを大切にしていれば、経済的なこととかは後からついてくるものだと思ってはいるんですけども。ちゃんとしている人には必ずアッラーはその分の報酬をくれるし、こんな中途半端なことをやっている人よりもずっと、ちゃんと貫いている人の方が正しいのはもちろんわかっているんです。でもなんていうんですかね、私の個人的な、言っちゃえば日本でイスラームを信仰しながら仕事するっていうのは他の日本人からしたら厄介なことじゃないですか。人の評価とか他の人の目とかを気にして負けちゃっている自分を、なんか、仕事とプライベートを切り離さないとやっていけないとか、そういう言い訳ですよ、要するに」

神奈川県在住で東京の通信会社に勤める日本人ムスリマのサフィーヤさん（仮名）も、勤務中にヒジャーブを被れないことや礼拝ができないことへの葛藤をしばらく感じていた。もともと普段の生活でもヒジャーブをしていなかったのだが、あることをきっかけにムスリマとしてヒジャーブを被らないといけないと自覚した。しかしそれからも、被ることで人間関係を壊してしまわないかが心配で、しばらく被ることができなかった。

「ヒジャーブって即バレじゃないですか」。サフィーヤさんは、ヒジャーブを被ることをこう説明する。次第に友人たちの前ではヒジャーブを被れるようになり、幸い人間関係も壊れることはなかったのだが、勤務中は被れずにいた。また食事には気をつけていたが、社内で礼拝もできず、自分がムスリムであることを上司や同僚には伝えていなかったという。

そんな彼女が自身の信仰を明らかにするきっかけになったのは、部署内の飲み会の席だった。豚肉料理を勧められて「食べれない」と言ったら、「なんで食べれないんだ。宗教がらみのことか？」と問われたのをきっかけに、自分がムスリムであることを上司や同僚に初めて明かした。それだけでなく、上司に職場で礼拝させてもらえないか相談したという。「結局、上司には、公私混同はダメだと言われて。宗教関連のことは職場に持ち込むなって言われて断念しました」

ただ、彼女のオフィス近くの百貨店に礼拝室ができたことで礼拝の問題は解決した。サフィーヤさんの記憶では、礼拝室ができたのは彼女がちょうど上司に相談をした直後くらいだった。以降、彼女は昼休みにこの百貨店に足を運び、礼拝をするようになった。しかしヒジャーブを被れない状況は続いた。それを解決したいという思いもあって転職活動をはじめた折に彼女は妊娠し、出産を経て育児休暇に入った。

転機は一本の電話と共に訪れた。サフィーヤさんは育休に入る前に上司から、復職する時に部署の異動を打診されており、承諾していた。実際に復職が近づくと異動の通知が届き、新部署の上司から電話が来た。「いろいろ復帰に向けて会話をしたんですけれど、その時に『歓迎会はハラールの所を押さえてあるから予約しようと思うから』と言われて。いきなりすごいありがたい対応で」

実は異動にあたり、前部署の課長から現在の部署の課長にサフィーヤさんがムスリマであることの引継ぎがあったそうだ。この電話でまた、彼女がムスリムであることを部署の他のメンバーにも伝えてもよいかと上司に聞かれたため、伝えるようお願いをした。このやりとりからヒジャーブに関しても問題ないと直感的に判断し、復帰初日に、とくに事前の断りや了承を得ずにヒジャーブ姿で出社したのだ。電話で上司にお願いしていた通り、彼女がムスリマであることをすでに知っていた同僚たちからは、ヒジャーブ姿について「何も突っ込まれなかった」という。他部署の同僚も反応は変わらなかった。

「ときどき会社のミーティングで他の部署の人とかとのミーティングもあるんです。でも何も言わずにヒジャーブしておりますけれども、なんにも突っ込まれないので意外に皆平気なんだなって。もしかしたら『あの人なんで被っているんだろう?』って思っているかもしれないけど、表面上は別に何ともないんだなって感じですね。意外に」

コロナ禍で在宅勤務に変わるまで、勤務時間内の礼拝は新部署が入るオフィスビル内に設置された授乳室でしていた。これに関する経緯は覚えていないが、社内の施設を利用することになるため、上司に相談しなかったというのは考えにくいと、彼女は言った。「こんなに恵まれているなんて、ほんとビックリです。今までのゴタゴタは何だったのかなって」

異動後の「恵まれた」境遇の理由を尋ねると、現在の部署は海外の顧客がほとんどであること、コロナ禍以前にはアフリカから定期的にインターンを受け入れていたこと、部署のメンバーにも多様な文化的背景をもつ人が多くいることを理由として挙げた。ただ、なぜ彼女の宗教的なニーズに理解を示してくれるのかを上司や同僚にはっきりと尋ねたことはない。そのためあくまで推測だとしつつも、そのような理由しか思い当たらないという。「私以上に目立つ人がいるので。アフリカの方とか、名前は日本人なんだけれど〔イタリア生まれで中身は〕イタリア人みたいな人とか」

九州で医療職に就く日本人ムスリマのハニーファさん（仮名）はヒジャーブ姿で働けるようになるために、より能動的に動いた。

彼女は2010年に九州に引っ越して来た当初、がん専門の個人病院に勤務していた。その病院の面接を受ける際、宗教上の理由でヒジャーブをしていると伝えると、「外せるか」と聞かれた。どんな色でどんなふうにするかなども聞かれた。いろいろと説明した結果、面接をしてくれた事務長と院長の了解は得られたが、今度は現場の看護師長から「年配の人は怖がる人もいるかもしれないから、ちょっと変えられないかしら」と言われてしまったという。当時は馴染みのない土地に来たばかりでもあり、ヒジャーブの代わりに帽子を被ることにした。「『じゃあ、髪の毛隠せば別に問題ないので』って言って、それで帽子にしたんですよ。ベレー帽みたいなものを被って髪の毛をできるだけ隠してやっていたんです」

すると、パン屋さんが被るような帽子だったことから患者さんに厨房の人だと勘違いされたり、がんを治療しながら働くスタッフだと勘違いされたりしたこともあった。ただ、髪が見えない姿で勤めていると、治療で髪の抜けてしまった女性の患者などからはかえって安心されるという経験もした。

その当時もハニーファさんは、出勤・退勤時にはヒジャーブ姿だった。そのため、出退勤時に出くわした知り合いの患者にヒジャーブ姿を見られ、「だからそうだったんだぁ」と納得されることも多々あったという。そのような反応を見て、彼女はその後、勤務中の服装も少しずつヒジャーブに寄せていった。

最初はヒジャーブのインナーキャップで髪の毛を隠し、その上から帽子を被ってみた。そして、徐々にそのインナーキャップを伸ばしていって首まで隠し、「それで、しれ～っとして仕事してたり」した。週に1、2日だけヒジャーブを短く巻いて仕事をしていると、周りの看護師なども、次第に「『今日、なんか素敵なのを巻いてますね』とかって言うようになってきて、なんかもう皆にバレたみたいな感じで、いいやってなりました」。それからは勤務中だけでなく、忘年会などにもヒジャーブ姿で参加するようになったという。

しかしヒジャーブを被ることで「怖がる人」はいなかったのだろうか。実はハニーファさんには、訪問看護ステーションに勤務していた時、派遣されて訪問したある患者から「妻が怖がってるのでもう来ないで」と言われた経験があった。しかしそのように言われたのは、6年間病院勤めをし、その後の6年間で二つの訪問看護ステーションで働く間で一度だけだったという。

以上、3人の日本人ムスリマのヒジャーブ事情を見てきた。限られた事例ではあるが、結局、日本人ムスリマがヒジャーブ姿で働くことは難しいのか、難しくないのか。

栃木で介護士として働くファーティマさんは、「外国人ムスリマよりも日本人ムスリマの方が職場でヒジャーブを被るハードルが高いと思う」と言った。東京の通信会社に勤めるサフィーヤさんも、自身が現在ヒジャーブ姿で働けているのにもかかわらず、日本人ムスリマが職場でヒジャーブをすることはハードルが高いと考えている。これに対し、九州で医療職に就いているハニーファさんは、ヒジャーブを取り巻く状況が変化してきていると考えている。

「たとえばヘルパーさんとかは昔は完全にダメだったんですね……インドネシアの人とかも結構いるのに、そういう人も（ヒジャーブを）着けちゃダメみたいな感じで、ちょっと介護職の方は厳しかったんですよね。ユニフォームだけを着てくださいという感じで、医療職より厳しかったんですけれど、それもここ数年緩和されてて。関東のほう、横浜からこの間来た人に聞いたら、むしろまったく問題なかったって聞いてます。『それがどうしたの？』くらいの感じで」

東京都内の病院で衣類を畳むインドネシア人 EPA 看護師候補生。2011 年

ハニーファさんが聞いた介護職の事例では、介護施設に勤めるファーティマさんの事例とは異なり、抵抗が年々薄くなり、問題なく着用できていたという。地域差や事業者のスタンスなどにより、ヒジャーブへの対応は多様で一般化できないことがわかる。

そもそも、日本人ムスリマで普段からヒジャーブを被っている人が少ないことが、日本人ムスリマの職場でのヒジャーブ着用をめぐる状況を見極めるのをさらに難しくする。筆者が、日本人ムスリマが職場でヒジャーブを被ることについて書きたいと伝えると、今回紹介した3人の女性全員が、そもそもヒジャーブを被りたいと思っている日本人ムスリマが少ないと指摘した。職場の理解を得る難しさに関しては3人とも筆者に同意するものの、被っていない人が被りたいと思っているとは限らないというのだ。

また、職種によってはヒジャーブ姿で働く人がきわめて少ないため、ヒジャーブに対する理解を得やすい職種があるのかを判断することは難しい。横のつながりの強いムスリムならば、ある特定の職種に就いていてヒジャーブを被っていると聞けば、「おそらくあの人だろう」と目星が付くくらいだといえば、希少さのイメージが湧くだろうか。

それでもハニーファさんは、日本の社会全体が変化しているという。「10年前よりはやっぱり生きやすくなっているとは思うし、多様性を認めましょうっていうような時代でもあるし、そういったことをいちいち聞くのはね、面接で聞くのもどうかとかね、パワハラとかになっているのかもしれないから聞かないのかもしれないですし」

ハニーファさんの話でもう一つ興味深かったのは、ムスリマ自身の態度も周囲の理解に影響を与えるのではないだろうか、と語ったことだ。昔はヒジャーブ姿で外を歩いていても、「周りの目が怖いっていうかね。なんか言われたらどうしよう」と思っていた時期が彼女にはあった。今ではムスリマとして「自然体」でいられるので、「新しい場所に面接とか就職に行っても怯えてはない」という。彼女自身が堂々とヒジャーブを着けているから周りも受け入れやすいというのだ。

一方で、自身の態度だけではどうにもならない日本人ムスリマのジレンマもあると感じる。栃木のファーティマさんは4度の面接に落ちた後、スーパーの面接で一度はヒジャーブをして働けないかと聞いたものの、ダメだと言われ結局ヒジャーブをせずに働くことを選んだ。給食をはじめとした学校における子どもの信仰実践と大きく異なり、大人の職業選択には生活がかかっている。信仰も大切だが、仕事と信仰を天秤にかけざるを得ないときもある。

しかも自分でかなりの程度選ぶことができる食事や、上手に場所を見つけたり後から埋め合わせができる礼拝と異なり、女性のヒジャーブに関しては人前でこそ身に着ける必要があるため「逃げ道」がない。その意味では、日本の職場で働きつつ信仰を実践するのは、男性ムスリムよりも、女性ムスリマの方がより困難だといえるだろう。

おわりに

今回取り上げた子どもたちの給食と日本人ムスリマの職場でのヒジャーブという二つのテーマには、その問題をどのように解決するかというアプローチの面でも大きな違いがある。

インクルーシブ給食をめぐるアーミナさんの取り組みが画期的なのは、団体として行政に働きかけることで、個別の学校ごとではなくて、Y市として統一した対応を求めている点だ。他の自治体でもムスリムの宗教的なニーズに合わせた給食を出しているという話を、時おり耳にする。しかし大抵の場合、学校が給食室を備えていて、かつ子どものために可能な限りのことをしてあげようと考える、いわば〝志のある〟先生や職員がいて実現することだ。しかしアーミナさんが求めているのは、子どもが通う学校によって対応がバラバラになってしまうような属人性を排することなのではないか。

職場での宗教的理解についても、現状ではそれぞれのムスリマが勤める職場における現場の判断などに依存せざるを得ない。生活がかかっているからこそ、本来なら属人性を排した対応ができるようにしていく必要があるのだが、はたして属人性を排した対応としてどのようなことができるのだろうか。就業規則の中でヒジャーブの着用の自由を明記するなどが思い浮かぶが、そもそもそのような決まりを就業規則にどうすれば盛り込むことができるのだろうか。

ここでアーミナさんが考える、インクルーシブ給食の効果について思い出してほしい。彼女が指摘したのは、インクルーシブ給食はムスリムの給食で直面する課題を解決し、ムスリムの肯定的なアイデンティティを醸成することに留まらない。それらに加えて、周囲の子どもたちの多様な文化への理解も促すというものだ。マイノリティを学校社会の中で包摂するための給食が、学校内の多数派にとってもメリットをもたらす。そう考えれば、インクルーシブ給食の献立考案にかかった予算や調理の手間なども、少数派だけではなく多数派を含めたすべての子どもたちのためのものだと考えることができる。

ヒジャーブに関しても同様の見方ができる。サフィーヤさんの職場がヒジャーブ着用を自然に受け入れていることの背景に、すでに職場にいた多様な文化的背景をもつ同僚たちの影響があったとすれば、ヒジャーブをまとった彼女の存在が、次に来る〝異なる〟社員が受け入れられることに寄与するだろう。九州で医療職に就くハニーファさんが髪を隠して働くことで、がんで頭髪を失った患者に安心感を与えたという経験も同じことを示している。そして少数派にとって居心地の良い職場は、結局のところ多数派にとっても居心地の良いものになるだろう。

コラム1

日本の大学で「イスラーム」を教える

小野仁美

筆者は、首都圏のいくつかの大学で、イスラームに関連する科目を担当している。授業のタイトルに、「イスラーム」が含まれるものから、「国際社会と宗教」といったより広い立場からムスリムの社会を考察するものなど様々で、最近ではイスラームの思想や文化をジェンダー視点で論じる授業を行うことも増えている。初めて非常勤講師として「イスラム文化論」という講義を経験してから14年あまりが過ぎ、のべ8000人以上の学生と共に学んできたことになる。

いずれの大学でも、初回の授業で必ず、「イスラームについてどんなイメージを持っていますか」という質問に答えてもらうことにしている。「エキゾチックな魅力がある」「豊かな歴史がある」などのポジティブな回答も見られるが、「戒律が厳しい」「報道で見る紛争や暴力のイメージ」「女性の権利が少ない、男尊女卑」などのネガティブなイメージが並ぶ。最近では、ムスリムの住む国に滞在経験がある学生や、ムスリムの友人がいる学生も増え、「留学先で親切にしてもらった」「給食が食べられずお弁当持参だった」といったような具体的なエピソードを披露してくれることもある。とはいえ、ほとんどの学生が、馴染みがなく詳しい知識をもたないと感じているようである。

ところが、イスラームの歴史や文化、あるいは現代ムスリム社会の様子を伝える授業が進むにつれ、「イスラームについてのイメージがかなり変わった」「もっと色々と知りたくなった」などの前向きな明るいコメントが格段に増えてくる。「イスラーム」や「ムスリム」と一括りにはできないほど多様な側面からの理解が可能であることや、日本の社会や文化との比較の観点からの考察の面白さに気づきはじめるのだ。

現在、世界のムスリム人口は20億人ほどと推計されており、中東やアフリカだけでなく、東南アジア、南アジア、中央アジア、中国、欧米などでもその数は増加しつつある。日本にも、ムスリム諸国出身の外国人だけでなく日本人改宗者を含めて、10〜20万人のムスリムが居住しているとされる。

街中でヒジャーブ（女性が頭髪を覆うヴェール）とゆったりとしたイスラーム服をおしゃれに着こなすムスリム女性を見かけることもある。2020年からのコロナ禍の数年間はめっきり数が減ってしまったものの、東南アジアなどから観光で日本に訪れるムスリムは急増していたし、ムスリムに禁じられている豚肉や酒を使用しないハラールの（イスラーム法で許された）飲食店も都内や観光地ではかなり増えている。ハラールのメニューを揃える大学食堂も急増中で、ハラールのラーメンやチキンカツ定食などを、ムスリム留学生がムスリムでない学生と一緒に楽しむ様子が見られることもある。

東京ハラルデリ＆カフェ（立教大学）

筆者の授業の受講生の中には、両親あるいは父親がムスリムだが、イスラームについてそれほど多くの知識がないと告げる学生もいる。正確な数はわからないが、100~200人のクラスであれば数人はいるように思う。ムスリムを父親にもつ子どもは自動的にムスリムと見なされる、というのは古い時代からのイスラーム法のルールであり、現在も多くのムスリム諸国でそうした理解が共有されている。しかしながら、たとえ父親がムスリムであっても、日本人の母親のもとに生まれ、日本で育った子どもの場合、ムスリムとしての習慣や知識を身につけていないこともあるようだ。そうした学生は、授業後に熱心に質問してくれたり、まるで自身のルーツを探るかのように、わずかに記憶に残る幼い頃の体験を話してくれたりすることもある。そうした姿もまた、ムスリムの現実である。

様々な学生を前にして、「私はイスラームについて何が語れるのだろうか」と自問自答しつつ、彼らの声に耳を傾ける。日々の授業の中で、学生たちに他者を知り、自己と向き合う場を提供しながら、実は誰よりも私自身が、「イスラーム」という大きく魅力的なテーマに取り組む学生たちに、世界への目を開かせてもらっているのかもしれない。

第2章

「ムスリムであること」とどう向き合うか

――第二世代の語りから

クレシ サラ好美

はじめに

1980年代以降の外国人ムスリムの流入を経て、日本にもムスリム家庭が形成されている。そこに誕生し日本で育つ子は、日本におけるムスリム第二世代（以下、第二世代）である。その多くは、外国につながる背景に加え、親の出身地域と日本の文化習慣を並行して身につけながら、宗教的な価値観の影響を強く受けて育つ。

そうした複数の背景や多様な価値観を無理なく統合しアイデンティティを確立した第二世代の声は、研究者主催の会議で昨今取り上げられるようになってきた。たとえば、2015年、2018年（2回開催）、2019年の「全国マスジド（モスク）代表者会議」（早稲田大学多民族・多世代社会研究所ほか主催）には、のべ24名の第二世代が登壇、2017年、2018年、2020年の「全国ムスリムミーティング」（慶應義塾大学SFC研究所イスラーム研究・ラボ主催）には、のべ16名の第二世代が登壇している。他方で、自身のルーツを肯定することに迷いを感じる第二世代は、ムスリム・コミュニティへの参加を敬遠するため「見えない存在」となりがちである。

そこで本章では、2015年から2021年にかけて行った第二世代66名への聞き取り調査および参与観察で得られた発言から、「見えない存在」をも含めた当事者の語りを丁寧に掬い上げつつ、日本の学校生活においてまた親との関係を通して、かれらがどのように自身のルーツを受け入れようとするのかを明らかにする。なお引用した語りの発言者については、簡易プロフィールを章末の一覧表に示す（55頁）。人物の特定を避けるため、親の出身地は「外国人」と「日本人」といった大きな括りで表示することとする。外国人の親の出身地の内訳はパキスタン、トルコ、スリランカ、インドネシア、イラク、エジプト、バングラデシュ、マレーシア、ミャンマーである。

1 周囲との差異を意識する第二世代

(1) 外見的な差異

顔立ちの違いや肌の色に関するからかいは、外国ルーツの子どもたちの多くに共通する経験であり、第二世代もその例外ではない。こうしたからかいは早ければ就学前からはじまり、小学校・中学校で継続的ないじめに発展しやすい。女子の場合、集団での無視や陰口などにより精神的に追い込まれる語りが多いのに対し、男子の場合には身体的な攻撃の経験がよく聞かれた（引用1）。だが、こうしたからかいやいじめに対して、助けの手を差し伸べる教員の存在が語られることはほとんどなく、それによって学校生活に困難を感じる者がいる（引用2）。かれらは排除の経験を重ねることで周囲と異なる外見にコンプレックスを抱き、「みんなと同じでいたい」という思いを募らせる〔引用3〕。

〔引用1〕 a 「シカトされて、陰口言われて、ばい菌扱いされて、落としたものを拾ってあげようとしたら『触らないで！』って。〔中略〕そういうのが小6までずっと、ネチネチと」

b 「中学の時、肘を骨折させられた。〔中略〕空手やってる子にみぞおち30回ぐらい膝蹴りされて」

〔引用2〕 a 「小学校時代は外国人だからっていじめられて、相談室や図書室登校でした。中学校は1週間しか行ってないです」

b 「小学校でも中学校でもいじめられてた。〔中略〕『気持ち悪い』って言われてケンカして、そのまま高2で登校拒否になって」

〔引用3〕 a 「小学生の頃よく『日本人のお面がほしい』って言ってた」

b 「整形したいわ、みたいな。とりあえず肌の色変えるやろ、目小っちゃくするやろ」

（2） 食の禁忌

第二世代が他の外国ルーツの子どもたちと異なるのは、排除の理由に宗教的背景による差異が加わることである。たとえば、イスラームには豚肉をはじめとする食の禁忌があり、イスラーム式屠畜がなされていない牛肉や鶏肉について、また豚由来のゼラチンや乳化剤についても避けたいと考える家庭が少なくない。そのため、ほとんどの第二世代は、給食に代えて弁当を持参することになる。だが、教室でたった一人弁当を開く場面は、「みんなと同じでいたい」と願う第二世代にとって苦痛であり〔引用4〕、弁当持参へのからかいやいじめも起こりうる（引用5）。小学校・中学校の9年間、こうした経験を毎日繰り返すことで、自らのルーツを恨めしく思ったという語りは非常に多い。

〔引用4〕 a「小学校の時自分だけが弁当だったのはイヤだった」

b「小学校でお弁当だったのも恥ずかしかった。周りと違うことで萎縮しちゃう。みんなと同じでいたいと、ずっと思ってた」

〔引用5〕 a「やっぱりお母さんが作るものは、においが強いんだよね。〔中略〕で、言われたことある、『カレー臭い』『カレー民族』みたいな。つらかった、それは」

b「中学の時、豚肉弁当箱に入れられたこともあるし。〔中略〕え、なんでってなるやないですか、笑ってるやつがおるんですよ」

（3）服装の規定

イスラームにおいて女性はその美しさを覆い隠すことが求められる。どこを隠すべきかの解釈は様々であり、その判断は親に委ねられる。頭髪を覆うことにこだわりをもつ親は意外と少なく、スカーフの着用率はそれほど高くないが（聞き取り調査に協力してくれた10代〜30代の女性38名のうち、調査の時点でスカーフを着用していたのは12名であった）、脚を隠すべきだと考える親はかなり多い（引用6）。中学校・高校時代には制服のスカート丈を長くするほか、下にジャージをはいたり制服購入時にスカートではなくスラックスを選択したりといった工夫がなされ、中には制服の上からアバーヤ（全身を覆う上着）を着て通学する女子もいる。体育の授業では、体操着や水着の着用が制限される場合が多く（引用7）、とくに女子は服装規定による差異を意識しやすい。

［引用6］a「〔父は〕服装には厳しくて、ノースリーブやミニスカートはダメだけど、スカーフは強制しない」

b「6歳でスカートはくのは禁止、中高になると私服にうるさくなっていきました。でもスカーフを被れとは言わなかった」

［引用7］a「4年生の冬には生理が始まったので、小5のプールからは参加していませんでした。〔その頃から〕長袖長ズボンの体操服をしっかり着始めました」

b「水着はダメだから水泳の授業はずっと見学。たまに校庭走って来いとかって、私だけマラソンさせられたり。みんなと違うのが嫌だった」

（4）課外活動参加の制限

女子からはさらに、部活動や文化祭・体育祭の打ち上げに参加が認められない、修学旅行には母親の同行を条件に参加が許されたなどの経験が語られる（**引用8**）。親の出身地域でマグリブ（夕方の礼拝）以降に女性が外出する習慣がない場合、厳しい門限が課されることが多く、級友らと行動を共にできないことを嘆く声も聞かれた（**引用9**）。こうした制限の根拠として示される「イスラーム」は親の出身地域では万能となろうが、マイノリティのムスリムとして、大多数が従う必要のない独自の制限を課され、それに悩む子にとっては十分な説得力をもたない（**引用10**）。それによって、宗教的背景こそが同化願望を阻害する要因だと考える第二世代もいる（後述の**引用15**を参照）。

【引用8】
a「花火に行くのもバイトするのも許されない、〔卒業式後の〕謝恩会も出させてもらえなかった。友達と遊びに行くのもダメ」
b「修学旅行ひとつにしても、行っちゃダメっていうのがあって。小学生〔の時〕は行ったんですけど、お母さんがついて来るんですよ〔中略〕、異常だと思った、自分の子どもにはやらないかな」

【引用9】
a「〔門限は〕小学生の時は季節によるけど4時とか5時〔中略〕、高校生で5時とか6時で」
b「〔高校で放課後〕友達とお喋りしてると、学校に電話がかかってきちゃう、親から。門限は5時とか6時とか、暗くなるまでに帰らないといけなくて」

【引用10】
a「バックグラウンドにはイスラーム教のことがあるんだからって言われるけど、〔中略〕ダメだからダメとか言われて、え、なんでっていう。詳しいとこ聞いて納得したいのに、それが返ってこない」
b「親はただダメと言うだけで、大した説明をしてくれず、ただイスラームではダメだから！としか言われなかったので、納得いかない部分もあり、〔中略〕苦しい思いもしました」

（5）異性とのかかわりの制限

ここでいう異性とのかかわりとは、思春期の男女交際に限らず、幼稚園時代の異性との接触や、共学校での同級生との会話など、日々の学校生活における異性とのかかわりを含む。男女交際が制限されることで、それを話題にする友達の輪に加われない不満は男女どちらからも聞かれるが〔引用11〕、同級生と口をきくことにさえ難色を示す親への戸惑いは女子に集中する〔引用12〕。それは子の年齢とは関係がない。早ければ就学前には、すでに男子との接触に機嫌を損ねる親の視線を気にしていたという語りもあり、また大学に進学してからも、異性とのかかわりを疑う親にGPSで行動を監視されたり、携帯電話の履歴にかけ直して交友関係を確認されたりしたという事例もある。異性との接触を極端に嫌い、男女隔離を強いる親は、そうした強い束縛を「イスラーム」を引き合いに正当化するが、子はそれに納得するどころか、むしろ自身の宗教的背景を嫌悪するようになる場合が多い。

〔引用11〕 a 「同級生と女の子の話題で盛り上がれなかった。〔中略〕自由に恋愛したいって思いながら、でも父には言えない」

b 「周りの同級生の子がお付き合いをしたりすることが増え、自分はそれがタブーなので、会話をすると溝をいつも感じて、なぜうちはダメなんだろうと悩んでいました」

〔引用12〕 a 「毎晩父に『今日は男子と話してない?』って聞かれて、そのたびに嘘をつくのがつらい」

b 「〔父に〕ナイフ突きつけられたこともあるんです、高校の時、男子と一緒に話してただけで」

2 自らのルーツを否定する要因

(1) 同化願望と親の意向との間の葛藤

周囲との差異を幼い頃から意識し続けてきた第二世代が「みんなと同じでいたい」と思うのは自然なこ

とだが、かれらの同化願望は、出身地域の文化習慣や宗教的価値観を優先する親の意向と相容れないことが多い。とくに親の叱責とそれに伴う罰を恐れる小学生・中学生にとって、指示に従わないという選択肢はないに等しい。それでも同化願望を諦められない者は、親の期待に沿って家庭ではムスリムらしくふるまう一方、級友の前では反イスラーム的行動を取って、異なる自己を演じ分ける（引用13）。自らのルーツに対する定まらない立ち位置は、青年期の主題である「自分とは何者か」という問いに対する答えを見失わせる原因ともなりかねない。

［引用13］ a「友達の仲間に入りたい、みんなと同じでいたい。だから学校ではイスラームの話はしないでバレないようにしてました」

b「学校での自分と家庭での自分と二人いて、どっちが本当の自分かわかんなくなってくる」

（2）不十分な宗教継承

ムスリムがマジョリティである地域では、六信や五行やスンナ（預言者の慣行）などの知識は学校やモスクで得られ、その実践を促す声かけが親の役割となる。だが家庭の外に学びの環境がない日本では、それを補うのも親の役割である。そのことに気づかない親は、宗教継承をおろそかにしたまま実践ばかりを強要しがちである。十分な知識のないまま、級友に許されていることを禁止され級友がしていないことを強いられることは、多くの第二世代にとって苦痛となる（引用14）。かれらの中には級友の誰とも異なる家庭の価値観を受け入れられず、自身の宗教的背景に強い拒否反応を示す者がいる（引用15）。

〔引用14〕 a「押し付けてくるのに説明もやり方もなんも教えてくれない。〔中略〕小学生の頃から教えてこなかったお前ら〔父母〕が悪いだろって思う」

b「イスラームの説明をされたことがない。生まれつきだからやらなければいけない、って言われる、それが嫌」

〔引用15〕 a「親は反面教師。〔中略〕イスラームのことはまったく知らない、知りたいとも思わない、アッラーがいるとも思えない」

b「なんでこんな家庭に生まれちゃったのか」

（3）周囲の無理解や偏見

海外で起きるイスラーム関連の事件の影響は、級友からのからかいやいじめに結び付きやすい（引用16）。時に教員さえも教室内にムスリムの生徒がいることに無頓着であり、時事問題を扱うなかで一部の過激な集団とイスラーム全体とを混同した授業がなされることもある（引用17）。教室内での居心地の悪さを経験した第二世代は、自身のルーツのカミングアウトに慎重になり、中にはイスラームを連想されないよう親の出身地域を偽る者もいる（引用18）。

〔引用16〕 a「ちょっとISが活発になったあたりぐらいに、『お前爆弾魔なんか？』みたいに言われて」

b「『お父さんISと通じてないの』とか言われたりして、それですごく傷ついて」

〔引用17〕 a「〔海外のテロ事件に〕社会の先生がやっぱり触れていて、そうするとみんな私を見て、なんでそうなっているのとか言われて。そんな、私に聞かれても、私関係ないから知らないし」

b 「〔英語のテストに〕ムハンマドって書いてあるインク壺がペンを入れたら爆発するっていう絵が出て、それを説明しろっていう問題で〔中略〕僕なんて書けばよかったのかな」

〔引用18〕

a 「友達になったばっかりの人に、自分がムスリムということを言うのがやっぱり緊張して。言って相手の反応を見るまでドキドキで、怖くて」

b 「『どこの国？』って聞かれて、○○〔親の出身国名〕って言うとイスラームを連想されちゃうから、友達には『アメリカ人』って答えてる」

3 「ムスリムであること」を否定する者／肯定する者

（1）心理的危機状況

外国人親はもとより、ムスリムとして学校生活を送ったことのない日本人親にも、第二世代が置かれている状況を想像することは難しい。誰にも理解されないという疎外感は、自分だけが世界から孤立していると錯覚してしまいがちな年代の第二世代を、心理的危機状況に追いやる。それは不登校や非行、また気分障害やうつといった精神疾患につながる場合もある〔鑪 1990: 106〕。なお本章の聞き取り調査に協力してくれた66名のうち、不登校や非行の経験を語った者は9名、精神科への通院歴があることを明かしてくれた者は6名いた。繊細な話題であるため、語られなかった事例はさらに多いと考えられる〕。「ムスリムであること」を否定するという選択は、そうした心理的危機状況を回避しようとする者にとっての防衛機制の一つであるだろう〔引用19〕。だが外国人親の育った環境にこの選択肢は存在しない。そのため、戸惑う親の怒りや恥の感情を受け止めきれない第二世代が家庭内で孤立し、親子の会話が一切ない状態が何年間も続いているという事例も少なくない（引用20）。

〔引用19〕　a「日本人であることとムスリムであることの二者択一で迷っていた」

b「高校生の頃には、もう自分はイスラームと関係ないと思ってた、今はもうムスリムであることはあきらめた」

〔引用20〕　a「（ムスリムとして生きることをやめたため）『知り合いの子どもの方がいい、お前はクズだ』『お前は一生不幸のままだ』とこのような言葉を毎日浴びせられます」

b「（ムスリムとして生きられないと伝えた後）母は電話のたびに泣いて『人になんて思われるんだろう、こんなこと誰にも言えない』と私を恥じるような言葉ばかり言います」

（2）理解者・共感者の存在

ムスリム家庭における親の願いは、我が子が理想的なムスリムに育つことである。だからこそ親は宗教実践の履行にこだわるのだろう。だが実は、親が宗教実践と信じて子に強いる制限のなかには、親の出身地の文化や習慣にすぎず、イスラームに基づかないものも多い（引用21）。これに気づいた第二世代は、親の伝えるイスラームを「〇〇（親の出身国名）教」や「お父さん教」と呼ぶ。それでも親の叱責を恐れ、あるいは親に愛されたいと願う第二世代は、親の期待に応えようと無理をする（引用22）。無理をしているからこそ、その心情に寄り添う存在は、かれらにとって大きな救いになる。それはたとえば、宗教実践の達成度とは無関係に子を受け入れようとする親であったり（聞き取りの範囲に限っていえば、それはすべて日本人親であった）、同じ経験を共有するきょうだいであったりする（引用23）。

〔引用21〕 a「ここは日本やから、◯◯〔親の出身国名〕のイスラームを教えないでほしい」

b「僕が調べた中では、ムスリムってもうちょっと緩いっていうか。〔中略〕何回も言ったんですよ、お父さんに、『コーラン読んだことないでしょ、知らないでしょ、間違ってるよ』って。言ってんのに、『いや間違ってない』って」

〔引用22〕 a「父の前ではいい娘でいたいという思いがあって。父の話はいいことだって自分に言い聞かせていました」

b「父の期待が大きくて、長男だからすべて受け止めて期待に応えようとしてた。〔中略〕高校生くらいからイスラーム嫌いになってたけど、それを父に言えない」

〔引用23〕 a「母ははっきりと、どんな自分でもいつも◯◯〔子の名〕の味方だと言ってくれました。道を大きく外れることなく、精神的にもおかしくならなかったのは、母の無償の愛が大きかったと思っています」

b「なんか檻の中で育ってるって感じがずっとしてて。〔中略〕妹も同じ高校でしたのでいろいろ不満をシェアしてました。妹なしでは無理でしたね」

（3）互いに理解者・共感者となる第二世代

理解者・共感者は家族に限らない。一部地域のムスリム・コミュニティでは、若いムスリム向けの集会が企画され、同世代の仲間に出会う環境づくりがなされつつある。たとえば、筆者の所属する名古屋モスクには、若い世代のムスリムの居場所を意味する「SYM（サイム＝Space for Young Muslims）」がある。毎週土曜日の夕方、モスクに隣接する建物が中学生以上の第二世代に開放され、母親世代の見守り係が同室するなか、かれらはここで自由な時間を過ごす（コラム2参照）。時に小さなイベントを企画することもあるが、たいていはただ集まってお喋りをしているだけのことが多い。それだけでも、学校や地域でマイノリティとして排除を経験してきた第二世代にとっては、マジョリティの中にいることを実感できる貴重な居場所である。家庭や学校での不快な出来事も、ここでは同じ経験をした誰かが理解し共感し助言してくれる。否定的な要素に思えた自身のルーツを、SYMの仲間たちとの交流を経て捉え直し、「ムスリムであること」を受け入れていく第二世代は多い（**引用24**）。

［引用24］ a「中学の時ぐれちゃってたけど、〔SYMに参加して〕気持ちが楽になった、助けてもらった。〔SYM運営者に〕感謝しかない」

b「本当に、ハーフでムスリムで日本で生きてるっていうのが他にいるとは全く思ってなくて。〔SYMに参加して〕仲間を見つけた！　みたいな。そこでやっと自分の居場所みたいなのが見つかって」

（4）自信を得て発信する側へ

名古屋モスクでは、学校単位で見学に来る高校生・大学生を受け入れる際、引率教員の許可を得てSYM参加者との交流会を企画することがある。見学者向けのイスラーム案内の場に同席させることで、宗教継承が十分でない第二世代に知識を得るきっかけを与え、見学者との質疑応答を任せることで、誤解や偏見を正す言葉を身につけさせることをねらいとする。初めは偏見交じりの質問にたじろいでいた者も、交流会への参加を重ねるごとに自分の言葉で誤解を解くことに手ごたえを感じ、それを楽しむようになっていく（**引用25**）。「ムスリムであること」に自信をもち伝える喜びを知ったＳＹＭ参加者は、最近ではモスクの見学者だけでなくさらに多くの理解者を増やすため、インターネットを利用した「ヤングむすりむチャンネル」や「むすりむＴｕｂｅ」などの YouTube 動画での発信も行っている（SYM a, b）。

［**引用25**］ ａ「伝えることで何かが変わるからワクワクした」

ｂ「少しだけでもＩＳとムスリムは全く別物だということを、一般の高校生や大学生の方たちに知ってもらえたことが一番うれしかったです」

おわりに

以上、多くの第二世代が抱く同化願望が幼い頃からの排除の経験と差異の意識によるものであること、そして家庭の価値観や宗教的背景が同化を困難にするという思いが、自らのルーツの否定につながることを明らかにした。その懊悩《おうのう》が誰にも理解されないと感じたとき、かれらは心理的危機状況や親子関係の悪化といった新たな問題に直面する。第二世代が「ムスリムであること」にどう向き合うかの選択肢は、無論さまざまにあっていいはずだが、肯定的に向き合うことを可能にする要因の一つに身近な理解者・共感者の存在があることは間違いない。

名古屋モスクのＳＹＭは、第二世代が理解者・共感者を得る場を提供することに成功した一例ではあるが、ここに集う者は周辺地域に住む第二世代のうちのごく一部であり、ムスリム・コミュニティを敬遠する「見えない存在」としての第二世代が大勢いることは想像に難くない。国内各地にはさらに多くの「見えない存在」があり、その一人ひとりに良き理解者・共感者が必要であることは言うまでもない。第二世代が将来の日本社会を担う一員として健全に成長するためにも、本章で紹介したいくつかの事例が、第二世代を育てる親と、コミュニティ関係者や学校関係者、マイノリティとの共生にかかわる人々にとって、かれらを理解し共感するための一助となれば幸いである。なお、より詳細な事例は、親子関係についてはクレシ（2021b）、学校現場での実態についてはクレシ（2022）をご参照いただきたい。

表１　聞き取り対象者のプロフィール

引用		年齢	性別	父親	母親	採録の場	備考
1	a	27 歳	女	外国人	外国人	個別に聞き取り	
	b	25 歳	男	外国人	日本人	個別に聞き取り	
2	a	19 歳	男	外国人	日本人	個別に聞き取り	
	b	18 歳	女	外国人	日本人	個別に聞き取り	
3	a	25 歳	男	外国人	日本人	個別に聞き取り	
	b	24 歳	男	外国人	日本人	第二世代 2 人の会話から	
4	a	17 歳	男	外国人	日本人	個別に聞き取り	
	b	27 歳	女	外国人	外国人	個別に聞き取り	引用 1-a と同一人物
5	a	23 歳	女	外国人	外国人	第二世代 7 人の会話から	
	b	27 歳	男	外国人	日本人	個別に聞き取り	
6	a	16 歳	女	外国人	日本人	個別に聞き取り	
	b	39 歳	女	外国人	日本人	個別に聞き取り	
7	a	22 歳	女	外国人	日本人	グループ（2 人）で聞き取り	
	b	27 歳	女	外国人	外国人	個別に聞き取り	引用 1-a と同一人物
8	a	27 歳	女	外国人	外国人	個別に聞き取り	引用 1-a と同一人物
	b	22 歳	女	外国人	日本人	グループ（2 人）で聞き取り	引用 7-a と同一人物
9	a	23 歳	女	外国人	外国人	第二世代 10 人の会話から	引用 5-a と同一人物
	b	27 歳	女	外国人	外国人	個別に聞き取り	引用 1-a と同一人物
10	a	21 歳	女	外国人	日本人	グループ（2 人）で聞き取り	
	b	34 歳	女	日本人	外国人	個別に聞き取り	
11	a	34 歳	男	外国人	日本人	個別に聞き取り	
	b	34 歳	女	日本人	外国人	個別に聞き取り	引用 10-b と同一人物
12	a	16 歳	女	外国人	日本人	個別に聞き取り	引用 6-a と同一人物
	b	24 歳	女	外国人	日本人	個別に聞き取り	
13	a	39 歳	女	外国人	日本人	個別に聞き取り	引用 6-b と同一人物
	b	19 歳	男	外国人	日本人	個別に聞き取り	
14	a	17 歳	女	外国人	外国人	個別に聞き取り	
	b	22 歳	女	日本人	外国人	個別に聞き取り	
15	a	27 歳	女	外国人	外国人	個別に聞き取り	引用 1-a と同一人物
	b	39 歳	女	外国人	日本人	個別に聞き取り	引用 6-b と同一人物
16	a	22 歳	男	外国人	日本人	グループ（4 人）で聞き取り	
	b	14 歳	男	外国人	日本人	第二世代 6 人の会話から	
17	a	16 歳	女	外国人	外国人	第二世代 7 人の会話から	
	b	19 歳	男	外国人	日本人	個別に聞き取り	引用 13-b と同一人物
18	a	16 歳	男	外国人	日本人	第二世代 7 人の会話から	
	b	15 歳	男	外国人	日本人	個別に聞き取り	
19	a	23 歳	男	外国人	日本人	個別に聞き取り	
	b	25 歳	男	外国人	日本人	個別に聞き取り	
20	a	25 歳	男	外国人	日本人	個別に聞き取り	引用 1-b と同一人物
	b	27 歳	女	外国人	外国人	個別に聞き取り	引用 1-a と同一人物
21	a	20 歳	女	外国人	日本人	個別に聞き取り	
	b	25 歳	男	外国人	日本人	個別に聞き取り	引用 1-b と同一人物
22	a	39 歳	女	外国人	日本人	個別に聞き取り	引用 6-b と同一人物
	b	34 歳	男	外国人	日本人	個別に聞き取り	引用 11-a と同一人物
23	a	39 歳	女	外国人	日本人	個別に聞き取り	引用 6-b と同一人物
	b	22 歳	女	外国人	日本人	グループ（2 人）で聞き取り	引用 7-a と同一人物
24	a	16 歳	女	外国人	外国人	個別に聞き取り	引用 17-a と同一人物
	b	21 歳	男	外国人	日本人	第二世代 2 人の会話から	
25	a	16 歳	男	外国人	日本人	感想を LINE で収集	
	b	15 歳	女	外国人	外国人	感想を LINE で収集	引用 17-a と同一人物

コラム2

SYM名古屋モスク
——日本中のみんなに伝えたい、一人じゃないよ

カン夢咲
パイン・ゼイイエトゥン
クレシ明留

私たちムスリム第二世代は、外国につながる背景と宗教を理由に、学校や地域で孤立することが多い。なぜ自分だけこんなにつらいのだろうと悩むなか、モスクで同年代の友達とお喋りする時間は貴重だ。しかし、小学生までは親に連れられてモスクに来ていた子も、中学に上がる頃にはだんだん来なくなる。名古屋モスクにも小さな子どものための会はあったが、中学生だった私たちには居場所がなかった。モスクに入ると、まず大人たちからアラビア語とクルアーンの勉強を長時間強制された。英語はわからないと伝えているのに、英語だけでずっと話し続ける人もいた。同年代の友達と外へ行こうとすれば小さな子どもたちがついてきてしまい、私たちは子守役をするしかなかった。

そんななか、孤立する私たちを見かねた母親たちが、中学生が誰でも過ごせる居場所を用意してくれた。それが毎週土曜日の夕方に開かれる「SYM（サイム＝Space for Young Muslims）名古屋モスク」だ。

そこで、大人がいるモスクに入ることに抵抗がある子たちのために、モスクに隣接する建物で見守り係の母親と私たちだけが集まれるようにしてくれた。男女が同じ空間にいることに抵抗を示す大人たちを納得させるために、パーティションも用意してくれた。私たちを大人の強制から守るため、イスラームの勉強はしないこと、また子守役をさせられないよう小学生以下の子どもは入室禁止という決まりが徹底された。

とはいえ、私たちはそこで何か特別なことをするわけではない。ただ雑談をしたり簡単なゲームをしたり、布製ボールで室内サッカーを楽しんだり、やることはその日の顔ぶれで決まる。集まる人数は日によってばらばらだが、勇気を出して来た初参加者が一人でがっかりすることのないよう、古参の誰かが必ずいて迎えられるよう心掛けている。

女子 SYM での誕生会の様子

男子 SYM、人狼ゲームを楽しむ様子

ＳＹＭに来る子たちは宗教との向き合い方も様々だ。アザーンが響くと礼拝する子はモスクへ移動し、礼拝したくない子はその場に残る。私たちの世代には、大人たちの強制によってイスラームが嫌いになってしまった子も大勢いる。だからこそ私たちは、イスラームでは強制が禁じられていること、自分ができる範囲で努力すればいいことを意識し、互いの宗教実践について批判をしない。

　母親たちが企画してくれたバーベキューやお花見、「ＳＹＭ祭」などのイベントでは、初めてＳＹＭに来てくれた子や、関西など遠方から来てくれた子もいて、仲間の輪を広げることができた。また、交流会はムスリム以外の人たちと触れ合う機会だ。モスクに見学に来た中高生や大学生からの質問に答えることで、自分たちのことを

地元の高校生との交流会

知ってもらえるのがうれしい。はじめはうまく答えられないが、他の参加者の回答を参考にしながら少しずつ慣れていき、ムスリムに対する誤解や偏見を解くことにやりがいを感じている。

ＳＹＭは私たちにとって腹を割って話せる仲間と出会う唯一の場であり、仲間づくりだけでなく、自分のアイデンティティを確認するためにも重要な役割を果たしている。一人ひとりがもつ背景は違っていても、私たちには日本で育つ第二世代という共通点がある。学校の友達にはわかってもらえなかった第二世代特有の悩み（第2章参照）に頷いてもらったり、アドバイスし合ったりできる。「ＳＹＭは心を休める場、素の自分でいられる」。こういう言葉を聞くのがうれしい。

今や私たちは大学生になり、中高生を遠足に連れて行ったり、トークイベントを開いたり、母親たちに頼らない活動もするようになった。ところが２０２０年、新型コロナウイルスの感染拡大の影響で毎週土曜日に集まることが難しくなってしまった。ほぼ雑談するだけの場所が実は大切だったと気づかされた。そこで仲間とのつながりを絶やさないよう、ＳＮＳで交流をしたり、小規模な集まりを行ったりしている。YouTube配信もはじめた（「ヤングむすりむチャンネル」「むすりむＴｕｂｅ」）。これらに共通する私たちの願いは、まだ仲間を見つけられずにいる日本中の第二世代を元気づけたいという思いである。

第3章

若いムスリム女性のアイデンティティ形成
――日本とパキスタンにルーツをもつ女性たちの事例から

工藤正子

はじめに

本章では、パキスタン人を父に、日本人を母にもつ若い女性たちへの聞き取り調査の結果をもとに、彼女たちが子ども時代をいかに経験し、ムスリム女性としてどのようなアイデンティティを形成しようとしているのかを考えたい。後述するように、これらの女性たちの多くは現在20代を迎え、海外への移住を経験した者も含めて、現時点ではほとんどが日本を拠点に生活している（工藤 2008, 2021）。本章が女性に焦点を当てるのは、彼女たちが、同様の組み合わせの親をもつ男性たちとは異なる課題を抱えて成長したことが、聞き取り調査の結果から見えてきたからである。

これらの女性たちの宗教意識や実践は、共通しつつ多様であることも最初に断っておかなければならない。そこには、家庭環境や、学校や地域、海外での経験等による複合的な差異がかかわり合う。加えて、10代後半には就労や進学等で生活環境に様々な変化が生じている。本章では、日本とパキスタンにルーツをもつムスリム女性としての共通性のみならず、その多様性や変化を明らかにすることで、若いムスリム女性の生の複雑な諸相に光を当てたい。はじめに、子ども時代の家庭や学校での経験を見たあとで、成長後に女性たちが自己をどのように捉え、いかなる生き方を切り拓こうとしているのかをインタビューの結果をもとに示したい。なお、調査に参加した方々の匿名性を確保するため、生活状況の理解を妨げない程度において詳細は改変している。

1 家庭

(1) 家族形成の背景と親たちの宗教実践

筆者は2010年代後半から、パキスタン人父と日本人母をもつ女性24名と男性12名の若者に聞き取りを行ってきた。これらの若者たちの父親の大多数は1980年代後半以降に来日した人々であり、その後、日本人の母親と出会い結婚している。結婚後は在日パキスタン人の間に多い中古車輸出業（工藤 2008; 福田 2012a）を起業したケースが圧倒的に多い。宗教的には、父親はムスリムで、母親はほとんどが結婚を通じてイスラームに改宗しているが、両親の宗教意識は多様であり、変化もしてきた。たとえば、父親が来日後に外国人としての被差別経験を機に宗教的になったり、年齢を重ねるなかで敬虔なムスリムになった例もみられた。1990年代には外国人ムスリムによるモスクの設立が相次ぎ（桜井 2003; 店田 2015; 岡井 2018a）、そうした場で宗教を基盤とするパキスタン人男性のコミュニティ形成が進んだ。本調査に参加してくれた若いムスリム女性たちの母親の約半数は、筆者が1990年代末から2000年代初期に関東圏のモスクでフィールドワークをした際に知り合った人々である。これら母親たちの多くは当時30代前後であり、子育てを機にイスラームの勉強会に参加するようになってから宗教的になった例が少なくない（工藤 2008）。また、子どもが就学期に入ると母親が子を連れて教育のためにパキスタンや他の国に移住し、父親は日本から送金するという家族の形態も一部でみられるようになった（工藤 2021）。こうした海外移住も母親の宗教意識に影響を与えている。このように、「ムスリムの親」といっても、その宗教意識や実践を一様に捉えることはできない。

（2）父親からの期待

本章が焦点を当てる若い世代に目を向ければ、日本で育った女性たちには、社会の多数派である非ムスリムの友人との違いに悩みながら成長したケースが多い。たとえばある女性は、給食を例に次のように語っている。

> ちっちゃいときからムスリムの子として育ってるんで（中略）。だから、縛りが多いなとはもちろん思いますね。やっぱ、ちっちゃいとき友だちに、「えっ、（ハラールではない）お肉食べれないの？かわいそう」って言われることもあったし、そういう部分で、「ああ、自分ってかわいそうなところにいるんだ」って思ったこともあった。

何をもって「ハラール（イスラームで禁止されていない、合法な）」とするかの解釈や運用の仕方は家族や個人によって多様であるが、学校給食や課外活動での食事への対応は、性別にかかわらず、多くのムスリム児童の共通課題となる。一方で、女性ムスリムだけが直面する課題も多い。たとえば、父親が娘に「ムスリム女性」としての服装や行動を期待したために、制服のスカートをスラックスに替えたり、課外活動への参加が思うようにできなかったりしたケースがみられた。父親のこうした期待の背景には、「パルダ（男女隔離）」と呼ばれる宗教的・文化的なジェンダー規範がある。パルダとは、カーテンを意味し、物理的に男女の空間を分けたり、女性がヴェールを被ることで象徴的に非親族男性から自らを隔離する規範や慣習を指す。南アジアで広く実践されているが、パキスタンではイスラームによって正当化される。パルダの実践の形態や度合いは、地域や階層等によって異なるが、都市の中間層で実践される傾向が強い。在日パキスタン人の多くがこの階層の出身であることも、父親が娘にパルダの実践を期待する背景にあるといえるだろう。

もっとも父親たちの態度は様々であり、「女の子だから大変だったことはない。うちのお父さんはやりたいことを自由にやらせてくれたので」と述べた女性は複数いた。一方で、父親が厳しいと感じてきた女性たちは、着るものや交友、進学や就業で自由を制限されたと語る。そうした女性の一人は、「なんで（制服が）長ズボンじゃなきゃいけないんだろうとか、〔中略〕やっぱりみんなが当たり前にファッションを楽しんでるところで、なんで自分はいっぱい制約があるんだろう、みたいなのはすごい思いましたね」と振り返った。

この女性の語りに示唆されるように、家では父親からムスリム女性としての装いや行動を期待され、家の外では、非ムスリムの同世代の友人たちの価値観の中で生きることの難しさを程度の差はあれど、女性の多くが経験している。日本のムスリム・コミュニティの規模が小さいため、聞き取りに参加してくれた女性たちのほとんどが、学校でムスリムは自分と兄弟／姉妹だけというマイノリティとしての立場にあった。この点で、日本の若いムスリムが置かれた状況は、イスラーム圏や、欧米圏の規模の大きいムスリム移民社会で生きる若者たちの状況とは異なっている。先述の女性は、「パキスタンで育ってたら、親の言うことを聞いてそれで自分も幸せだったと思う。でも、自分は日本で育ったから〔家の外では〕選択肢がある。それでしんどい思いもずいぶんしてきた」と二つの価値の間で生きる難しさについて語った。父親が非常に厳しく、外出や部活動、修学旅行への参加も自由にできなかったという女性は、20代半ばくらいまで「我慢して生きていかなくちゃいけない」と自分に言い聞かせてきた結果、「自分が何をやりたいのかもわからなくなった」と述べた。

女性たちは、非ムスリムとの違いだけでなく、兄や弟との性別による立場の違いも感じている。ある女性は、「〔ムスリムの〕ハーフの女の子はわかってくれることも〔同じムスリムのハーフでも〕男の子だったら通じない。男女で求められることが違うので」と家庭での性の二重規範について語った。

(3) 家の名誉とジェンダー

これら女性の多くは、父親から娘への期待について、イスラームの教えというよりは、「パキスタンの文化」によるものであり、父が、パキスタンの家族や在日パキスタン人コミュニティにおける体面を重んじるためと考えていた。これは、パキスタン社会でパルダの実践が、女性個人だけでなく、家族や親族集団としての対外的な名誉や威信と結びつけられることと関連する。ある女性は、自分の希望を父に伝え、理解を得ることの難しさを次のように述べた。

お父さんを説得するのは難しい。やっぱり純パキスタン人だから。そういう環境で生まれ育っているし、あと、世間体とかすごく気にする文化なんで。ノンムスリム〔非ムスリム〕と結婚したとしたら、「日本で育てたのが間違いだった」って周りから言われたりとか、「おまえの娘は全然違う方向にいっちゃって良くない」とか……家族の結びつきや親戚の結びつきが強いのはいいけど、逆にそういう世間体も一緒についてくるっていうか。それから、自分の友だち、コミュニティ。日本やパキスタンとか、いろんな国にいるパキスタン人の友だちからの目。〔中略〕そう、宗教だけじゃなくて、社会的な世間体も入っていると思います。

この女性の言うように、娘への期待には父親の宗教的信念だけでなく、父親の親族や在日パキスタン人社会からのまなざしもかかわっている。この女性は、パキスタンで「家族〔および、より広い親族〕の絆が強い」ことを評価する一方で、親族の絆の強さは互いへの干渉をも意味しており、女性、とくに未婚の娘のムスリム女性としての装いやふるまいが、親族内での噂の焦点になると感じている。一方で、息子たちは、そうしたジェンダー規範に影響されず、自由に行動できる。もっとも、親族の結束が強ければ、娘は困ったときに女性親族間の緊密なネットワークや相互扶助に支えられるという利点もある。しかし、娘の行動が家の名誉を左右するため、娘には周りの目を意識して、常に模範的なムスリム女性として行動しなければならないという負荷がかかる。調査の過程で出会ったパキスタン人女性〔20代、都市部出身〕は、パキスタンの家族内の女性の立ち位置の複雑さについて次のように語った。

夫は妻に何でも相談します。つまり、妻が実際には家の主人といえるのです。ただ、家の中での女性の位置はそう単純なものではありません。妻がどんな小さな誤りをしてしまっても、家の名に傷がつくことになるからです。女性は家の名誉を示す存在で、その家の女性がしてしまったことを社会は決して忘れません。男性の場合とは違うのです（工藤 2008: 40）。

このように、パキスタン社会で女性の行動は家の名誉と分かちがたく結びついており、「家族の絆」がもつ意味も、息子と娘では大きく異なっている。このことは、日本で育ったムスリム女性たちも感じていたことである。

ここで付け加えておきたいのは、父親が「世間体を気にする」のはパキスタン社会にみられる傾向というだけでなく、日本で暮らす父親たちの移民としての立ち位置も影響している点である。父親の多くは中古車輸出業を営む同国人同業者のネットワークの中で生きており、そうした生活環境が在日パキスタン人コミュニティでの体面を維持することの重要性にもつながっている。

在日パキスタン人が中古車輸出業に集中した背景には、同国人同士の相互扶助によって同じ業種に参入する者が多かったというだけでなく、日本の労働市場での外国人差別や言語の障壁等のため、起業が数少ない選択肢であったことがある。後述するように、本調査に参加した若者の多くも、日本の学校や地域で排除や差別を経験している。そうした自己の経験を、父親が日本で経験してきた差別と重ね合わせて共感し、苦難を乗り越え家族を支えてきた父親を尊敬していると語ったケースは、男性も含めて少なくない。女性の中には、そうした父親への共感や尊敬に、娘として自由を規制されてきたゆえの葛藤が入り混じり、父親に対して複雑な感情を抱くケースも少なくなかった。

（4）日本人の母親と娘たち

では、女性たちは、日本人の母親のことはどう見ているのだろうか。母は改宗ムスリムであるからこそ、ムスリムと非ムスリム社会の双方を知っており、日本で生きるムスリム女性としての難しさを理解してくれると評価する声は少なくなかった。ある女性は、パキスタンでパキスタン人の両親のもとで育ったとすれば、両親のいうジェンダー規範を当たり前のものとして受け入れ、その結果として女性としての人生の選択肢は非常に少なかったであろうと述べた。そのうえで彼女は、「その点では日本で育ってよかったなって。うちのママがああいう感じだから、すごい自立できるようには育ててくれたなと思います」と続けた。

その一方で、「〔父が娘の自由を制限しようとすることについて母は〕自分が嫌でも、父に負けて〔反対しなかった〕……。もうちょっといろいろと〔服装の自由な学校を選んだり〕対策をとってくれたらよかった」と述べた女性もいた。

別の女性は、母親が娘の服装や行動の自由について父親とどれほど交渉できるかは、父親との力関係にかかっているとみて次のように語っている。

〔父は〕こういう〔色付きで厚手の〕タイツもだめって言う。でもうちのお父さんは緩いほう。近所のパキスタン人のお父さんはすごく厳しい。そこの〔うちの〕日本人のお母さんに力がないから。うちのお母さんは、お父さんより年上だし、日本のこともよくわかってるから結構強い。

父親に対する母親の交渉力は、家庭内のみならず家庭外での父や母の社会的立場にも左右される。多くの家庭では、両親の結婚当初、父親の在留資格は母親の「配偶者」という身分に依存していたのに対して、その後、「永住者」資格を獲得したり、帰化したりするなどして概して安定してきた。一方で、母親は育児のためにフルタイムの職を離れるなどの要因によって、父親への経済的な依存度が高まる傾向がみられた。こうした夫婦の権力関係の変化によって、父親に対する母親の交渉力は弱まるが、一方で、両親の力の均衡は、その後のライフサイクルの進行の中で複数の要因を受けて動態的に変化していることにも注意が必要である（工藤 2021）。

2 学校

(1)「ハーフ」としての疎外

日本の学校は、これらの女性たちにとってどのような場であったのだろうか。外見や名前で「ハーフ」や「外国人」として見られることで疎外感を感じていたケースは少なくない（工藤 2016）。このことについて、ある女性は次のように語った。

やっぱ顔も日本人じゃないから、たぶんそれで差別があって、で、やっぱパキスタンっていう……。ハーフは他にいても、「パキスタン」っていう単語は、小2小3で〔他の子たちは〕聞いたことがないから。たぶんそれでもなんか浮きだって〔目立って〕、っていうんじゃないですかね。いじめられてた記憶。なんでって言われたら、わかんないですけど、なんでこんなことされなきゃいけないんだろうっていう感じでずっと3年生から5年生まで。で、男子にもいじられるし、よくわからない、「なんとか菌」みたいな。

日本社会で国際結婚の子どもを指す「ハーフ」という語の認知度は上がってきたが、スポーツや芸能界で活躍し、多言語を操るなどの華々しいステレオタイプに当てはまらない場合には、逆に「残念」な存在として位置づけられることもある。そうした周縁化に対して、当事者の側からの異議申し立てや、固定的なステレオタイプを書き替える試みが行われてきたことも付け加えておきたい（工藤 2016: 313-314; 下地 2018: 230-232）。

「ハーフ」として特別視されがちなことに加えて、ムスリムの場合、ハラール食の弁当を家から持参したり、女性の場合には制服のスカートをスラックスに替えたりすることで、級友との差異はいっそう可視化される。こうした理由で周囲となじめず、高校まで自分が住む地域を「地元」と思えなかったという女性もいた。

多様性にかかわる教師の無理解も状況をさらに難しくしている。ある女性は、父には制服のスカートの下に体操服のジャージをはくように言われ、学校ではそのことで先生に叱られ、仕方なく通学途中に着替えていた。彼女は、父に言われて部活動を休まざるを得なかった時にも、顧問の教師に理由を聞かれることなく級友たちの前で厳しく叱責され、「日本の人にはわかってもらえない」と諦めたという。

（2）ムスリム女子としての生きづらさ

娘の進学や留学を支援した父親たちがいた一方で、父親が娘の高校や大学への進学に反対し、交渉の末ようやく実現した、というケースもあった。ある女性は、進学では反対されなかったものの、「ハーフであり、ムスリムであり、女性である」という多重のマイノリティ性を生きてきたことについて次のように語っている。

生きづらい部分はあると思う。日本人とか、他の人とは文化も違うし、小さい頃に「日本人の人っていいな」みたいな。別に何も気にしなくていいし〔中略〕、自分の好きなように生きれるし、何しようとも自己責任というか。〔中略〕でも、自分は二つの文化があるし、これから〔結婚などの課題に直面したとき〕どうするのがいいのか、でも、家族も裏切りたくないし……そういうのは、アメリカとかフィリピンのハーフの人たちとはちょっと違うのかな、日本で生きるっていうのは。

この女性は、非ムスリムの友人には言ってもわかってもらえない部分があるため、同じ「ムスリム・ハーフ」の女性との間に連帯感を感じるという。彼女は次のように続けた。

〔ムスリムの〕ハーフに会ったのは、SNSで偶然ハーフの会を見つけて。前からそういう人たちと知り合いたいという気持ちはあった。やっぱり二つの文化があると、いろいろ大変なこととかあるし。たとえば、宗教のために自分だけ〔友だちの中で〕門限があるとか、服装とか。弟にはそういう規制はないんだけど。同じようなハーフの人の考え方とか、どういうふうに育ってきたか、とか知りたかった。「ああ、やっぱり自分以外にもこういう人がいるんだ」とか、なんか近くに感じるっていうか。それで、「同じような人がいるんだな」ってうれしかったけど、皆それぞれ違うのもわかった。「その家庭によって、その人のなり方は全然違うな」っていうのも。でも、どこかでパキスタン的感覚とか価値観とか似てる部分もあって、そういう価値観を共有できるのはうれしかった。男の子より、女の子のほうが仲良くなれるかな。

この女性が示唆するように、他の「ムスリムのハーフ」の女性たちとの連帯を感じる女性たちがいる一方で、親の態度や海外への移住経験を含む生活環境は多様である。このことから、「ムスリムのハーフ」の女性であっても、そのことが「同じ境遇」の者同士の結束に即座に結びつくわけではない。

こうしたなかで、ムスリム同士の関係ではなく、非ムスリムの友人が支えになったという女性もいた。彼女は、父親が厳しかった学校時代を振り返って次のように述べている。

高校生のときに、〔自分が〕「かわいそうだよ」って親に言ってくれた友だちがいて。「それはひどいよ」って言ってくれた友だちがいて。それでたぶん、「自分の生きてる世界とちょっと違うんだな」っていうのもパパはわかったと思うけど。それもあって……。友だちのほうが親より自分のことを知っている。

このように、家庭で似たような課題を抱える場合にも、学校や地域での社会関係や、課題に対する応答の仕方は一様ではない。

3　成長後の自己の捉え直し

(1) 新たな生活世界——変容と多様性

女性たちは、大学や専門学校への進学や就職、あるいは海外からの帰国等の局面で新たな環境を生きるようになる。地元を離れて大学や専門学校に入ってから交友関係が広がり、留学生との出会いなどを通じて、自分をそうした社会の多様性の一部として捉え直し、視点を転換できた、というケースもあった。一方で、学生の時には親しい友人は自分が日本育ちだとわかっていたのに対し、就職してからは、外見や名前によって、「どちらの方ですか？」という質問を日常的に受け、あらためて疎外感を感じるようになった、というケースは男性も含めて少なくなかった。

こうしたなかで、女性たちが日本でいかに自己を位置づけていくのかは多様である。ある女性は、宗教より「ハーフ」であることが自分の生きる姿勢を支えてきたと言い、次のように述べた。

宗教はあんまり意識して生きたことはないので、自分がパキスタンと日本人のハーフだからってという考えしかないですね。いじめられてた理由がやっぱハーフだったりとか、そういうのもあるから、乗り越え方が違うのかなっていう〔中略〕。ま、ハーフだったからそういう精神的な強さはあるのかなって、思います。価値観も違うのかなって。

別の女性は、父が服装や交友などに厳しかったため、そのことに悩みながら学生時代を過ごした。しかし、就職してからは家の外にも〔非ムスリムの社会に〕頼れる人や組織があると気づいたことで、親の価値観を相対化し、新たな生き方を築いていく自信がついたと述べた。一方で、彼女は家庭で似たような課題を抱えた他のムスリム女性たちにも共感し、自分がかかわっている社会活動で「他の〔ムスリム女性の〕人にも勇気を与えられたらいいなと思う」と付け加えている。

父親から期待されてきた女性らしさの意味を捉え直そうとする女性たちもいた。ある女性は、「父親がつくった壁を自分で壊すことが少しずつできるようになっている」と言い、「日本とパキスタンのハーフならこうじゃなきゃいけない、という〔自分の〕変な固定観念」への気づきがあり、「最近、女の子なのに音楽活動している〔日本人とパキスタン人の親をもつ〕ハーフに会ってびっくりしたけど、『いいじゃん、別に』って変わってきた」と述べた。

（2）アイデンティティの（再）形成とイスラーム

しかし、女性たちのこうした変化は必ずしもイスラームの否定や、日本社会への同化につながるものではない。たとえば、父親のジェンダー観を批判しつつ、一方で日本の主流の価値観にも違和感をもち、自分なりのイスラーム的な価値規範を形成していこうとする女性たちもいる。

ある女性は、「イスラームって、間違った道に行かないようにするガイドラインのようなもの」と述べたあと、恋愛について次のように述べた。

> 付き合うのは結婚前提が普通と思ってきたから恋愛は難しい。ノンムスリムの友だちが考える恋愛の概念とは違う。〔中略〕〔自分は〕そんなにイスラームのことをやっているわけじゃないけど、お酒は飲まないし、男の子と付き合っては別れる、とかそういうのもしない。〔非ムスリムの〕友だちはそういう人もいるけど、それが自分との違いだと思う。

一方で、この女性は、パキスタンにおける男性優位の風潮について次のように述べた。

> 向こうの文化だと、家庭でも社会でも男女の差が激しい。お父さんが大黒柱で、それは日本でも同

じだけど。〔中略〕絶対お母さんが折れてるみたいな〔中略〕。それは自分の両親でも同じ。私はその文化はあまり好きじゃない。〔父親のビジネスにもかかわっているため〕こういう状況を仕事で変えたい。まずは人と同じくらい仕事ができるようになって、信頼を得てから耳を傾けてもらえるようになる。だから仕事のときにガツガツして、別に言わなくてもいいようなことも言ったりとか。

彼女は、恋愛への態度をめぐって自己と非ムスリムとの間に境界線を引く一方で、父親が理想とするムスリム女性像や、パキスタンでみた男性優位のジェンダー関係を批判的に捉え、そのいずれでもない新たな生き方を開拓しようとしている。このように、「押し付けられた」と感じていたイスラームに一定の距離をとって再解釈し、ムスリム女性としての自己を日本の環境の中で創造しようとしている例は少なくなかった。

以上、主に日本で育った女性たちの例を挙げてきた。最後に、アラブ首長国連邦で育ち、高校を卒業したあと日本の大学に進学した女性の語りを紹介しておきたい。「日本にいるからムスリムやめるってわけじゃない」と述べたうえで、彼女は次のように続けた。

生きていくためのガイダンスがイスラーム。ルールじゃなくてガイダンス。自分で守る範囲を決める。オンとオフ、これは守るけど、これは守れない。日本に来てからヒジャーブは、変な目で見られるんじゃないかと思って取っている。ムスリムの国だと被る。

彼女は非ムスリムが多数派の日本で、「オンとオフ」という切り替えモードを取り入れることで、ムスリムとしての自己を維持している。しかし、彼女が日本での生活に問題を感じていないわけではない。たとえば、彼女にとって、アルコールを飲まないことや、ハラールでない肉を食べないことは、日常生活で譲れない最低条件である。しかし、このことがムスリムでない友人たちに理解されにくいため、彼女は日本で新たな友人をつくることは難しいと感じていた。

4 結びにかえて

日本とパキスタンにルーツをもつ若いムスリム女性たちは、成人期を迎える段階でアイデンティティを再構築する過程にある。本章の事例が示してきたように、彼女たちがムスリムであることをいかに捉え、日本社会でどのような居場所を築き、周囲との関係を切り結ぼうとしているのかは多様であり、個人の中でも複雑に変化している。そのプロセスは、親世代のイスラームを受容するのか、あるいは、非ムスリムが多数派の日本社会に同化するのか、という二元的な枠組みでは理解できない。彼女たちの語りからは、イスラームやパキスタン社会、日本社会などの複数の価値観にいったん距離をおいて捉え直し、自分なりの新たなスタイルを創造しようとする営みをみることができる。

女性たちはそのプロセスの途上で、親の価値規範との交渉だけでなく、日本の学校や職場での同調圧力や、日本社会のジェンダー規範にどう向き合うかといった課題にも直面している。このように、女性たちのアイデンティティ形成のプロセスは、世代間の差異やムスリム女性間の多様性のみならず、日本社会内での排除や包摂の経験とも絡み合いながら進行している。彼女たちの多声的な語りや葛藤の経験は、多様性を前提に支え合う社会を構築するための重要な糸口を与えてくれるといえるだろう。

謝辞　本章のもととなった調査にご協力くださった方々と御家族に深い謝意を表したい。本研究はＪＳＰＳ科研費ＪＰ１６Ｋ０３２４４、ＪＰ２０Ｈ０５８２８の助成を受けている。

コラム3

日本の化粧品市場におけるハラール認証の実効性

――インドネシア出身ムスリム住民への調査から見えたもの

武田沙南／石川真作

近年、ハラール認証商品をめぐる市場の拡大が取りざたされている（山口 2019）。その対象は主に食品であるが、化粧品やケア用品についても東南アジアを中心にハラール認証を受けたものが販売されるようになっている（川添 2015）。新型コロナウイルスの感染拡大以前には、観光庁が、2021年にはムスリムによる旅行市場規模が全世界で2430億ドルに拡大すると予想し、とくにマレーシアやインドネシアからの訪日外国人数の急激な増加から「宗教的、文化的習慣」への対応を急務と位置づけていた（観光戦略実行促進タスクフォース 2018）。一方、2019年の調査では、訪日外国人の費目別の購入率で、化粧品は約40・1％で菓子類に次いで高く、購入者単価も宝石類や時計等に次いで3番目に高かった（国土交通省観光庁観光戦略課観光統計調査室 2020）。

こうした状況を背景に、主として技能実習生として滞在する東北地方のインドネシア出身者を対象にアンケートとインタビューによる調査を行った。本調査の目的は、ハラール製品が一般的でない日本に住むムスリムが、直接肌に触れる化粧品を購入する際の決断プロセスを探り、ハラール認証の実効性を検証することであった。アンケートは東北6県に住むインドネシア出身者の親睦組織「東北家族」の協力を得てオンラインで行い、インタビューは塩釜市の企業で技能実習生として働く女性3名を対象に複数回行った。アンケートでは42件（女性35件、男性7件）の回答を得た。

化粧品には様々な成分が含まれている。その中でもハラール認証された化粧品で除外・置き換えがされている代表的な成分は、アルコールとコラーゲンである。コラーゲンは原材料が主に豚であるため、除外またはフィッシュコラーゲンに置き換えられる。一方、認証の可否とは別に、コラーゲンの含有状況やその原材料の評価については個人差があることも指摘されている（クレシ 2017）。

アンケートによると、化粧品を購入する際に気をつけることとして、「ハラール認証マークがついていること」を挙げた回答者は73・8％に上った。食品についても71・4％が同様に回答しており、食品、化粧品ともにハラール認証マークの有無は在日ムスリムが買い物をする際の商品選択の重要なチェック項目であることがわかる。しかし、化粧品を購入する際に気をつけることとして「ハラール認証マークがついていること」のみを選択したのは73・8％のうち22・5％、全体ではわずか16・6％であった。他の項目としては、効果（57・1％）、価格（47・6％）、成分（45・2％）が挙がっていた。食品においても似た傾向があったが、食品の場合は、成分表示で豚やアルコールの有無を確認するという回答がハラール認証マークを上回っていた。

また、インタビューからは別の側面が見えた。化粧品選びにおいて、アルコールは気にするがコラーゲンは個人差があり、食品ほどの拘束力はないようであった。現実に化粧品を選ぶ際には価格が非常に重要であり、日本で売られているハラール認証付きの化粧品はコスト面からか価格設定が高く、購入対象にならないようであった。調査時の実情としては、肌に合うかどうかという要因なども含めて、インドネシア製の化粧品を送ってもらうという選択がなされていた。また、口コミが重要な役割を果たしているとも語られた。実際、ムスリムではない調査者の使用していた化粧品を一人が使いはじめたところ、急速に他の実習生にも広まったことが

一緒に買った化粧品を手にするインドネシア人技能実習生と筆者（中央）

あった。インドネシア製を使うと送料がかかるため、信頼できる日本人やインドネシア人が使っているという実績や、良い口コミがあれば日本製でよいと考えたようであった。

これらのことから言えるのは、ハラール認証マークの有無は「公式」には安心材料と考えられているが、日本国内に認証マーク付きの化粧品がほとんどない現状では、実際に意思決定に影響を与えておらず、他の判断材料で代替されているということである。逆にいえば、認証を経なくても安心して使えるものが見つかればよく、認証マークが選択肢を狭める可能性もあると考えることもできる。

また、アンケートにおける回答者が認証マークに配慮する割合の高さには、ハラール認証制度にまつわる監査文化的側面が関連しているかもしれない。監査文化とは、グローバル市場経済化する世界において「監査」制度が倫理的正当化の論理を伴う「評価の儀礼」として権力化する状況を捉えようとする議論である（富沢 2019）。ハラール認証制度にかかわってその一形態としての「ハラール監査文化」がグローバル空間に形成されつつあるとすると、それが回答者の回答行動に一定の影響を与えた可能性も考えられるのである。

こうした様々な要因を加味したうえで、認証マークに関しては、そのコストが価格に反映されることも含めてどう活用していくかを考える必要があるだろう。

第4章

日本でムスリムとして子どもを育てる

アズミ・ムクリサフ

はじめに

本章では、日本に住むムスリム家庭の教育に関する態度に注目し、多様な考えや経験、教育選択を描き出す。まず、子どもの宗教教育に関する保護者の考えを紹介する。次に、ムスリム・コミュニティが提供するイスラーム教育の内容と運営についてみていく。そのうえで、保護者がコミュニティによる教育活動の現状と課題をどう捉えているかを取り上げる。最後に、ムスリム保護者の多様な学校・進路選択を紹介し、学校・進路選択の理由を、子どもへの願いに着目して記述する。

なお本章では、ムスリム・コミュニティによるイスラーム教育として放課後や土日にモスク等で開かれている子どものための教育活動に着目し、この活動を「放課後クラス」と呼ぶ。活動時間は、1～2時間程度であり、その中には個別で指導するクルアーン読誦の学習も含まれる。ただし、断食月（ラマダーン）や祝祭（イード・アル＝アドハー／イード・アル＝フィトル）等に合わせたイベントやクルアーン暗唱コンクールを実施する際は、5~6時間活動することもある。一方、イスラームの教えや関連する教科等を提供し、かつ日本の全日制の学校と同じ時間帯に教育活動を実施している教育機関を指す場合、「イスラーム学校」と表記する。

1 調査対象と方法

前述の問いを明らかにするため、日本での子育て経験をもつ計8名（8組の夫婦のそれぞれ片方1名）のムスリム保護者を対象にインタビュー調査を行った。保護者の出身地は多様だが、いずれも子どもの宗教教育を大事だと考える保護者である。調査協力者とその子どもの詳細は**表1**のとおりである。多様な学校選択をみるために、イスラーム幼稚園が登場した2000年代初頭から、初等・中等教育段階のイスラーム学校数校が設立された2022年までの間に、日本で子育てをしていた／している保護者を取り上げた。居住地においても、近くにイスラーム学校がある地域に住んで

表1　調査協力者とその子どもについて

日本での子育て期間	4 ～ 22 年
日本での子育て時期	2000 年代初頭～ 2022 年
居住地	関東圏と関西圏 ・近くにイスラーム学校あり：4 組 ・近くにイスラーム学校なし：4 組
出身別	夫婦どちらも外国出身 4 組、どちらも日本出身 1 組、片方が外国出身 3 組 ※片方またはどちらも外国出身の保護者の出身国・地域は、インドネシアが 2 組、パキスタン 1 組、バングラデシュ 1 組、スリランカ 1 組、トルコ 1 組、アラブ諸国 1 組（調査協力者の要望により具体的な国名を伏せる） ※どちらも外国出身の夫婦は、同じ国籍を持つ ※日本人保護者は大人になってからイスラームに改宗
子どもについて	・国籍：日本国籍の親をもつ子どもは、日本国籍を持つ ・きょうだい構成：2 ～ 6 人 ・8 組の保護者の子どもの合計：25 人 ・執筆時の年齢：3 ～ 29 歳

いる保護者とそうでない保護者の両方に調査協力をお願いした。

調査は、2022年2~3月にオンライン形式で実施し、一人当たりの所要時間は1時間~2時間半であった。調査言語は、日本語、英語、インドネシア語である。日本出身とインドネシア出身の保護者には、それぞれ日本語とインドネシア語、それ以外は日本語または英語で実施した。調査内容として、出身国、家族構成と子どもの年齢、日本での滞在歴とこれからの滞在予定といった基礎情報の他、子どもがこれまで受けた教育とそれを選んだ理由、保護者の学歴とこれまでに受けたイスラーム教育、教育一般と宗教教育に関する考え方など、教育方針とその背景にある考えに関する質問を設定した。

取り上げる事例数は少ないが、一般化するのではなく特徴の一部を描くことを試みる。本章では多様性の中の共通性を浮かび上がらせるために、あえて出身国別に事例を分析することはしない。

2 宗教教育に関する保護者の考え

(1) 子どもが小さいうちからイスラームを教える

子どもへの宗教教育で一番大事にしていることは何かと保護者に質問したところ、8名中4名は、小さい頃から宗教教育を受けさせる重要性を指摘した。この4名には、自身が幼少期に家庭や学校で宗教教育を受けた経験をもつ保護者も、そうでない保護者も含まれる。ここでの「教育」の内容や方法は保護者によって異なる。具体的な内容を見ていくと、まずクルアーンの暗記が一番大事だと主張する保護者は、小さい頃のほうが覚えやすいという理由の他に「〔クルアーンの韻律の響きの〕美しさだけでもイスラームの真実性を認識するには充分なほどに奇跡的で〔中略〕イスラームへの愛を育むのに助けになる」と語った。

また、「〔クルアーンの暗記を最初にやると〕脳が開かれて、そのあと遅れた分〔学業〕は簡単に取り戻せる」と、近年イスラーム諸国でいわれている、クルアーンを暗記すること自体が脳を活性化させ、後の勉学にも良い影響を与えるという理由も挙げられた。

一方、暗記も大事であるがまずはクルアーンや預言者ムハンマドの言行録〔ハディース〕の教えを内在化することが先だとする意見もあった。しかし、信条〔アキーダ〕など抽象的な内容に関してはそのまま伝えるのではなく、子どもが理解しやすく、かつ興味をもちやすい物語――預言者や教友〔預言者を直接知るムスリム〕の物語など――を通してイスラームの価値観を教えるという。これを主張する保護者の一人は、「子どもが外の世界に触れる前に準備させることで〔イスラームに反するものに対する〕免疫を作る」と説明し、子どもが小さいうちにムスリムとしての強い基盤を作る重要性を指摘した。

この他に、何よりも保護者が模範的な存在となることが大事だと考える保護者もいる。これには、「1歳児でも真似ることができるでしょう。幼稚園児はもっと〔真似ることが〕できる。私は、イスラームを子どもに教えるには、まだ聞き分けがある幼児期が最適であると言いたい」とあるように、小さい頃ならではの教えやすさが理由として語られた。また、礼拝やクルアーンの読誦等を習慣づけることが重要だとする保護者は、「あなたたちの子どもたちが7歳になったら、礼拝を命じなさい。そして10歳になったら、優しく叩いてでも、礼拝をさせなさい」というハディースに言及したうえで、「ということは、私たちには7歳から10歳の3年間という期間が与えられ、その間に何度も教え、しつけないといけない。罰を与えるのはあくまでも最終手段である」と語り、小さい頃に習慣づける必要がある理由をイスラームの教えによって根拠づけた。

(2) 子どもをムスリムと交流させる

この他に、ムスリム・コミュニティの中で子どもを育てることを心掛けているという保護者もいた。彼らは、子どもを近所に住む同年齢のムスリムと会わせたり、モスクの様々な勉強会やサマー・キャンプ、サマー・クラス、イード祭といったイベントに参加させたりしている。この他にも、近くに自身の子どもと年齢が近いムスリム家庭がいない保護者は、他県に住むムスリム家庭と協力して、学校の長期休みに交代で互いの子どもを預け、子どもたちが家族以外のムスリムと交流をもつように工夫している。

保護者はなぜ子どもをムスリムと交流させようとするのか。ある保護者は、「人のことを気にかけて〔中略〕人との共同体の中にいて、そこで生きる〔という〕〔中略〕ムスリムとしての社会性」を身につけさせるためだと話す。そのために、交流させるだけでなく、小学校高学年くらいからキャンプで役割を与えたりするという。他の保護者は、「日本の学校にいて〔中略〕みんな日本人でっていう中で、誰も神様の話もしないし、礼拝の話もしない。私と夫が子どもに家庭で教えてきたことが、実際にそういうことを本当に喋ってる人がいるんだ、〔中略〕普通にお茶飲みながら神様のお話する人たちがいるんだっていうような環境も見せてあげるのが必要」と語った。この実践は、ムスリムがマイノリティである社会で、子どもにムスリム・アイデンティティを育てるための工夫といえよう。

以上、子どもの宗教教育に関する滞日ムスリム保護者の考えを取り上げた。では、ムスリム・コミュニティはどのようなイスラーム教育を提供することで、保護者のニーズに応えようとしているのか。また、コミュニティは子どもの教育にどのような影響を与えているのか。

3 コミュニティとイスラーム教育

(1)「放課後クラス」の教育内容

各地のイスラーム団体や組織が中心となって開催している子どものためのイスラーム教育を紹介した店田(2015)は、放課後クラスで教えられる教育内容として、クルアーン暗誦、アラビア語、イスラーム礼儀作法、預言者伝、宗教歌、宗教実践の学習を挙げる。また、名古屋インドネシア・ムスリム協会による教育活動に着目した服部(2009)は、小学校段階の子ども向けの放課後クラスにおいて、アラビア文字の学習とクルアーン朗唱、礼拝指導のほか、預言者やクルアーンに関する話が教えられていることを報告する。本研究でのインタビューでも同じような結果がみられた。ある保護者は具体的な内容として「礼拝の条件であるとか、ムスリムの条件であるとか、そういった基本的なことから発展していく」と語った。クルアーン学習(アラビア文字の学習、クルアーンの朗唱・暗誦)や礼拝指導、預言者の逸話といった内容は、前節(1)で取り上げた、子どもが小さいうちから教えたい宗教教育の内容に関する一部の保護者の意見と一致し、コミュニティによるイスラーム教育が保護者のニーズに沿ったものとなっていることがわかる。

(2)「放課後クラス」の現状と課題

次に、放課後クラスの運営についてみていく。店田(2015)によると、放課後クラスの多くは有志のムスリムによってボランティアで運営されている。親の考え方や経済状況の違い、運営メンバーの帰国などを要因として、休業状態に追い込まれている事例も少なくない(店田 2015: 51)。実際、インタビュー調査でも、「なかなか人材がいない。だから適当な人を集めて、でもみんなダウワ〔伝道〕をしてるわけじゃないので〔中略〕毎週来てくれるような大人がいるわけじゃない。なので毎回先生が違う、その人に勝手にテーマ決めて話してもらうとか、あんまりカリキュラムとかもしっかりしたものができないので、とりあえず子どもを集めて、あとは遊ぶ」といった、人材不足やカリキュラムに関する課題が指摘された。

人材に関しては、質的な面も課題とされていた。たとえば、「先生もプロじゃなくて。ただボランティアでやってるだけなので、教え方もいまいちだなっていう人の方が多かったから、それを子どもたちは我慢して聞かないといけない〔中略〕〔子どもは〕なんかふざけるし、聞かないし〔中略〕お互いに不幸」「結局、先生がやっていることが、あまりにも原始的、〔中略〕考えがない。普通どの分野でも教師は子どもに伝わるような工夫とか、学年別にとか、年代別にとかありそうなものなのに」という語りでは、教師の指導能力の欠如が指摘されている。

コミュニティによっては、活動に参加する子どもが少ないうえに年齢にばらつきがあるという状況と、人材が限られているという課題が重なり、幼稚園児から中学生という幅広い年齢の子どもに対し、同じ内容を同時に教えざるを得ないところもある。

一方で、方法や学習の順番がある程度決まっていて、かつ個人の学習の進捗状況に合わせながら指導できるため、カリキュラムがなくても段階的に内容を進められる学習もある。クルアーン読誦や暗記がこれに該当する。クルアーンの読み方にはテキストなどがあり、教師はそれを用いながら指導する。一般的には一対一で学ぶという形態がとられ、ムスリム団体の中には、海外から専属のクルアーン講師を呼び寄せ、子どもたちが長期にわたり同じ講師のもとで学べるように環境を整えているところもある。そこでは、多様な保護者の要望に応えるために、放課後以外にもクラスを開いている。ある保護者は、小さいうちから子どもにクルアーンを学ばせるために、学校を1年間休学させて集中的にクルアーン暗記クラスに通わせた。他の保護者は子どもを学校から早退させ午後にクルアーンを暗記する時間を確保した。

しかし「クルアーンに関しては、とりあえず先生は読めと言ってさえいればいいっていうのがちょっと疑問」「〔母国では〕クルアーンを教えるのに荒々しくすることはしない。ここ〔多国籍・多文化的なムスリム・コミュニティ〕では、たまに厳しすぎる先生がいる」など、講師の指導法に批判的な保護者もいる。こうした意見は、選択肢が限られる放課後クラスであっても、保護者は子どもの教育に関心をもってかかわっていることを示しているともいえる。

(3) 交流と情報交換の場として機能するコミュニティ

上述したように、子どものための放課後クラスには、いくつかの課題がある。教師のやり方や学習環境と合わず、一定期間放課後クラスを休ませたり他の教師を探したりという保護者は一定数いる。しかし調査に協力したほとんどの保護者は、課題を認識しながらも、それを気にする様子はないように見えた。たとえば、ある保護者は「毎週土曜日に○○モスクに行く。〔中略〕ただ勉強のためって違うかもしれないけど〔中略〕男の子たちが生意気で、先生がなんか嫌になっちゃったりして、その先生が変わったりして。だから男の子たちはクラスで勉強するっていうより、本当にやっぱり仲間と会いたい。で、〔仲間と〕ごはん食べる、サッカーを〔して〕遊んで帰ってくる」と語る。保護者のこの語りから、教師の指導を受けることが子どもを放課後クラスに通わせる唯一の目的ではないことがわかる。子どもをムスリムと交流させる理由は、前節(2)で述べたとおりである。では、コミュニティにおけるムスリムとの交流は、子どもの教育に具体的にどのような影響を与えるのか。

ある保護者は公立学校に通っている子どもが、「音楽の授業を受けたくないとか、体操で半ズボン着ないとか、先生に自分で言って。それで認めてくれたところもあるし認められないところもあるけど、とにかく自分がイスラーム教徒だよっていうのをちゃんとみんなに」言うようになったと語り、それを家庭での教育の成果というより、モスクでの勉強や友達との環境の影響だと分析した。楽器の演奏など音楽に関することはムスリムの中でも見解が分かれる。様々なイスラーム法学派のムスリムがいるコミュニティでは、大人が特定の学派の解釈を子どもに教える傾向は少なく、友達の影響は少なからずあったと考えられる。他にも、「○○〔モスクの名前〕の子たち、やっぱしお菓子の中でこれはハラール、ハラーム〔許可・不許可を区別する力〕はすごい、私よりも詳しい。お菓子に関しての情報は子どもはすごい」という声もあり、子どもたちがムスリムの友達との交流や遊びの中で、ハラールとハラームについて学んでいることがわかる。

子どもたちは仲間との交流の中で学ぶだけでなく、中にはコミュニティで出会った人とのかかわりの中で、進路を決めた子どももいる。たとえば、高校卒業後に自身の出身国とは異なる国でイスラームを学んでいる子どもをもつ保護者は、「〔自分の子は〕あの子〔子どもの友人〕と仲良しなんですね。同じ学年だし、もう、いつもいつもなんか仲良しで。もうそれで、なんか二人で行こうかって〔中略〕。私も夫もそんなに勧めるってわけではなかったんですけど、気がついたら行くって言ってました」と、進学先を決める際、子どもが友人の影響を受けた様子を語った。進学先の情報も、ダウワのために派遣されたムスリムから知ったという。コミュニティは情報交換の場としても機能しているのである。

他にも、子どもが病気治療の都合で途中から高校を休学したという保護者は、「〔復学するため〕高校に行こうと言って申し込みした頃に、あるシャイフ〔イスラーム学識者や先生に対する敬称〕と出会って、そのシャイフ〔のことを〕大好きになってしまって、彼と勉強すると言って高校行くのをやめて〔中略〕。その時からずっとシャイフと一緒にいます」と語り、シャイフが他県に引っ越すと彼についていき、教育活動を手伝ったり合間の時間でシャイフのもとで学んだりしているという。

保護者の語りから、ムスリム・コミュニティの存在自体が保護者の意図を超えて子どもたちの学びの場となったり、進路を考える際の情報源となったりしていることが明らかである。

4 ムスリム保護者の様々な学校・進路選択

以上、保護者の語りからムスリム児童生徒を対象にした放課後クラスをみてきた。宗教教育に熱心な保護者の中には、子どもが放課後だけでなく、学校でイスラームを学ぶことを望む者は少なくない。また、子どもの発達段階に沿ったカリキュラム、教科書、知識と技能の習得を確認するテストなどがある学校の方が、効果的な学びを期待できると考える保護者もいるだろう。しかし、様々な事情や理由でイスラーム学校を選べなかった、または選ばなかった保護者もいる。ここでは、保護者がどのような理由で学校選択をするのか、その選択に至る背景と思いをみていく。

（1）公立学校におけるムスリム児童生徒への宗教的配慮

保護者は全員、公立学校に子どもを通わせた経験をもつ。公立学校選択の理由としては、近くにイスラーム学校がなかったため、イスラーム学校の学費が高いため、などの消極的な事情が語られた。しかし、8名のうち3名は積極的な理由で公立学校を選んでいた。一人は、「日本の学校からたくさん学びたいため公立学校を選択した」という。この保護者は出身国へ戻る前提で来日しており、当時、近くにイスラーム学校があったとしても公立学校を選んでいたと語った。残りの2名は、近くにイスラーム学校がなかったという事情に加えて、日本で暮らすから日本語を学んでほしい、子どもが将来、日本の大学に進学したり、日本で就職したりしたいと考えた場合に備えたいという理由を挙げた。

では、公立学校に子どもを通わせる保護者は、子どもの学校生活に関してどのように考えているのだろうか。ムスリム児童生徒には、学校生活を送るにあたり、他の外国人児童生徒と異なる特有の課題がある。たとえば食事の禁忌、服装の決まり、男女の隔離を是とするジェンダー規範があること、イスラーム的でないと判断される活動――異なる宗教の慣習をテーマとした活動、楽器演奏、人間を描く・像を作るなど――への参加が難しいことである。

しかし、保護者が子どもにこれらの規定をどこまで遵守・実践させるかは、家庭の宗教的な解釈や教育方針などによって異なる。食事でいうと、豚肉のみ食べないのか、他の肉もシャリーア（イスラーム法）にのっとった屠畜を行った肉でなければ食べないのか、肉由来やアルコールが含まれている調味料を許容するか、調理器具をどこまで気にするかなどには考えの違いがある。同様に、楽器を奏でたり音楽を聴いたりすることや絵を描くこと、ヒジャーブをどのように被るかなど、細かいことに関する考えは、家庭によって様々である。

そのため、学校には各家庭に合わせた対応が求められる。たとえば、食事の制限への対応として多くの学校は弁当持参を容認する。保護者の対応はまちまちで、献立表を確認し、子どもが食べられないメニューのみ家から代わりのおかずを持たせることを希望する保護者もいれば、牛乳以外は弁当が安心という保護者もいる。保護者たちは、給食に関する学校の理解と対応に関して、「とくに問題ない」「気がかりなことはない」と口を揃えた。教科学習も同様に、心配に思う内容は個別に対応してくれるためとくに不安はないという。ある保護者は、性教育の内容が心配だったが、学校に相談すると、その日は休むことが許可されたという。また、他の保護者はクリスマスを題材にした図工で、自身の子どもはクリスマス以外のテーマで作ることにしてもらったと話した。その他に、体育の着替えでは、小学校1年生の時から異性と同じ部屋にならないよう別の部屋を用意してくれた、娘が水泳の授業に参加できるように顔と手先・足先以外を覆う水着の着用を許可してくれたなど、学校の細かな配慮を語った。

一方で、学校の対応に関してとくに問題がなくても「先生とか別に邪魔しない、みんな優しいから〔中略〕。でもやっぱり孤立しちゃいますよね」「日本の学校の先生とかから、かわいそうと思われると嫌だなあと思った。イスラームがいっぱいやらなきゃいけないこと、やってはいけないことがあって、かわいそうと〔受け止められる〕」など、子どもが他の子どもと異なることで孤立するのではないか、教師や他の子どもたちにどう思われているかを心配する保護者はいる。とくに断食など、後にその実践が義務となるようなイバーダート（崇拝儀礼）――イスラームでは成人後（男子は精通、女子は初潮を迎えてから）実施義務が個々のムスリムに課される――に関しては、保護者はいつから実践させるべきか苦悩する。

保護者の多くは（8名中7名）、子どもが小学生の頃は、学校での礼拝、断食、ヒジャーブの着用を強制しなかったと話す。中には、ヒジャーブを着用することで娘がいじめの対象になるのではないかと心配し、学校での着用を控えさせたという保護者もいる。しかし、家庭や放課後クラスでイスラーム教育を受けた子どもの中には、学校でも礼拝・断食をしたい、ヒジャーブを着用したいと親に申し入れ――中には自ら教師に礼拝したいと相談する児童もいる――学校に相談して実践するようになった子どももいる。学校によっては、すべてにおいて許可するのではなく、活動の妨げにならないか、安全であるかなどを考慮し、活動内容に応じた対応を保護者と相談するところもある。たとえば、ヒジャーブの着用を許可するが、体育の授業や野外学習などでは安全を確保するために外すよう求めてもよいか、断食をしている子どもがつらそうにしていたら途中でやめさせてもよいか、などにつき、保護者に確認をとる学校がある。しかし、こうした対応は学校単位ではなく、教師の裁量に委ねられるため属人的になりがちで、教師によって対応が異なるという問題がある。

（2）イスラーム学校の設立と子どもを通わせる保護者

公立学校では学校との都度の交渉が必要となる前述の様々な「ムスリム対応」は、イスラーム学校ではおのずと解決する。それだけでなく、学校によってはムスリムとしての行動は教育の一環と見なされる。そのため設立が期待されてきたイスラーム学校であるが、設立が実現したのは近年に入ってからである。その理由として、資金調達や設立認可の難しさなどが考えられるが、あるイスラーム学校の設立にかかわった保護者は、居住地域におけるムスリムの子どもの増加が主な設立動機だったと語る。実際、学校の設立は周りに住む子どもの年齢に合わせて、段階的に行われてきた。たとえば東京では1990年代後半にムスリムの幼児が増えたため、2000年代初頭にイスラーム幼稚園が設立された。小学校の設立は2010年代以降であり、児童が小学校を卒業する頃に中学校が、同様の経緯で高等学校が順次設立された。

日本のイスラーム学校に関する正確な統計はないが、筆者が把握する限り2023年4月の時点で、同じ名前の学校を1校としてカウントすると、少なくとも北海道に1校、栃木県に1校、群馬県に1校、東京都に3校、神奈川県に1校、愛知県に1校、兵庫県に1校、福岡県に1校ある（表2）。このうち幼稚園・保育園が10園、小学校8校、中学校5校、高等学校が1校である。

本章では便宜上「イスラーム学校」と表記するが、これらは学校教育法の第一条の定める「学校」ではな

表2　日本のイスラーム学校

所在地	学校／園名（設立年）	学校段階（設立年）
北海道	Sapporo Islamic International School（2021）	幼稚園、小学校、中学校（2023） ※中学校は1年生のみ受け入れ
栃木県	International School of Cordoba Japan（2015）	幼稚園、小学校、中学校
群馬県	Olive Gakuin（2020）	幼稚園、小学校 ※小学校は1年生のみ受け入れ
東京都	International Islamia School Otsuka（2004）	幼稚園、小学校（2017）、中学校（2022）
	Tokyo Iqra International School（2014）	幼稚園、小学校（2015）、中学校（2020）
	YUAI International Islamic School（2017）	幼稚園、小学校、中学校、高等学校
神奈川県	British International School（2007）	幼稚園、小学校
愛知県	Darul Iman Kasugai Preschool（2013）	保育園
兵庫県	Jan Academy Preschool ※設立年は未確認だが、少なくとも2018年12月には教育活動を実施していた	幼稚園
福岡県	Fukuoka International Islamic Schools（2023）	幼稚園、小学校

［出所：Mihara 2022: 8より引用、一部改変］

い。各種学校としての認可を目指すところもあるが、執筆の時点では無認可の教育機関・保育施設である。日本のイスラーム学校は、朝鮮学校やブラジル学校のように特定のエスニック・グループを想定した学校とは異なり、多文化・多国籍・多宗派という性格をもつ。中には、非ムスリムの子どもを受け入れ、上記の三つの性格に加えて多宗教という性格をもつ学校もある。

小学校以降のイスラーム学校の学習内容をみていこう。教科は日本の学校にもみられる英語、算数／数学、理科、社会、図工／美術、保健体育、コンピュータースタディーズなどの一般教科に加え、イスラームに関連する教科が設定されている。学校によっては教科名が異なったり、存在しない教科があったりするが、信条（アキーダ）、イスラーム法（フィクフ）、道徳（アフラーク）、祈願（ドゥアー）、クルアーン読誦と暗記、クルアーン解釈（タフシール）、預言者ムハンマドの言行録（ハディース）、預言者伝（シーラ）、イスラームの歌・スピーチ、アラビア語が教えられている。一般教科に関してはケンブリッジ式カリキュラム（英国のケンブリッジ大学国際教育機構が提供している国際的な教育プログラム）を採用しているところが多い。一方、イスラームに関連する教科のカリキュラムは、学校によって異なる。国際カリキュラム機構（ＩＣＯ）のカリキュラムを採用する学校もあれば、独自カリキュラムを用いる学校もある。また、日本語、図工と体育に関しては日本のカリキュラムを導入する学校もあり、一つの学校で少なくとも二つ以上のカリキュラムを採用している。使用するカリキュラムからわかるように、多くの学校では英語が第一言語かつ教授言語であり、日本語は第二言語である。卒業資格に関しては、ケンブリッジＩＧＣＳＥ（国際中等教育修了資格）のほか、日本の公立学校と協力し、日本の高校の卒業資格を選択できる学校もある。

イスラーム幼稚園／保育園では、イスラーム関連の教育内容として、アラビア文字とクルアーン学習、ハディース、ドゥアー、イスラームの礼儀作法が教えられている。その他、エクササイズや野外活動といった身体に関する教育、図工、数字の学びもある。言語学習に関しては、英語はどの園も取り入れているが、日本語とアラビア語はどちらかのみ取り入れている園が多い。さらに上述の内容に加えて、特色ある保育・教育実践を行っている園もある。たとえば、テーマ学習やモンテッソーリ教育（子どもたちが自分で学ぶ力を養う教育法）、日本の小学校への進学に備えた活動などである。

イスラーム学校に子どもを通わせる保護者に感想を尋ねると、ある保護者は「親が楽ですよね。あとはやっぱりちゃんとイスラームのこともそれなりに教えてくれますよね（中略）。考え方がそれによって形成されているし。イスラームの勉強の意味でも、やっぱり日本だと（中略）実際に得られなかったんですよね、勉強のチャンスとか」と語った。この保護者には子どもが数人いて、上の子どもが学齢期の頃はイスラーム学校は設立されていなかった。子どもを公立学校に通わせていたが、途中でイスラーム学校ができたためイスラーム学校に転校させたという別の保護者は「断食が〔イスラーム学校の良さを〕一番感じる。前は断食はとくに運動会前とか嫌な感じがしたけど、今はそんなことを考える必要はない。礼拝も自由にできて、家でも一緒に礼拝しようって誘うのがうちの子で、イスラーム学校の成果を感じた。ムスリムとしての習慣も形成される」と、礼拝と断食の実践にあたっての安心感を語った。

(3) 様々な学校・進路選択

以上、日本の公立学校とイスラーム学校のそれぞれに子どもを通わせる保護者の経験と思いをみてきたが、保護者の中には、インターナショナル・スクールや海外留学を選択した者もいる。

インターナショナル・スクールを選択した保護者の一人は、同質性の高い日本の公立学校よりも、様々な背景をもつ児童生徒のいるインターナショナル・スクールの方が外国人として、そしてムスリムとしてのアイデンティティの両方が大事にされると考えたため、と選択理由を教えてくれた。この保護者の子どもは、外国にルーツをもつ。同じような背景をもつ別の保護者もインターナショナル・スクールに子どもを通わせている。しかし、それを選択した理由として「見た目は英語話せそうな見た目〔中略〕、英語を話すことが期待される。社会でも大学でも英語の人〔と見られる〕。日本に残るということを考えた場合、日本人より何かできないと〔中略〕価値として英語が必要」と答えた。一人目の保護者とは異なり、将来子どもが日本で暮らすことを選んだ場合に困らないためというのがその動機であった。

別の保護者は、イスラームを学ばせるために、ムスリムが多数を占める国へ子どもを留学させている。日本でイスラームを学ぶ機会が限られているためだけではなく、将来日本に戻って、ムスリムにイスラームを教えてほしいためにそうしたという。この家庭は片方の保護者が日本人で、子どもは日本国籍を有する。一方、夫婦どちらも外国出身の保護者は「外人だから、将来日本に住めるかどうか分からない。〔中略〕理由は様々だけど一番の理由は多くの選択肢をもつように。日本にいると日本という選択肢しかない。他にも、イスラームの国の方が日本よりもイスラーム教育がいい」と、海外留学をさせた動機を語った。動機はそれぞれであった。

おわりに

以上、日本に住む、宗教教育に熱心なムスリム保護者の教育に関する多様な考え、経験、教育選択を描いた。日本におけるムスリムを対象とした教育は、今後どのように変化していくのだろうか。近年、とくに2010年代以降、幼児教育段階だけでなく初等・中等教育段階のイスラーム学校が設立されたことで、幅広い教育段階のムスリム児童生徒が系統立ったイスラーム教育を受けられるようになった。地域によっては、幼稚園から中学校、そして高等学校までエスカレーター式でイスラーム学校に通うことが可能になったところもある。滞日ムスリムの中には、高等教育機関を設立してほしいと願う者もおり、いつか高等教育機関が設立される日が来るかもしれない。

イスラーム学校の新設は、本文でも示したように、学校種だけでなく地域的な広がりもみせている。学校設置の動きに関心をもつムスリム・コミュニティは少なくなく、今後イスラーム学校の設置は同学校が設立されていない他地域へ拡大すると予測される。ムスリム集住地域においては、東京都のように一つの地域で同じ学校種が数校設立されることも考えられ、イスラーム学校自体の選択肢の充実も含めて、教育・学校選択はより一層多様になるだろう。

第5章

ヴェールの可視性から考える在日外国人ムスリム女性の葛藤

沈 雨香／アキバリ・フーリエ

はじめに

ある人物がどの宗教を信仰しているかは、一般に教会でのミサや寺院での法要などの宗教儀式への参加によってはじめて他者に可視化される。しかしムスリム、とくにヴェール（ヒジャブ、スカーフなど様々な呼び方があるが、本章ではヴェールで統一）を着用するムスリム女性（以下、ムスリマ）の場合はその限りではない。イスラームにおけるヴェール着用は、ムスリマに課された宗教上の義務として、常に実践されるべきものとされているからだ。ヴェールを着用することによって、彼女らがムスリマであることが常に可視化されることになる。

本章では、在日外国人ムスリム女性のヴェール着用の有無をめぐる葛藤を描き、その心の機微に迫る。非イスラーム圏においては、ヴェールの可視性ゆえに彼女らの他者性が際立ってしまう。祖国ではヴェールを着用している多くの女性たちの一人にすぎなかった彼女らは、日本では一人のムスリマとして可視化され、それゆえにムスリマとしての自分に改めて向き合う必要に迫られるのである。加えて外国人でもある彼女らは、ムスリマであり外国人であるという、二重の他者性を体験する。

近年、日本に暮らすムスリムを対象にした調査・研究の蓄積が進む（店田ほか 2006; 店田 2013; 市嶋 2013; 弥栄 2017; 松井 2017）。これらの宗教活動に関わる研究から、学校や日常生活などでムスリムが直面する課題が明らかにされてきた。ムスリム住民に対する自治体の取り組みなどもあり（店田 2019b）、外国人ムスリムの定住がはじまった１９９０年代と比較すると、日本におけるイスラームやムスリムに関する情報は普及した。その一方で、ムスリムは一日５回礼拝をする、断食をする、ムスリマはヴェールを着用するなどの型にはまったイスラーム理解が定着してきたことで、一人ひとりのムスリムの宗教実践に対する多様なアプローチが許容されにくくなっているのではないだろうか。現に日常の装いであるヴェール着用が、人目につきやすく目立ちやすいという点で、礼拝、食事、断食以上に日常生活への大きなハードルとなっていることが指摘されている（桜井 2003: 196-197）。

こうした問題意識に基づき筆者らは、日本に暮らすムスリマのヴェールの着用選択にまつわるインタビューを実施した。その中で浮き彫りになったのは、日常生活のあらゆる場面における日本人との付き合い、日本国内に暮らす同胞とのかかわり、日本に暮らす様々な国籍のムスリムとの交流、そして祖国の家族との関係において彼女らに向けられる視線、彼女らへの期待と、それらの視線や期待の中で葛藤し、折々に選択を迫られる彼女らの姿である。

彼女らはいずれも高学歴であり、生活圏も限られることから、日本で暮らすムスリマを代表しているわけではない。しかし、彼女らの語りには日本で暮らすムスリマたちの悩みや葛藤、そして時間の経過のなかで変化する思いが溢れており、礼拝所の設置やハラール対応などのハードウエアにおける対応では解決しない、繊細な心の機微が明らかになった。

1　五人五色のムスリマ

まず、インタビューの対象となった5人の外国人ムスリマを紹介しよう（表1）。彼女らはいずれも外国籍で、日本滞在歴は2年から13年と差があるが、日本の高等教育機関で学んだ経験があり、日本語を日本での生活言語としている点が共通する。しかし、彼女らは異なる国と文化圏から来日し、外見も異なる。

インタビューを行った２０１９年時点で日本在住13年目となるインドネシア出身のAさんは、ジャワ島出身の小柄な女性である。彼女は一度目の留学時にヴェールを外し、帰国後には着用を再開した。二度目の留学の際には最初からヴェールを外して来日した。インドネシアは、全人口約２億７０００万の87%をムスリムが占める、世界最大のムスリム人口を擁する国である（外務省 2022a; Pew Research Center 2019）。インドネシアのムスリムの間では、日常的にヴェールを着用することが望ましいとされる。

一方、来日して8年目のBさんの祖国シリアは、人口約２０００万のうち75%をアラブ系が占める（外務省 2022b）。近年シリアでは、女性のヴェール着用や服装を個人の選択に任せる傾向がみられるため、ヴェールを被らないムスリマも珍しくない。Bさんもその一人で、日本でもヴェールを着用していない。彼女の欧

表1　インタビュー対象者一覧（2019 年当時）

対象者	出身国	職業	滞日年数	居住地	ヴェール着用
A	インドネシア	大学教員	13 年	東京都	（有→無）無
B	シリア	学生	8 年	つくば市	無
C	イラン	会社員	10 年	東京都	有→無
D	中国	学生	2 年	東京都	有→無
E	イラン	大学教員	7 年	名古屋市	有

州的な容姿も相まって、外見からムスリマであると判断されることはまれである。

Cさんと E さんの出身国であるイランは、全人口約8400万人のうち、99%がムスリムである（World Religion Database n.d.）。さらにそのうち89%がイランの国教であるシーア派の信徒である。イランでは女性のヴェール着用が義務化されているため、個人に選択の自由はない。Cさんは現在ヴェールを着用していないが、外見から中東出身者と判断されることが多い。一方、Eさんは来日後もヴェールを着用し続けている。

最後に、2017年に来日し、インタビュー当時は留学2年目の中国出身のDさんは、トルコ系少数民族のウイグル人女性である。彼女は敬虔なムスリム家庭で生まれ育ち、中国でもヴェールを着用していた。そのため、祖国でも外国人扱いされるという特殊な環境の中で生活した。Dさんは、来日時はヴェールを着用していたが、現在は外している。外見からは日本人とは見分けがつかないため、ヴェールを外せば、他の4人と比較すると、他者からの視線を日常的に感じる頻度は少ない。

なお、インタビューは5人を対象に、2019年8月から2019年10月にかけて、対面やオンラインで1時間程度行った。彼女たちは仮名とし、インタビューの語りの順番は本章の流れに沿って適宜入れ替えた。彼女らに関するより詳細な情報は、彼女らの語りを紹介する中で必要に応じて提示する。

2　ヴェールがもたらす二重の他者性

インタビュー対象者の5人のムスリマは、全員、留学のために来日した。日本の大学に正規の学生として在籍し、一時的ではあっても日本社会の構成員として暮らす。しかし、多くの留学生と同様に、彼女らは日本で生活するなかで、自身の他者性に悩まされてきた。ムスリマたちの語りから、彼女らが、外国人という他者性に加え、宗教的な他者性により、日本人との距離が2倍になっていると感じていることが明らかとなった。

インタビュー実施時点で日本在住10年目だったイラン出身のCさんは、最初の4年間はヴェールを着用しており、その時の経験を次のように語ってくれた。

思い込みかもしれないけど、〔ヴェールを着用していた時は〕大学やバス、電車の中とか、なんかあまり誰も〔自分の隣に〕気楽に座ってくれないから、怖がっているのかなとか思った。大人は〔気持ちを〕隠せるかもしれないが、私が○○県の学校に交流プログラム〔外国人留学生が日本の小中学校などに派遣され、出身国について紹介する異文化交流プログラム〕に行くと、どんないい発表しても、あまり子どもたちが〔近づいてこなかった〕。〔今は〕ヴェールを外してるから、〔学校の交流プログラムでも〕子どもたちがもっと親しくなって、話しかけてくれて、やっぱりヴェールは恐ろしく感じるのかなとか考えました。ある友達は、ヴェールを被っていると手に届かないというか……近づきたくても近づけないという感じだった。

さらに彼女は、外国人である他者性よりもヴェールがもつ宗教的他者性に悩まされていたという。

留学生で〔あることはまだ〕いいんですけど、やっぱり〔ヴェールを着用していると〕格好が違うから、みんなは慣れない〔みたい〕。それに気づきました。

同じ場面でもヴェール着用するか否かで経験が異なる。またヴェール着用者に対する日本人の態度の差は、気持ちを素直に表現する子どもとの関係の中でより明らかになっている。つまり、Cさんは自分に向けられる他者性の視線を、外国人というよりも、ヴェール着用によるものと感じている。Cさんと同じイラン出身のEさんは、来日してから7年経った今もなおヴェールを着用し続けているが、ヴェールがもたらす他者性を回避するため、生活環境での工夫をしていると語る。

〔最初通っていた男女共用の〕ジムでヴェールを着用していたら、〔周りから〕すごく見られて、すごく気になって。〔会費と月謝を払っているので〕次もまた行ったけど、〔それから〕スカーフの巻き方を変えようかとか〔毎回ジムに行く時〕すごく悩んだ。その後は〔結局そのジムの契約は更新せず、ヴェールを着用しなくてもよい〕女性専用のヨガとかに通うようにしたら、すごく楽になった。

インドネシア出身のAさんによると、ヴェールのムスリマだからこそあきらめなければならないこともあると言う。

〔最近ちょっと見るようになったけど〕ヴェールを被っているとアルバイトとかできないんですよ。見た目でね。インドネシアから来る女の子は、最初からアルバイトはできないって覚悟して〔日本に〕来てる。

確かに、日本にはヴェールを着用したコンビニや飲食店の店員はほとんどいない。しかし留学生にとってアルバイトは大事な収入源である。また、日本語学校や大学では体験できない日本を経験し、社会を学べる場でもある。ヴェールを着用しているからアルバイトができない、またはアルバイト先が限定されることは、ヴェールを着用したままの就業が日本では難しいということを意味する。つまり、彼女らはヴェールを着用していても就ける仕事を日本で探すか、帰国して仕事を探すか、日本に残るためにヴェールを外すかを選択せざるを得なくなる。このように、ヴェールは日本で暮らす彼女らに二重の他者性をもたらしている。

3　ヴェールのままでは越えられない壁

非イスラーム圏に暮らすムスリマが直面する困難の一つに、言葉や行動による差別がある。それを避けるためにヴェールを外すという選択をするムスリマもいる。日本でヴェールをしている時に、言葉や行動によるあからさまな被害を受けたことがあるかと尋ねたところ、5人とも直接的な差別は経験していなかった。しかし、二つの異なる内的・外的要因でヴェールを外すことを選択したAさんとCさんの話から、彼女らが、ヴェールを着用するか否かで日本人の対応が変わることを実感していることがわかる。

Aさんは、高校生の時、インドネシアの宗教教育に力を入れている学校の代表として、日本の田舎で1年間のホームステイを経験している。Aさんは、当時をこう回想した。

1998年から1999年の1年間、日本の田舎でホームステイをしていた。〈私がヴェールを着用しているのを見て〕田舎の人はみんなびっくりしてました。直接、何か言われたわけではないけど、ヴェールを被っている私の写真を見たホストファミリーの人から、「これはおばあちゃんみたいだよね」と言われたこともあります。ホストファミリーは、私がいじめられるのではないかと心配していたようで、「みんなと一緒のほうがいいね」と言われました。〔だから〕高校時代は、ルーズソックスを履くなど、みんなと同じような服装をしていたほうがいいということをすごく強調していました。私たちは、〔インドネシアの〕学校の代表として来日していたので申し訳ないと思ったけど、みんなでヴェールを外しました。私の家族は、もともとヴェールをするか否かについては自由な考えをもっていたため、私は、ヴェールを外すことに対する罪悪感は軽かったですが、〔敬虔なムスリムだった〕友達のほうは〔ヴェールを取ってしまうことになって〕かわいそうだなと思いました。

これに対して、日本の大都市にある大学院を卒業し、現在は日本企業に勤めるCさんは、ヴェールを着用していたことで直接に嫌な体験をしたことはないと話してくれた。

日本人は、直接〔に差別的な発言をしたり、差別的な態度をとったり〕しない。「かわいいですね」「素敵ですね」「巻き方教えて」とか、すごく親切で、丁寧に聞いてくれた。ただ、その時、日本人は意識していない〔かもしれないけど、こういうことを聞かれるうちは〕私は、やっぱり親しくなれないと思いました。

Aさんは日本人に促され、学校や地域の一員として受け入れてもらうために、他者性の象徴となっていたヴェールを外した。一方Cさんは、日本人が彼女のヴェールに対して肯定的な言葉を発したことで自身の他者性をより一層感じ、結果としてヴェールを外す選択をした。1990年代末とここ10年間ではだいぶ変化したものの、田舎と都会では、そこに住む人たちのイスラームに対する理解や知識の有無や、コミュニティにおける人間関係のありようが異なる。しかし共通しているのは、ヴェールを着用することで、ホスト社会との間に越えられない壁ができると感じてしまうことである。そして、その壁とどのように向き合うかが、ムスリマのヴェールの着用選択に影響を与えていた。

他方、EさんはAさんやCさんと同じような経験をするも、現在でもなおヴェールの着用を続けており、その理由を以下のように語る。

ヴェールをしていることは、もちろん信仰も関係しますが、自分の祖国や自分のアイデンティティの一部だと思います。だから外そうと思ったことはありません。それに周りの人たちが被っていないから、私も〔ヴェールを〕外して、周りに合わせたほうがいいと考えたことはありません。

Eさんの語りから、ヴェールを祖国とのつながりや自分のアイデンティティと位置づけ、日本で外国人として、そしてムスリマとして「他者」と見られることを受け入れ、生活する人もいることがわかる。

4　日本に暮らすムスリム同士の視線

ヴェールは、日本社会の中でマイノリティであるムスリマの存在を際立たせるが、同時に、日本に暮らすムスリムがお互いの存在を認知するシグナルにもなる。そして皮肉にも、中国の少数民族出身のDさんは、そのムスリム同士の視線から解放されるべくヴェールを外した。

Dさんは中国で暮らしていた時、日常的にヴェールを着用していた。中国の法律ではウイグル族の女性は高校卒業後から公共の場でのヴェールの着用を許される。高校卒業後からヴェールを着用できてもそこでその決断をせず、結婚してからヴェールを着用する女性も少なくない。その彼女が来日当初は着用していたヴェールを外したのは、日本に暮らすムスリムとのかかわりが原因だった。

〔中国にいた時は〕宗教の教えを全部信じて、〔高校在学時に自らヴェールを〕していました。取ろうと思わなかった。取ろうと思ったのは、日本に来てからです。中国では、他の国のムスリムとかかわることはありませんでした。でも、日本で通った日本語学校と大学では、〔いろんな国から来た留学生がいて〕同じムスリムの人〔たち〕に目立ってしまった。〔彼らは〕「僕とあなたはムスリム同士だから付き合おう」とか、「友達になろう」とか〔声をかけてきた〕。〔それに対して〕私は、「私たちムスリムだから そんなことできないでしょう〔異性とそんなに簡単に付き合ったりしないでしょう〕」と拒み続けた。私は〔こうした煩わしさにうんざりで〕ただ普通に生活したかった。〔そこで〕ヴェールの意味を改めて考えました。ヴェールは、女性を保護するためだと教えられてきたし、私もそう考えていた。隠すことで守られると考えていました。でも、〔ここでは〕本当に守られているのかなと思って〔ヴェールを外しました〕。

彼女を守るはずだったヴェールが、逆に彼女を目立たせ、不快な経験の原因になってしまったことは、彼女にヴェールの意味・意義を再考させた。一方、ヴェールを着用していないムスリマもまた、他のムスリムからの視線から自由ではない。ヴェールを着用していない、欧州系の外見をしているBさんは、他のムスリムに自分がムスリムであることが知られてから、ムスリムとしての評価の対象となってしまい、不愉快な経験をしたと語る。

〔日本人や外国人からなぜヴェールをしないのかを聞かれたことはないけど〕、同じ大学で勉強している、シリア人、ナイジェリア人、エジプト人とかからは〔なぜヴェールを着けないのか〕聞かれる。〔私は日本人よりも〕ムスリムとの付き合いで嫌な経験をしていますね。外見では私は何人《じん》か全然わからない。でも同じムスリムが、私がシリア人だと分かると、すぐに、私の宗教について聞いてくる。私は〔自分の宗教や信仰について〕聞かれること自体が好きじゃないです。ムスリムですと話すと、「じゃ、断食はしますか」「なんでヴェールをしないの」とかすぐに聞かれる。全部しないですと答えると、すぐに説教を始めます。「ヴェールをしないとダメだよ」とか、「お祈りしないとダメだよ」とか……それが嫌なんです。

Bさんだけではない。ヴェールを着用しないAさんも、日本の大学に通っていた時、信仰心が強いインドネシア人男性から嫌な扱いをされた経験があると語る。

〔同じゼミに〕一人、宗教心が強い男性が入ってきました。しかし、〔ヴェールを着用していない〕私が彼に「アッサラーム・アライクム〔あなたに平安あれというムスリムの挨拶〕」と挨拶しても、ぜんぜん応えてくれないんです。彼はヴェールをしていない私を、ムスリムとしてみてなかったからです。彼は、相手がムスリムでなければ応える必要はないと考えていたみたいで、私が作ってゼミに持っていった食べ物も〔ハラール（宗教的に合法）じゃないと決めつけて〕食べないんですよ。

他のインタビュー対象者たちも、ヴェールをしていないムスリマであることが知られると、ムスリムからの直接・間接的な批判の対象になると口を揃えた。ヴェールは単に彼女らがムスリムであることを周囲に知らせるだけでなく、不本意にも彼女らの信仰心や宗教意識を判断する指標にもなっているようである。

5　ヴェールの有無で分かれる二つのコミュニティ

ヴェールを着用するムスリマと、ヴェールを外す選択をしたムスリマは、日本で所属するコミュニティも異なる。Aさんはヴェールを着用しないために、インドネシア人女性コミュニティに入りづらいという経験をしたことがある。

〔2011年の〕震災の時に、東北に暮らすインドネシア人の心のケアをする活動があったんです。〔ボランティアで〕私はある婦人会に参加しました。少しお土産を持っていきたかったので、〔事前に電話で〕「ドーナツは食べられますか」と聞きました。「ドーナツなら大丈夫ですよ」というので、〔実際に東北まで足を運び〕差し入れしようとしたのですが、〔私がヴェールをしていないのを見た〕彼女らは「これは〔宗教的に〕食べれない」とか言って〔受け取ってくれませんでした〕。すごくさびしかったんですよ。

〔電話では〕大丈夫と言っておきながら、〔私がヴェールをしていないのを見て〕私の前で拒否するんだとびっくりしました。……外の人よりは、中のコミュニティ〔ムスリムとの付き合い〕のほうが大変ですよ。

ヴェールを着用していないだけで、日本に暮らす同じムスリムから、イスラーム法をすべて守らない人だと決めつけられてしまう。そのためAさんが作った料理や差し入れなどもハラールではないのではないかと疑われ、仲間に入れてもらえず、ムスリム・コミュニティ内の自分の居場所をなくしてしまった。現在Aさんの友人は非ムスリムか、彼女のように宗教は個人の問題で人それぞれと考えるムスリムだけだという。一方、来日後もヴェールをしているEさんは、同胞ムスリムとの関係について次のように述べた。

私はヴェールをしていたので、たとえば大使館のプログラムなどに参加できた。イランでは女性のヴェール着用は法律で決められているため、ヴェールをしていないイラン人女性は〔大使館のイベントに〕参加できません。でも、ヴェールをしていることで、イランの体制支持者であると思われて、他のイラン人から警戒されることもあります。日本にいるイラン人は〔大きく〕二つのグループがあって、遊ぶというか……〔日本でできることを満喫する〕イラン人のグループ、もう一つのグループはすごくめちゃくちゃ宗教的で、コーランの朗読会とかするグループで。私はどっちのグループの人にも会ったことあるんですよね、誘われたこともあったり。でも結局、やっぱり〔私は〕そのどっちでもない〔ことに気づきました〕。それこそヴェールを取って何でも着たいわけでもないし。宗教的なグループは、何ていうかな、髪の毛一本も見せてはいけないとか、体の線を隠すだぼっとした服を着ないとって考えているから、きちんとヴェールをしていない人を、やばい人〔反体制支持者〕と決めつけたり。だから難しいんです、本当に。

Eさんの語りから、ヴェールを含む外見的な宗教実践をめぐって同胞コミュニティに分断が生じていること、そしてヴェール着用が個人の信仰心や政治志向を判断する指標になっていることが確認できた。実際に上述の語りに関連する研究結果も出ている〔桜井 2012: 59-63〕。宗教実践は個人に委ねられているにもかかわらず、いずれかのムスリム・コミュニティに属するためには、そのコミュニティで好ましいとされる装いを選択せざるを得ない状況になっている。

6　消えない迷いや悩み

ここまでの語りから、彼女らのムスリムや周囲の日本人との経験が、ヴェールの着用有無にまつわる選択に影響を及ぼしていることがわかる。このような経験や時間の経過から、ヴェールに対する考え方も変化する。その結果として自らヴェールを着用しない選択をした後も、心の葛藤は残るとDさんは語る。

初めてヴェールを取った瞬間、そしてしばらくは、やはり罪悪感を覚えました。クルアーンに書かれていることについて疑問に思うことはだめですよね。そこに罪の意識を感じます。自分の選択と信じていることとの間にずれがある……難しい、今も悩み続けていることです。〔そして、ヴェールを外してからは〕ムスリム以外の男性からも、声をかけられることがあったりして……〔それも〕嫌です。〔相手が誰であれ〕声をかけられたりするのは、嫌いです。他の〔ムスリムではない〕男性に目立つために〔ヴェールを〕外したわけでは全然ないのに。

ヴェールを外すという決断は、異国で暮らす一人のムスリマとして、様々な壁を自分自身で乗り越え、自分を守るためになされた。しかし信じているものを裏切っているのではないかなど、心理的には葛藤が続く。

さらに、ヴェールを外すことを選択したムスリマたちにとって最も気掛かりなのは、祖国に暮らす家族との関係である。1年間悩んだ末、ヴェールを外すことを選択したCさんは、自分の選択に悔いはないと話しながらも、家族、とくに父を含む男性家族に現在の自分自身を見せられないことについて罪悪感と不安を覚えていた。

ヴェールを外したからと言って、私の信仰は変わってないと思うし、私は何も変わっていないです。でもお父さんに言えません。お父さんは厳しいです。父は〔私がヴェールを外したことを〕知りません。〔だから父には〕あまり写真送ったりしていません。父は、SNSも見ないし、インスタ〔Instagram〕とかもしないから、バレないと思う。

中国からの留学生Dさんも同様に、最も近い存在であるはずの家族にヴェールを取った現在の姿を隠さなければならない現状を憂いていた。

父と兄に〔ヴェールを着用していないことを〕知られたら、帰ってきなさいと言われると思う。現在、父が生活費を負担しているから、父には見せられないです。私が高校から自発的にヴェールをしたので、父は安心して、私を日本に送り出してくれたのです。〔もし父が知ったら〕私が信仰心をなくしたと考えると思います。ヴェールがないと〔ムスリムとしての信仰心や宗教実践の〕全部がないと思われるでしょう……〔ヴェールをしていない〕写真を親には見せられません。母とときどきビデオ通話するけれど、〔母親にも〕写真は見せないです。悲しいなと思います。自分のことを両親に伝えられないこと。

これらの語りから、日本で暮らすなかで、生まれ育った社会や家族との間に距離が生まれていることがわかる。そして、異文化に適応するなかで生まれた新しい自分を、祖国の家族にどのように伝えるのかを思い悩む姿も見てとれた。ヴェールを外すことで解消できる迷いや悩みもあるが、別の迷いと悩みが生じる。イスラームの一つの宗教実践であるヴェールは可視性をもつがゆえに、あらゆる場面で彼女らの日本における経験に影響を及ぼし、さらには、彼女らの意識や行動規範を表す指標として作用する。彼女たちにとっては不本意なことに、ムスリム・非ムスリムの双方から判断・評価される際、ヴェールは一つの明確な指標となっていた。

おわりに

5人のムスリマの語りから、非イスラーム圏である日本でのヴェールの着用とその可視性をめぐって、ムスリマならではの葛藤があることがわかった。彼女らは日本に暮らす「外国人としての自分」、非イスラーム圏における「ムスリマとしての自分」、そして「祖国・家族とつながる自分」の間で、生き方を模索し続けている。また彼女らの悩みや直面している問題は、ヴェールを外すことで必ずしも解決されるわけではないことも明らかになった。

2011年頃からインドネシアやマレーシアなどからの訪日ムスリム旅行者が増えはじめたため、2018年に観光庁は「訪日ムスリム旅行者対応のためのアクション・プラン」を策定した（国土交通省観光庁 2018）。空港や商業施設への礼拝室の設置や、飲食店におけるハラール対応もさらに進む。そのこと自体は前進といえるが、日本のムスリム理解は、観光客誘致や日本企業のイスラーム市場進出を後押しするという経済的な動機に基づくものである点も忘れてはならない。こうした動機が優先され、マニュアル的理解が支配的となった結果、短絡的なイスラーム理解やムスリマ像が生まれてしまったことは否めない。

しかし本章で取り上げた5人は、全員がイスラーム圏で育った外国人ムスリムであるにもかかわらず、イスラームへの向き合い方も異文化との折り合い方も異なる。つまり、私たちがそうであるように、ムスリムも一人ひとり異なるのである。そうしたいわば当然の現実を前に私たちができることは、出会った人たち一人ひとりと正面から向き合い、人と人との関係を築くことである。これには時間がかかり、効率も悪い。誤解やすれ違いも覚悟の上で人とのかかわりをもつことに、忙しい日々のなかで煩わしさを感じることもあるだろう。しかしそれは、ムスリム、非ムスリムを含め、すべての人に求められていることではないだろうか。

謝辞　本稿の執筆にあたり終始多大なご指導を賜った、早稲田大学国際教養学部教授、桜井啓子先生に感謝の意を表します。また、インタビュー調査に協力してくださった5人のムスリマ、および本プロジェクトを多岐にわたりご支援くださった公益財団法人渥美国際交流財団の皆様にも深くお礼を申し上げます。

コラム4

中古車・中古部品貿易業と千葉のスリランカ人コミュニティ

福田友子

千葉県は、日本の47都道府県の中で6番目に外国人が多い自治体である（出入国在留管理庁2023a; 千葉県2023）。2022年末現在、外国人比率は2・9%と、全国平均の2・5%を上回るが、外国人集住地域のイメージはない。その理由は、第一に、在住外国人の国籍別統計に顕著な特徴や偏りがみられないからだろう。千葉県の在住外国人統計データの上位5位までは、全国平均と近似している。千葉県は日本全国の平均値をほぼそのまま反映させた自治体である。第二に、著名なエスニックタウンがないからだろう。横浜市、池袋（豊島区）、川口市のようなチャイナタウンもなければ、新宿区、川崎市のようなコリアタウンもない。外国人が比較的多く住む地域を、地元住民すら知らないケースも見受けられる。集住せず、広範囲に分散居住しているので、日常的に目立たないのだと考えられる。

ところが、在住外国人の国籍別統計6位以下を見ると、南アジア系やイスラーム諸国の外国人が比較的多いという特徴に気づく。これは、関東圏に共通する特徴でもあるが、とりわけ、全国順位14位のスリランカ人（3万7251人）は千葉県で6位（6965人）、全国順位30位のアフガニスタン人（5306人）は千葉県で16位（2110人）とその数が多い。この2集団は、2010年代以降に千葉県内で人口が急増し、千葉県の人口が全国で最多となった。その理由は何か。アフガニスタン人については別の論文で取り上げたので（福田友子2020）、本コラムではスリランカ人について考える。

千葉県に南アジア系やイスラーム諸国の外国

人が多い理由は、経済面から説明できる。その多くが中古車・中古部品貿易業に従事しているからである。千葉県に中古車・中古部品貿易業者が集まった理由は別の論文（福田友子 2020: 193-194）で説明したので詳細は省くが、1980年代半ばにパキスタン人、スリランカ人、バングラデシュ人が市場参入した（同 191-192）。その後、このビジネスは日本から世界へと広がり、南アジア系やイスラーム諸国の外国人によるニッチ産業と認識されるに至る（福田 2012a）。

　中古車・中古部品貿易業者の公式データはないが、類似のデータはいくつかある。たとえば、千葉県警察本部は、自動車解体業者および中古部品貿易業者の作業用施設を「ヤード」と呼び、詳細な調査を継続してきた。公表されている2013年末のデータ（千葉県 2015）によると、千葉県は全国で「ヤード」が最も多く、その20%を占めるとされる。千葉県の「ヤード」経営者国籍内訳を見ると、1位がアフガニスタンで18%、2位は日本で16%、3位はスリランカで12%、4位はタイと台湾が同数で並び8%、6位はパキスタンで8%、その他は30%である。この業界におけるアフガニスタン、スリランカ、パキスタンといった南アジア系の存在感の大きさが確認できる。千葉県内の「ヤード」の地域分布を見ると、アフガニスタン人は印旛《いんば》地域、スリランカ人は山武《さんぶ》地域、パキスタン人は埼玉県や茨城県と県境を接する東葛地域に多い（千葉県 2015）。

　スリランカ人が山武に増えた理由は複数ある。第一に、広い土地が入手しやすく、周辺に比べて地価が安いという地理的・経済的要因である。第二に、スリランカ人にとって住みやすい環境が整ったという政策的要因である。山武《さんむ》市は、「東京2020オリンピック・パラリンピック」でスリランカのホストタウンとなり、2016年には連絡・通訳を担当する「まちづくり支援員」として、スリランカ人職員を採用した。

この職員の地道な活動もあり、この間にスリランカ人住民が増加したといわれる。第三に、宗教的要因である。1998年、山武市に日向モスクが設立された（福田 2012b: 50-51）。これは、ニューカマーが設立したモスクの中で、日本で3番目に古い。

そもそもスリランカ本国の民族構成は、シンハラが7割、タミルが2割、ムスリムが1割とされる。一方、山武市に住むスリランカ人は、シンハラが5割、ムスリムが5割、タミルはほぼいないとされる。本国の民族構成と比べて、ムスリムの占める割合がかなり高い。あるムスリム企業家はインタビューで「近くにモスクがあったから」山武市を選んだと語った。一方、仏教徒が大多数を占めるシンハラ人企業家は、「スリランカ仏教寺院は、年1度のイベントで訪問するだけなので、居住地選択の際に、スリランカ仏教寺院との距離は考慮しない」という。ムスリムと仏教徒の日常的な宗教実践の違いが、居住地選択に影響を及ぼした可能性が高い。

スリランカ人が急増した背景には、出身国側の経済的・政治的要因も影響している。スリランカは、2009年の内戦終結後、政治的にも経済的にも好調だったが、その後、政治的に不安定化した。加えて2020年にコロナ禍のロックダウンで経済的にも不安定化すると、教育活動は停止し、生活の質が低下した。さらにIMFの要請を受けて中古車輸入が停止したことで、スリランカ側で中古車輸入業に従事していた人々は職を失い、中古車の仕入れ拠点である日本へ家族連れで移住することを決断したと考えられる（福田ほか 2021）。

これらの複合的要因でスリランカ人人口が急増した結果、山武市は教育行政に大きな影響を受けるなど、転換点を迎えている。ただし、全国のスリランカ人のうち19歳以下の割合を見ると、2012年末の16%に対し2022年末は14%とほぼ横ばいである。子どもの割合が増えたわけではなく、実数が増えたのである。全国のスリランカ人の数は、2012年末には84 28人だったが、10年後には4倍になった。

では、ジェンダー・バランスに変化はあっただろうか。従来、南アジア系外国人は男性比率が高い。加えて中古車・中古部品貿易業に参入するのもほぼ男性であり、それはスリランカ人も同じである。全国のスリランカ人の男女比率を見ると、2012年末の男性69％、女性31％に対し、2022年末は男性68％、女性32％とこれまた変化はない。

2010年代に千葉や関東圏でスリランカ人の子どもや女性の存在感が増した理由は、ジェンダー・バランスや年齢バランスの変化によるものではなく、単純に実数が増えたことによる。一部に、スリランカ人が増加した理由を「子どもの数が多いムスリムが増えたから」と説明したがる向きがあるが、統計データを見る限り、それはいささか早計と思われる。1980年代も2010年代も、来日するスリランカ人の多くは単身男性である。しかしながら、1980～90年代は、本国からの家族呼び寄せが難しく、日本人と結婚することが日本で生活し続けるための最有力な選択肢であった。こうした状況は30～40年かけて徐々に変化し、本国からの家族呼び寄せの手続きも確立した。したがって、2010年代は、最初に来日した単身男性が、その後本国から家族を呼び寄せることも多い。こうした法制度的な変化を背景に、在日スリランカ人コミュニティの様相は徐々に変化してきたと考えられる。

第Ⅱ部
歴史と社会制度

第6章

見えにくいものを見るということ

――日本のイスラーム社会の概要と実態把握上の課題

岡井宏文

はじめに

本章の役割は、日本のムスリムの概要を踏まえたうえで、研究上の課題について検討することである。具体的には、①まず日本のムスリムの概略を人口推計をもとに把握し、その特徴と実態把握上の課題を示す。そのうえで、②従来の日本のイスラーム社会研究のうち、とくにイスラーム団体研究に注目してその課題を整理し、今後の研究上の道筋を提示する。これらを通じ、これまでの研究で十分に観察されてこなかった日本のムスリムの現実に接近することの必要性と、それらを捉えるための視点について検討する。

1　日本のムスリムの概略

本節では、まず日本のムスリムの特徴を人口から捉えたい。

日本のムスリム人口については、これまで様々な推計がなされてきた。推計である理由は、正確に宗教人口を知ることができる統計が存在しないことによる。

宗教人口の概略を知ることができる資料に、文化庁の『宗教年鑑』がある。この統計には、宗教団体ごとの信者数がまとめられており、いくつかのイスラーム系宗教団体の信者数も記載されている。しかし、いくつかの理由から、これらの数値から日本のムスリム人口を推し量ることは難しい。その主だった理由は、①『宗教年鑑』における信者数は宗教団体の自己申告に拠ること、②この年鑑にはすべてのイスラーム団体が記載されているわけではないこと、③信者がすべて団体に紐づいているという前提自体が成立しないことなどである。③は、社会学者の桜井啓子が指摘するように、そもそもイスラームには信者が団体やモスクに登録するといった制度がないことに起因する。

こうした事情から日本のムスリム人口は、主に社会学者や人口学者によって法務省の「在留外国人統計」をもとに推計されてきた（桜井 2003; Kojima 2006; 店田 2015, 2021 など）。各論者による推計値の導出方法には細かい差があるが、その特徴は「在留外国人統計」を基盤とする点と、単に「信者数」を示すことが目的ではなく、国籍や在留資格などの属性情報をもとに日本のムスリムの社会的なプロフィールを提示しようとしている点にある。ここでは社会学者の店田廣文による２０２０年の推計値をもとに、日本のムスリムのプロフィールを把握していく。まず店田の推計をもとに、いくつかの補足を行いつつ日本のムスリムの人口の概要を示す。そのうえで本章の目的に従って実態把握上の課題を整理することにしたい。

店田によれば日本のムスリム人口は、２０１９年末の時点でおよそ23万人である。そのうち18・３万人が外国籍、４・６万人が日本国籍である。まず外国人ムスリムについてみると、その出身国は多様であり、１００ヵ国以上に上るという。在留人口の多い上位10ヵ国は、インドネシア、パキスタン、バングラデ

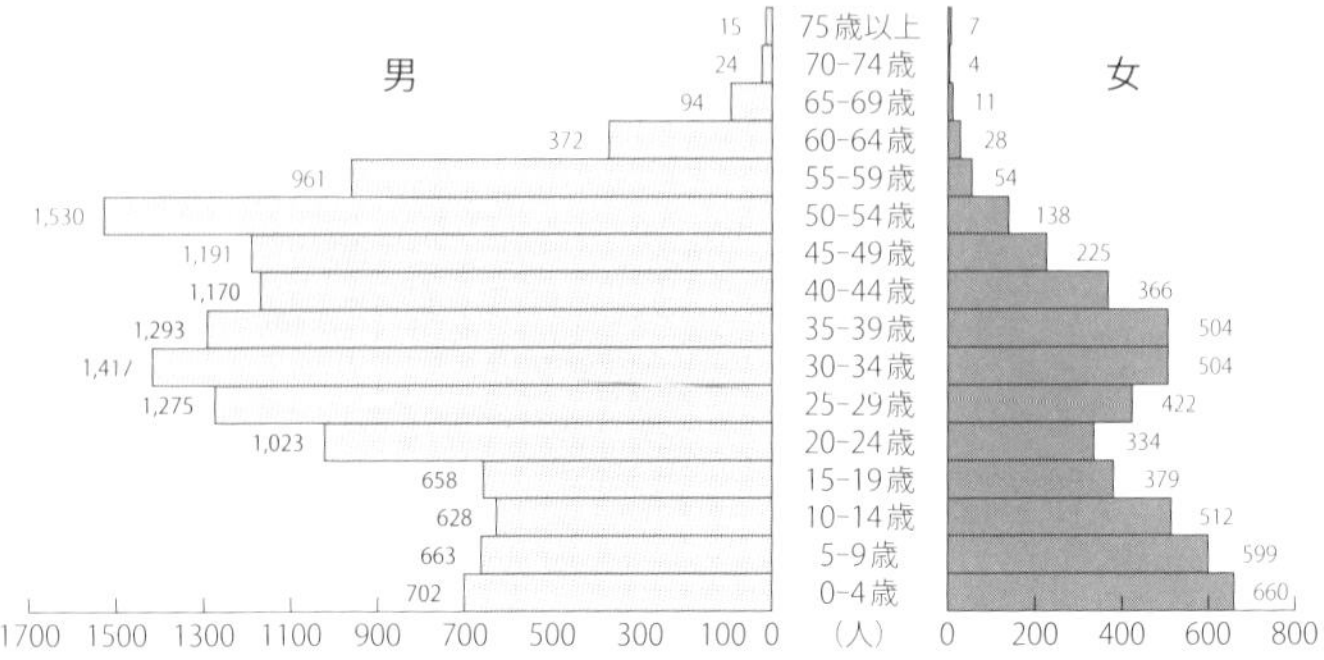

図１　年齢別・男女別人口（パキスタン）
［出所：「在留外国人統計」（2019年12月末）をもとに筆者作成］

シュ、マレーシア、トルコ、イラン、ウズベキスタン、アフガニスタン、ナイジェリア、エジプトであり、これらの国の出身者が全体のおよそ半数を占める。

ムスリム人口は、１９８０年代以降の労働力不足を背景としたニューカマーの来日と共に急増した。現在も看護師・介護福祉士や技能実習生、留学生などアジア地域からの入国者の増加と相まって外国人ムスリムの実数は増加傾向にある。

この「在留外国人統計」からは、各国に特徴的な在留資格（在留目的）や年齢別人口、性比、大まかな居住分布など集団ごとの特徴を把握することもできる。たとえば「国籍・地域別　年齢・男女別在留外国人」のデータからは、インドネシア人、マレーシア人では若年層比率が高く、パキスタン人やイラン人などでは中高年層・男性比率が高い傾向にあることや、パキスタン人では、男性比率の高さに加えて、10～15歳頃から性比の不均衡が増す傾向にあることなど、国ごとの特徴を知ることができる（図１）。こうした特徴は、これらの傾向がなぜ生み出されているのかという問いとともに、「日本のムスリム」の中に内包された個別の状況を把握していくうえでの手がかりとなる。

一方、ムスリム人口が急増した時期から40年近くが経過するなかで、婚姻（国際結婚）を契機とする改宗、子ども・若者世代（25歳以下）の増加、その他の理由による改宗、帰化などの要因によって、日本国籍を有するムスリムも増加した。このうち子ども・若者世代は2・6万人と日本人ムスリムの5割超を占める。

このように人口推計からは、「日本のムスリム」の見取り図を得ることができる。そしてそれだけではなく、「日本のムスリム」が「ムスリム」という共通項でくくられながらも、国籍、民族、職業・資格、文化、世代、性別など様々な要素を含み込んだ集団であることをうかがい知ることができる。

2　人口推計から見えるもの、見えないもの

前節で見たように、「在留外国人統計」を用いた推計からは、日本のムスリムの大まかな傾向を知ることができる。しかし、この推計には留意すべき課題もある。それぞれ、①推計上の課題と、②信仰のありように基づく実態把握上の課題である。これらは明確に区別されるものではないが、便宜上区別して整理しておく。

一つ目の推計上の課題は、推計上の条件設定とデータの制約に関するものである。この推計では、外国人ムスリムと日本人ムスリムの人口は次のように求められている。外国人ムスリム人口は、各国別の在留外国人数に本国のムスリム比率を乗じることで算出されている。日本人ムスリム人口は、婚姻を契機とする入信者は、在留外国人統計の「日本人の配偶者等」「永住者」資格をもとに、子ども・若者世代（25歳以下）は、ムスリム1世帯あたりの子ども数を2人として算出されている。その他の理由による改宗は、在日イスラーム団体の公表する資料をもとに、帰化者は「官報」の告示に掲載された帰化者のリストをも

とに、ムスリムと推定できる名前を有する人を計上して算出されている。23万人という値は、ある程度緩やかに条件設定をしたうえで導き出された値であることがわかる。

また、文化人類学者の桂悠介は、結婚／その他の理由の改宗という二分法に疑義を示している（桂2021b）。これらは二者択一のものではなく、一人の人がどちらも経験しうるものだからだ。

さらに、ムスリムに限った話ではないが、「在留外国人統計」から、多様なルーツを把握することは難しい。たとえば帰化者など日本国籍を取得した人や、国際結婚家庭の子どもで日本国籍を持つ人たちは、そのルーツがどのようなものであれ、あくまで「日本人」として記述されてしまうからだ。それゆえ「日本人ムスリム」そのものが内包する多様性や複雑性は、こうした統計からは十分にうかがい知ることはできない。さらに、「日本人」ムスリムが増えているなかで、「在留外国人統計」を用いた推計がいつまで有効性をもつかも不明瞭である。こうした課題・制約は、公的な宗教人口統計がないなかでやむを得ない部分もあるが、今後、推計方法そのものの更新が必要になってくるだろう。

二つ目は信仰のありように基づく実態把握上の課題である。筆者が聞き取りを行ったあるムスリムは、「日本人ムスリム＝4・6万人」という値と、自身の肌感覚とのズレを指摘した。その理由は、日々モスクやモスクでの催しで顔を合わせる日本人や日本にルーツをもつ人の数は10人前後（注：男性のみの値）であり、全国的にも同じような状況だと考えているからだという。日本のモスク数は100ヵ所を超えているが、仮に全国でも似たような状況だとすると、1000人程度の日本人ムスリムがモスクに通っていることになる。この値にその人たちの家族等を含めても4・6万人もの日本人ムスリムがいるとは思えないという。

こうした肌感覚とのズレが生じる背景には、どのような可能性があるだろうか。

一つ目は、推計手法と実態との間に乖離がある可能性である。店田自身が述べているように、この推計は、各人の信仰の有無や、ムスリムと自己規定しているか否かは問題にしておらず、あくまで「ムスリムと推定できるカテゴリーに属する人」を集計したものである（店田 2018: 123）。

そもそもムスリムになる経路は一つではない。ごく大雑把にいえば、ムスリムと他者から規定される場合と自ら規定している場合があり、時にはその両者が入り組んでいる。たとえば、前者はムスリムの家庭に生まれ両親や周囲からムスリムと見なされているケースである。後者は日本人改宗者のように人生のある時期に自らの意志で信仰告白をしてムスリムになるケースなどが当てはまる。一方で、ムスリムの家庭に生まれ、周囲にムスリムと見なされていながらも本人にはムスリムとしての自覚がないケースもある。つまり、推計の対象となるカテゴリーに属する人の中には、自らをムスリムと見なしていない人なども含まれている可能性があるのだ。その場合、「4・6万人」という値は過大推計状態となり、このような肌感覚とのズレを生じさせることになる。

二つ目は、自他を「ムスリム」と規定する条件が比較的狭い可能性である。桜井が指摘するように、すべての人がモスクでの礼拝を日常的に行っているわけではないし、同じ人が常に同じモスクに通っているわけではない（桜井 2003）。しかし肌感覚とのズレを感じる人には、「（少なくとも男性）ムスリムは日々モスクに来るものだ」という認識がある。

それゆえモスクに日常的に来ない層はその人の観測範囲から外れてしまうか、ムスリムと認識されないことになる。逆に、モスクに通っていないが自らをムスリムと考えている人からすると、そのような線引きは意味をなさない。前者と後者では、「ムスリム」として自他を認識する範囲に差が生じることになる。このようなズレの要因は、それ以外の可能性やそれらの複合も含め詳しく検討する必要があるが、本章ではこの問題に深く踏み込むことはしない。

ここまで日本のムスリムの人口推計をめぐる①推計上の課題と、②信仰のありように基づく実態把握上の課題についてみてきた。これら二つの課題から強調しておきたいことは、現状の人口推計のみでは日本のムスリムの現実に接近することは難しいということだ。多様な背景をもつ「日本人」の存在や、ムスリムと自己規定する人の認識の振れ幅のように、データの特性上捉えにくい／見えにくい現実があり、それらをすくい上げる作業が必要になるだろう。

とはいえ、そのような捉えにくい／見えにくい実態があるとして、我々はどのようにしてその実態に迫ることができるだろうか。そのためには、まず日本のムスリムの何が見えていて、何が見えていないのかについて検討する必要がある。次節以降では、日本のイスラーム団体研究を例にとってこの点について考えてみたい。

3　イスラーム団体研究と代表性問題

（1）代表性問題

日本のモスクの多くは、1980年代以降来日したニューカマーの手によって設立されてきた。モスクやモスクを運営するイスラーム団体に関する研究は、こうした動きから少し遅れた2000年頃から徐々に行われるようになった。モスクの機能・活動分析や、「多文化共生」や異文化理解などモスク・団体と地域社会との関係に注目した研究などが行われてきた（桜井 2003; 岡井 2007, 2009, 2018b; 三木・櫻井 2012; 三木 2017; 店田 2015; 店田・岡井 2015 など）。

日本のムスリムの事例に限らず、移民が中心となって作り上げたコミュニティ（移民コミュニティ）では、学校やメディア、エスニック・ショップ、レストラン、教会など移民の生活を支える様々な独自の制度が発達することがある（Breton 1964）。こうした移民の生活を支える制度の中でも、教会のような宗教施設は、信仰だけでなく信者の生活支援や周辺社会との関係構築の拠点となるなど様々な機能をもつことが知られている（高橋ほか 2018）。

日本のモスクも、子どものためのイスラーム教育やアラビア語教室、相互扶助、地域社会とかかわる活動など、様々な活動の拠点となってきた。このような機能の多くは、ホスト社会が回収することが難しいニーズに基づいて付与されてきたものだ。ゆえに、機能の付与状況を手がかりに在日ムスリムの生活上のニーズや課題の把握なども行われてきた（岡井 2007, 2009; 三木・櫻井 2012; 三木 2017; 店田 2015 など）。しかし、こうした状況に対する理解には暗黙の前提が存在すると思われる。

それは、モスクやイスラーム団体で観察される事象が一定程度「日本のムスリム」を代表するという前提である。ムスリムの宗教施設に、ムスリムが必要とする機能が付与されているのだから、それは日本で暮らすムスリムの現実を一定程度反映したものであるに違いない。

しかし、前節の議論を受けると、ここに一つの問いがあることが見えてくる。それは「モスクやイスラーム団体で観察される事象は、一体どの程度この国に暮らす推定23万人のムスリムの現実を反映しているのか？」という問いである。

制度化された宗教やそれに紐づいた人々の実践は、研究者やジャーナリストの目にとまりやすいという意味で可視化されやすい。そしてそうした事例の積み上げが、その国のムスリムのあり方の特徴（のように見えるもの）やその国の典型的なムスリム像を形づくっていく。しかし、このように可視化されたものだけが、その宗教やその宗教に属していると感じている人の現実をすべて反映しているとはいいきれない。つまり、不可視化されている現実があるのではないかということなのだ。これを仮に「代表性問題」と呼ぶことにしよう。次項では、この代表性問題を出発点に、可視化／不可視化問題について考えていくことにする。

（2）Organized Muslim/Non-organized Muslim

この「代表性問題」は、近年のヨーロッパのムスリム研究でも提起されてきたものだ。そのあらましは、宗教団体や組織、運動などとそれらにつながる人々（Organized Muslim）を見ただけでは、ある国のイスラームやムスリムの実態は十分に把握できないのではないか、というものである（Jeldtoft and Nielsen 2012など）。そして、こうした課題を乗り越えるために、制度や組織の外側にいるムスリム（Non-organized Muslim）に焦点を当てて、より広い視野でムスリムの現実を捉えようとする試みがなされはじめている。

しかし、制度や組織の外にいるムスリムは、そうであるがゆえに不可視化されやすい。

こうした状況のなかJeldtoft（2011）は「生きられる宗教（lived religion）」（Ammerman 2007; McGuire 2008）という理論的枠組みを適用し、インタビュー調査をもとに、制度や組織の外側にいるムスリムや、より曖昧な構造の中にあるイスラームやムスリムへの接近を試みている。その結果、単に制度や組織につながらないということだけでなく、礼拝を行わないなど非実践を含む取捨選択された実践体系、瞑想、レイキ・ヒーリング、自分ルールのおまじないなど、時に「正統」な実践から乖離しているとの指摘を受けたり、他者（研究者含む）から批判すら行われたりするような実践でありながら、個人の内面においてはイスラームの普遍性とリンクする整合性をもつような、ある種「私事化」された実践までもが捉えられてきた。

こうした事例は、同時にそれを他者が承認するか否かにかかわらず、各自の中でイスラームと関連づけられる実践や意識の多様性や、「ムスリム」と自己規定する人々の内部の多様性を示すものといえるだろう。ある国のイスラームやムスリムの実態を把握しようとするとき、こうした多様な実践や個人の存在が捨象されてはいないか、とこれらの研究は問いかける（Calfoon 1991; Allievi 2005; Jeldtoft and Nielsen 2012ほか）。

こうした既往研究の成果を踏まえつつ、「代表性問題」の課題を乗り越える道筋を示すとすれば、①団体研究から立ち上がる日本のムスリム像を引き受けつつも、②制度や組織の外にいるムスリムも含めた日本のムスリムの多様なありよう、スペクトラムを捉えていく営みが求められるだろう。日本を対象とする研究でこうしたアプローチをとるものには、写真家の佐藤兼永（2015）や社会学者の安達智史（2017）らによる先駆的な成果がある。

今後ますます統計的な全体像の把握が困難になるなか、属性情報からは十分に接近することが難しい「生きられる宗教」の具体的な事例の積み上げは、日本のイスラームやムスリムのありようをより広い視野と解像度で捉えることにつながると思われる。そのためには、たとえば「ムスリム」と自己規定する人が、自らの世界観をどのような言葉や実践で示すのかなどに注目していく必要があるだろう。またこうした事例の積み上げは、「男性」「女性」「ヤングムスリム」などといったサブカテゴリーの内側の多様性にも光を当てることになる。本書においては、「Space for Young Muslims（ＳＹＭ）」の活動（コラム２）と「見えない存在」（第２章）という、ともにヤングムスリムを論じながらも対照的な事例を見ることができる。これらの対比の中で、可視化／不可視化問題やカテゴリー内部の多様性、「生きられる宗教」の一端に触れることができるだろう。

（3）組織の中で可視化されやすいもの／不可視化されやすいもの

また、団体レベルでの実態把握にも課題が残されている。従来の日本のムスリム・コミュニティ、とくにモスクや団体に関する記述は①「ニューカマー第一世代」の「男性」中心であること、②モスクや団体を主語とするような集団レベルでの記述が多いことに特徴がある。この特徴の背景には、先述した関心の所在に加え、彼らが1990年代以降のムスリム・コミュニティの制度形成に大いに寄与したという経緯や、現在は若干の変化がみられるものの、団体内での役割の相対的な大きさ（例：法人理事などの要職に占める割合）などが関係していると思われる。

しかし、日本のモスクが現実には多様性を含み込んだ空間であることは、多くの研究者によって指摘されてきた。その多様性は、国籍、民族、職業・資格、文化、世代、性別などのほか、「多国籍、多言語、多学派、多宗派」（Sakurai 2008: 78）、「マルチエスニックな宗教組織」（白波瀬 2016）といった言葉でも表現されてきた。またこうした諸要素が織りなす「共生」や「交差（intersectionality）」「緊張」の存在も指摘されている（高橋 2015; Okai and Takahashi 2023）。

このような多様性とそれが生み出す力学に関する指摘を踏まえると、「ニューカマー第一世代の男性」が可視化されやすい一方で、集団内においてマイノリティ性を帯びる人々――たとえば、女性や若者世代、男性改宗者など――の存在や、こうした人々が集団の中で果たす役割は十分に記述されてきたとは言いがたい。

要するに、組織が含み込む多様な人々や、多様な人々が生み出す力学が見えにくい状況にあるのだ。団体レベルでの実態把握においては、集団の中で可視化されやすいもの、不可視化されやすいものがあることを認識しつつ、それらの存在や諸集団の関係性に注意を払った記述や、当事者による記述などの積み上げが求められるだろう。

こうした視点を有する研究には、社会学者の福田友子による中古車輸出関連業における日本人配偶者の役割（2007; 2012a）や、クレシ（2021a）やTamuraら（2022）、Okaiら（2023）による宗教集団内における女性や若者、改宗者の活動に注目したものなどがある。本書においては佐伯による第9章においてこうした試みがなされている。

おわりに

本章ではこれまで、人口推計とイスラーム団体研究の課題をもとに、日本のムスリムの代表性問題、可視化／不可視化問題について検討してきた。

なお本章で検討した課題は、日本のムスリム研究が活発化しだして比較的日が浅いことや、研究者やジャーナリストの絶対数の少なさや事例の積み上げの少なさなど、日本のムスリム研究全体のパフォーマンスが低調であったことにも起因すると思われる。

しかし近年、日本のムスリム社会の成熟とともに、医療、食、観光、ヤングムスリム、ジェンダー、エイジング、看取り、墓地問題など、日本のムスリムをめぐる論点は拡大しており、これらの問題に関与する人も増加傾向にある。従来のイスラーム団体研究も事例の積み上げが進みつつある。本書でも、そうした拡大する論点の一端を見ることができる。

そして本章で検討した、対象の何が見えていて何が見えていないのかを慎重に検討することの重要性や、安易に同質性を措定するのではなく、多様な人々の存在やそれらが織りなす関係性に注意を払うことの重要性は、日本のムスリムをめぐるあらゆる分野で実態を把握し記述していくうえではもちろん、ヨーロッパをはじめとする先行する他地域のムスリム研究との接続や比較を行ううえでも不可欠な視点となるだろう。

さらにいえば、このように実態の解像度を上げていく営みは、ムスリムだけに当てはまる課題ではない。ムスリムを含め、多様な背景をもつ人々が暮らす日本や世界における共生について深く考える礎にもなると思われる。

コラム5

日本のイスラーム建築

大場 卓／深見奈緒子

ディズニーシー、アラビアンコーストの街

日本にはムスリムの使う礼拝所（モスク）としてのイスラーム建築だけではなく、近代におけるオリエンタリズムの所産ともいえるイスラーム風建築がある。後者の傾向はより早く、すでに明治時代にはじまる。東京ディズニーシーの一角にあるアラビアンコーストと呼ばれるテーマポートは平成の一例だ。映画『アラジン』の世界を再現したというこのエリアは、名前からアラブの街並みと思われがちだが、よく見てみるとイランに特有の対の塔がそびえるアーチ形入口がみられる。また、赤と白のブロックを交互に積んだ壁面はスペイン、コルドバのメスキータ（786年以後増改築）を彷彿とさせる。このようにアラビアンコーストはアラブの街並みのみを模しているのではなく、スペインからインドに至るイスラーム諸国の多種多様な歴史的デザインを参照し、独自の装飾をふんだんに織り交ぜ、イメージとしてのイスラーム風建築を演出している。

日本で見られるイスラーム建築

では、日本で建設された礼拝所としてのモスクはどのように設計されたのだろうか。

代々木に建つ東京ジャーミイ（2000年）は地権者トルコ共和国の支援のもと、トルコを代表する建築家が設計を担当、トルコの職人らを交えて作り上げられた。礼拝室の上部に大ドームを冠しそれを複数の半ドームが支えるその空間構成は、オスマン朝の有名な建築家シナン設計のモスクに類似する。

また、神戸ムスリムモスク（1935年／コラム9参照）は、インド人の貿易商が中心となって建設された。非ムスリムのチェコ人の設計であったが、イスラーム風建築のトレードマークともいえるドームや対の塔、イラン風のアーチや、インド風の欄干と小ドームの乗る小型建築（チャトリ）等、それぞれ異なる出自の要素が組み合わされた設計となっている。

こうした設計判断は設計者や発注者の出自や当時のモスクデザイン潮流に大きく影響を受けているが、既存のイスラーム建築のデザインを参照、あるいは集成しているという点では、アラビアンコーストの設計手法と共通する。

ただし両モスクは日本の100を超えるモスクのごく一部である。実は日本にあるモスクの大半は壮麗なドームや装飾的な窓を持たない、事務所ビルや住宅を転用したものだ。

東京ジャーミイの内観［大場撮影］

日本のモスク建設小史

日本のモスクの歴史は1935年に開堂した神戸モスクにはじまるとされる。1945年までには東京、名古屋のモスクを含めた計三つのモスクが建設された。しかしその後はしばらくその数は伸びず、1980年代頃まではインドネシアやサウジアラビア等の大使館や関係する教育機関に併設の礼拝室に限られた。モスクの数が増大したのは1990年代以降で、学習塾であった既存の建物を転用して設立された一ノ割モスク（埼玉県春日部市）に端を発するといわれている。その設立運動の主な主体は、パキスタン、バングラデシュ、イラン等から出稼ぎを目的として日本にやってきた後、結婚等を経て定住したムスリムであった。２０００年代以降はそこにインドネシア等からの技能実習生・留学生も加わって、２０１５年には１００以上のモスクが存在した。

彼らは礼拝（とくに金曜礼拝）およびコミュニティの集う空間の確保のため、モスク設立を目指したが、収入を求めて日本に来た出自から予想される通り、モスクを新築するほどの十分な資金は当初なかった。そこで、限られた資金の中で、集い、礼拝ができる空間を確保するために、売りに出されている住宅や事務所ビル、つまり既存の建物に目を付けた。多くのムスリム・コミュニティは最初に事務所ビルやアパートの一室を借りて礼拝空間とし、コミュニティの拡大と資金調達を進めた後、住宅や事務所ビルを購入してモスクに転用していった。留学生を中心とするコミュニティについても同様で、類似の経路をたどりモスクをつくる事例が多い。

こうした経緯を背景に、大半の日本のモスクは街中でよく見かけるような住宅や店舗のような外観・内観をもつ。

一ノ割モスクの外観

［大場撮影］

既存建物を活かす転用モスク

ただ、やはり少しずつイメージとしてのイスラーム風建築を追求するようで、既存の建物を転用したモスク（転用モスク）でも、ドームやアーチ状の窓を設置したり、メッカの方角を示す縦長のアルコーブ（ミフラーブ）を礼拝室に設けたりしている。

さらには、もともとあった建物の空間・特徴をうまく活かしながらモスク固有の要素をつくりあげている事例がある。たとえば大塚モスク（東京都豊島区）は製紙工

大塚モスクのドーム
［大場撮影］

三原モスクの床の間ミフラーブ［知人撮影］

場だった建物を転用したものだが、屋上に設置されているドームは、実はもともとあった貯水槽を鉄板で覆って造られている。また、広島の三原モスクは木造の民家を転用したものだが、もともとあった床の間に手を加えることで、ミフラーブとしている。床の間とは掛物や花、置物を飾る一種のアルコーブだが、礼拝室として使用する部屋にちょうど床の間があり、それがまさにメッカの方角に位置しているために、ミフラーブとして見出されたのである。もともとそこにあったものとつくりたいもの、この二つを調整した結果、独自のデザインが生まれている点は大変興味深い。

　近年はムスリム・コミュニティの拡大、各モスクでの礼拝者数増加を背景に、モスクを建て替える事例もみられるが、既存建物に縛られることなくドームやアーチ窓等を造れるはずの新築であっても、転用モスクの特徴を踏襲したかのような、たとえば床の間の構成にならったかのようなミフラーブ（例として日立モスク）が提案されていたりする。

　イスラーム建築は各地へ展開していく過程でそれぞれの土地に応じた独自の姿を育んできた。もしかしたらこうした日本におけるモスクの転用や建て替えの過程からも、独自のモスクのデザインが生まれるかもしれない。

第7章

日本の入国管理制度とグローバリゼーション
――とくにムスリムの定住の観点から

伊藤弘子

はじめに

第二次世界大戦後、日本を訪れる外国人入国者および在留外国人の数は増加し続けてきた。しかし2020年以降は、新型コロナウイルス感染症の感染拡大の影響によって世界的に国際的な人の往来が急激に減少し、日本でも入国制限の措置がとられた。年間で3000万人以上に達していた外国人入国者数は2020年には430万人、2021年には35万人と大幅に下落した（出入国在留管理庁 2022: 2）。これに対して、中・長期間日本で生活する在留外国人数は日本社会への定着度が高いため、2019年の293万人、2020年の289万人、2021年の276万人（出入国在留管理庁 2022: 24）と、入国者数ほどの顕著な減少は認められない。

人の生活には様々な要素があり、その活動に関わる法律問題を考えるうえでは、いわゆる公法、私法および社会法の各分野を総合的に把握する必要がある。公法とは、国の構造や秩序、国民と国家との関係を規律し、国家の統治権発動に関わる法（たとえば憲法や刑法）である。そして私法は、自由で対等な関係にある私人（自然人や法人）間の関係を対象として、私益の調整を目的とする法（たとえば民法や商法）である。これに対して社会法は、経済的な弱者（典型的には労働者）の生存権を中心とした社会的基本権を保障し、国家による経済的強者の自由な社会活動の規制を認める法（たとえば労働基準法や生活保護法）で、いわば公法と私法の中間に位置する法であるともいえる。

公法および社会法は、その機能および役割から、属地的かつ強行的に適用されるべき性質を有する。すなわち、どのような行為が犯罪として処罰対象となるのかといった公法上の問題、または最低賃金や公的年金の受給資格等の社会法上の問題については、それらの問題が生じる国の公法・社会法が、例外なく必ず適用されねばならない。日本国内で外国人が犯罪を犯したり被害者となったりする場合には、日本の刑法や刑事訴訟法により捜査や処罰がなされることになる。これに対して、契約や婚姻が成立するか否か、どのような効力が生じるかなどの私人間の法律関係を規律する私法は、当事者間の自由・平等な関係を基礎としたうえで私益の調整をすることを目的としているから、必ずしもその国の法が適用されなければならないわけではない。ここから、国際的な私法関係、すなわち国家の統治権発動にはかかわらない私的な関係である国際的な取引や家族関係については、関係するすべての国の中から、その法律問題に最も密接に関連がある地（国）の私法によって規律されるべきとされる。このような最密接関連地を求め解決をするための規範を国際私法と呼び、日本では「法の適用に関する通則法」（２００７年施行。以下、「通則法」という）という法律が主たる法源となっている。

日本の国際私法では、家族関係について当事者の本国法が適用される場合が多い。（古典）イスラーム法は人間の生活全般のみならず国家・共同体のあり方や国家間の関係にも及んでいる。イスラーム法の適用範囲の中でも、いわゆる公法・私法・社会法に属する分野の多くは、各国が法整備を進めるうえで世俗の法制度に置換ないし再構築されてきた。しかし、私法のうちでも人や家族に関する分野の扱いは国によって様々で、世俗法に置換したり、ムスリムに統一的に適用される成文家族法を制定したり、不文のまま各々のムスリムが属するコミュニティの法を適用すべきとする場合もある。

日本の国際私法は日本に居住する外国人ムスリム男女が婚姻しようとする場合に、実質的婚姻要件（年齢や同意等、方式以外の要件）について、その当事者の本国法における婚姻に関する規定を適用する（通則法24条(1)項）。本国で、家族関係については当事者の所属する宗教・コミュニティの法を適用するという法制をとっているならば（同40条(1)項）、当該国のムスリム国民について、そのムスリム法によって婚姻が成立しうるかを判断することになる。たとえば、この外国人ムスリム男女のうちの女性が独身で、男性は既婚者であったとする。この当事者たちの本国法が、男性について4人までの複婚を許容しているのであれば、この2人は複婚を成立させうることになる。国際私法は、たとえ日本法にはない制度であっても、国際私法が最密接関連地法として定めた法が認める法律関係の成立や効力を、本国と同様に認めるのである。同様に、既婚者であるこの外国人ムスリム男性が、日本で日本人女性と婚姻しようとする場合には、日本人女性が、その本国法である日本民法が定める一夫一婦制の条件を満たすことができないため婚姻できない。日本人女性自身が独身であったとしても、この既婚者と婚姻することにより、自分自身が重婚の当事者となってしまうからである。

国際私法は、外国法が最密接関連地法である場合には、その外国法が当該国で適用される状況を日本で実現させようとする。ただし、最密接関連地法として選ばれた外国法を適用する結果が、著しく日本の私法秩序を破壊すると見なされるほど日本法と異なる場合には、例外的に、当該部分の適用を排除するという措置がとられる（国際私法上の公序。通則法42条）。そのような例として、異宗婚を認めないエジプト法を排除した事例（東京地判平成3年3月29日［最高裁判所 1993: 67］。ただし、後の事例とともに、外国法の精査が十分であったかについては議論がある）、および養子縁組を認めないイラン法を排除（宇都宮家審平成19年7月20日［最高裁判所 2007: 106］）し、日本法により婚姻および養子縁組の成立を認めた裁判例がある。以上のように、私法関係における当事者の平等と自由を尊重しつつ、日本法とは異質な外国の法制度が過度に日本社会に影響を与えることを防止しているともいえよう。

本章では紙幅の関係もあり、外国人ムスリムの法律関係全般を網羅することはできないが、まず在留外国人ムスリムとしてどのような者がいるかを、国籍法と出入国や在留に関わる成文法である出入国管理及び難民認定法（以下、入管法）との関係から明らかにする。外国人が中・長期的な在留をする根拠の一つとして家族関係に着目し、ムスリムである外国人および日本人との家族に関わる法的な問題を概観する。なお、日本に在留する外国人の8割以上がアジア出身者であることから、主としてアジア域内のムスリム人口が多い諸国に注目して述べる。

1　日本における外国人の出入国および在留の管理

入管法は、インドシナ戦争や朝鮮戦争による緊張が高まっていた1951年に、当初は政令として定められ、その後も折々の日本の政策に基づいた改正を受けつつ、日本人と外国人の出入国および外国人の在留を管理するための主要な法源として機能してきた。法律的に「日本人」とは、日本国籍を有する者であり、日本国籍を有しない者は、無国籍者を含めて「外国人」とされる。ただし、日本と外国の国籍を有する重国籍者は、日本法上、日本人として扱うこととされているから、以下の外国人に対する規制は及ばない。日本人には、出入国と在留の権利があるが、外国人の上陸・在留は、入管法による制限を受ける。日本に入国するに当たっては、まず本国の旅券を取得し、本国などにある日本の在外公館で査証の発給を受け、最終的に日本への到着時に上陸審査によって入国が認められる。上陸審査官は、入管法で定める在留資格（現在29種類）のうちから、いずれかの在留資格と在留期間を決定する。在留資格に合致しない活動について許可を得ずに行う場合、または在留期間を超えて残留する場合は、入管法違反に問われ、日本からの退去を命じられる場合もある。戦後の日本における外国人労働者の受け入れは、次のように行われてきた。

(1) 戦後から高度経済成長期

日本は、第二次世界大戦の終結まで「外地」として支配してきたアジア・太平洋地域に関わるすべての権利を1952年のサンフランシスコ平和条約の発効に伴い放棄し、それに伴って外地に本籍を置いていた「日本人」は、日本国籍を喪失した。アジアにおける共産主義革命の拡大に対する緊張状態のもとで、自衛隊の前身である警察予備隊の設置（1950年）と並行して、入管法（1951年当時は政令）による在留外国人の出入国や在留上の管理が図られた。この時期に日本に在留していた外国人は朝鮮半島出身者が多数だったが、徐々に多様な国や地域からの新規入国・在留外国人が朝鮮半島出身者を数の上で上回るようになった。しかし、原則として、日本人では代えられない専門的な技術・技能を有する外国人に限り日本での就労を認めるものとされていた。

（2）1980年代後半から1990年代

1980年代の後半から、政情や経済状況が不安定な本国を出て、安全に出稼ぎが可能な地を求める人々が、各地から円高およびバブル経済下の日本に流入したため、在留外国人の人口増と多国籍化が進んだ。労働者不足は深刻だったが政府は非正規就労者の定着を容認せず、1989年の入管法改正により不法就労および不法残留への規制を強化し、その代わりに日系人が日本で定住し就労することを認めた。さらに、主としてアジアの新興国等の国民を対象とした研修制度と外国人技能実習制度を開始した。その反面、非正規在留者のうち、日本人と親族関係にあるなどの事情がある場合には、人道的な見地から個別的な審査の上で在留特別許可を与えるようになった。

なお、在留特別許可は、日本人との親族関係等に基づき当然に与えられるものではなく、法務大臣等が審査の上で決定する制度である。当事者が、旅券法違反や薬物事犯により有罪判決を受けている場合には、たとえ日本人との親族関係があっても在留特別許可は与えられず、退去強制処分になる可能性がある。

（3）2000年代から現在

政府は2009年の入管法改正で「技能実習」、2018年には「特定技能」の在留資格を作り、アジア諸国との協定に基づいて、中・長期在留し就労しうる優秀な人材を確保するための制度拡充をした。導入する人数や業種（分野）を管理しつつ、分野と労働者の能力次第で家族を呼び寄せた永住も可能なものとした。2008年に打ち出された留学生30万人計画に基づいて外国人留学生も増加している。留学生に対しては学校教育で修めた技術や知識に応じて卒業後の就労を認め、さらに2014年には高度外国人材（高プロ）に対する在留・永住申請上の優遇措置も設けた。

近年は留学（日本語学校を含む）と技能実習・特定技能の資格で適法に在留・就労する東南アジア・南アジアの青年期の労働者が増加している。留学生の多くは、卒業・修了後に日本で専門的な業務に従事するだけでなく、在学中のアルバイトとしてコンビニや食品加工製造業等で就労する。技能実習・特定技能は、国家間の協定に基づいて労働者の送受をするが、技能や日本語の習熟度に応じて段階的な在留上の優遇を行うことによって外国人の定着を管理しようとするものである。協定の相手国、受け入れ分野・業種および人数は、折々の情勢により変動するが、最終的な段階として家族の帯同と永住を認める体制により、外国人男女から日本で出生し、国籍を有する本国より日本や日本語に親しんだ子どもが増加することにもつながる。このように、日系人の在留と就労が認められた1990年代以降、日本の外国人政策は大きく変化している。

在留外国人を国籍だけでなく宗教別にみてみよう。在留外国人統計によれば、2021年末時点の在留外国人は、194の国・地域（無国籍を含む）の出身者で、上位10ヵ国は順に、①中国（76・1万人、構成比24・8％）、②ベトナム（48・9万人、15・9％）、③韓国（41・1万人、13・4％）、④フィリピン（29・8万人、9・7％）、⑤ブラジル（20・9万人、8・8％）、⑥ネパール（13・9万人、4・5％）、⑦インドネシア（9・8万人、3・2％）、⑧米国（6・0万人、2・0％）、⑨台湾（5・7万人、1・9％）、⑩タイ（5・6万人、1・8％）だった（出入国在留管理庁 2023b）。このうち、ムスリム人口が多いと考えられるのはインドネシア（人口の87・2％がムスリム）とフィリピン（同6％）である。日本では、外国人の出入国および在留の管理にあたっても、日本人についても宗教別の統計をとっていないため、正確なムスリム数を把握できないが、先行研究によると、2019年末に日本に在留した外国人ムスリムは18・3万人、この他に4・6万人が日本人ムスリムと推計されている（店田 2021: 10）。次節で述べるように、日本人とこれらの外国人との国際結婚や内縁関係から生まれた子の多くは日本国籍を取得する。近年の日本への帰化者数統計によると、多いものからバングラデシュ（ムスリム人口は91・04％：Bangladesh Bureau of Statistics 2022）、スリランカ（同9・7％：Department of Census and Statistics Sri Lanka 2012）、パキスタン（同96・28％：Pakistan Bureau of Statistics 2023）およびインド（同14・22％：ORGI 2011）が上位10ヵ国に含まれており、ムスリムの帰化者数は引き続き増加していると考えられる。

2 日本在留外国人ムスリムの家族関係と法秩序

（1）日本人の家族である外国人に与えられる在留資格

表1に、ムスリム人口が多いとされている国を対象として、１９９０年から10年ごとに２０２０年までの推移を示した。左列に各国の在留者数総数とそのうちの男性の人数、右列には全在留者中の、身分に基づく在留資格を得て活動に制約を受けないカテゴリーの外国人と、そのうちの「日本人の配偶者等」の在留資格を持つ者の人数を示した。身分に基づく在留資格としては、「日本人の配偶者等」「永住者」「永住者の配偶者等」「定住者」「特別永住者」の在留資格を与えられた者がある。「日本人の配偶者等」の在留資格は、国際結婚の家族における外国人配偶者および外国籍の子どもや日系2世に与えられる。「定住者」は、難民認定を受けた者、日系3世の他に、日本人の配偶者であったが離婚した外国人で当該婚姻から生まれた子どもを日本で養育する外国人と、離婚等により従前の在留資格に対する根拠を失ったが、日本への定着度や在留実績により法務大臣等が引き続き特別に日本に在留を認めた者に与えられる。「永住者」は、原則として10年間の適法な在留実績等に基づいて、当事者の申立てに基づき法務大臣等が審査し

表１　ムスリム人口が多いアジア諸国の国民の在留状況

	インドネシア		フィリピン		パキスタン		バングラデシュ		イラン		トルコ	
	総数（男性）	身分に基づく在留（配偶者）	総数（男性）	身分に基づく在留（配偶者）	総数（男性）	身分に基づく在留（配偶者）	総数（男性）	身分に基づく在留（配偶者）	総数（男性）	身分に基づく在留（配偶者）	総数（男性）	身分に基づく在留（配偶者）
1990年	3,623（2,233）	709（440）	49,092（5,832）	22,959（20,516）	2,067（1,834）	541（374）	2,109（1,927）	338（177）	1,237（906）	311（190）	251（166）	93（34）
2000年	19,346（14,042）	3,323（1,877）	144,871（21,662）	80,858（46,265）	7,498（6,802）	2,437（1,630）	7,176（5,782）	1,123（665）	6,167（5,604）	2,191（1,533）	1,424（1,231）	391（274）
2010年	24,895（16,202）	8,432（2,657）	210,181（46,216）	174,823（41,255）	10,299（8,277）	5,115（818）	10,175（7,361）	3,024（439）	4,841（4,095）	3,283（504）	2,547（2,035）	1,238（470）
2020年	66,832（44,507）	11,636（1,953）	279,660（83,657）	220,517（21,802）	19,103（14,172）	8,120（824）	17,463（12,067）	5,024（404）	4,121（3,283）	3,247（287）	6,212（4,942）	2,572（920）

注：「総数」日本における在留者総数を示す。「日本人の配偶者等の定住する者」とは、日本人の配偶者等、永住者の配偶者等、定住者等の日本人との親族関係等を有し在留する者及び永住者、特別永住者の在留資格を持って定住している者であり、就労を目的とした在留資格で在留するのではなく、在留中の活動が適法であれば制限がない者。「配偶者」には、2020年は配偶者のみ。その他は子他を含む。「男性」は、当該年の在留者のうち男性の人数。

［出所：法務省「登録外国人統計」および「在留外国人統計」から作成］

期間の定めがない在留を認めた者、そして「特別永住者」は旧外地に属し日本国籍を喪失した者およびその子孫である。就労や留学等の活動を目的とした在留資格を持つ者は、その在留資格に合致する活動を個々に定められた在留期間中に限り行うことができるのに対して、身分に基づく在留資格を有する者は、日本人と同等に在留中の活動における自由が認められる。

（2）在留の「正規化」と家族関係

日本に在留する外国人の中には、国籍によって男女比率が著しく異なるという特徴をもつグループがある。不法残留の摘発が厳格化された１９９０年頃までは、日本国内における労働者不足を補うために、短期滞在（観光）の在留資格（ビザ）で在留し非正規的に出稼ぎ労働をするパキスタン、バングラデシュ、イランおよびトルコ人が急増していた。これらの諸国の出身者にはムスリムが多く、単身で来日し、本国の親族に仕送りをしていた。このような諸国の出身者の女性は、ほぼ正規の在留資格を有する者の親族として在留する者に限られていたため、この時期に急増した在留外国人ムスリムの性別は男性に偏重していた。これらの外国人男性ムスリムの一部は、日本人女性と婚姻し、その結果として日本人の配偶者としての在留資格を得たり、永住権を取得したりして、在留を正規化し定住化が進んでいる。

同じ時期に、タイやフィリピン出身の女性たちが、興行（ショー・ビジネス）や飲食業に従事する目的で正規の在留資格を得て単身で来日し、就労しはじめた。タイやフィリピンでは、男性は配管工や漁業で、女性は興行や家内労働を目的として外国へ出稼ぎに行くことが外貨獲得のための重要な手段として奨励されてきた。日本で積極的に受け入れられたのは興行や飲食業分野の女性であったので、在留タイ・フィリピン人の圧倒的多数は女性であった。これらの女性の中には、しばしば日本人男性との婚姻や離婚の成否が問われたり、これらの女性が産んだ婚外子と日本人との間に親子関係があるかなどの法律的な問題が生じてきた。フィリピンの人口の6・7％（フィリピン統計局2023年公表値：Philippine Statistics Authority 2023）はムスリムとされるが、この時期に来日し定着したフィリピン人女性の間にムスリムがいるかについての統計はない。

本項では、パキスタン、バングラデシュ、イランやトルコ人等のムスリム男性と日本人女性との間の家族関係について生じる典型例を念頭において、労働者保護および社会保障法上の問題、日本人との婚姻の成立と在留の正規化、親子関係と国籍等の問題の3点について述べる。なお、ミンダナオ島出身のフィリピン人ムスリムの男性についても、南アジア出身者と同様の問題が生じている。

1点目、労働者保護や社会保障法上の問題には、属地的に日本の公法が適用される。非正規労働者は、在留資格と在留期間の更新時期が来ても、就労資格を持たず働きオーバーステイしていることが発覚すると国外退去を命じられるため、入国管理局に出頭できない。入管法違反をしているという弱い立場であるがゆえに、賃金などの差別的な扱いを受けたり、上司・同僚とのコミュニケーション不足で機器の使用上の講習や指導が行き届かず、労災が発生することもある。労働時間や最低賃金の基準について、国籍や非正規労働であることを理由とした差別的取り扱いは許されない。労災の申請をはじめとする社会保障の受給においても、情報や手続きへのアクセスの上で外国人への配慮がなされなければならない。

2点目、ムスリムである外国人男性と日本人女性とが日本で婚姻する場合、日本の国際私法は、婚姻の要件については各当事者の本国法、方式については日本で婚姻する場合は日本法が適用されるものとしている。日本民法上の婚姻最低年齢、婚姻禁止関係や女性の待婚期間等の要件が充足されているかについて、日本の戸籍吏は婚姻届書に添付する日本人当事者の戸籍抄本・謄本によって確認する。これに対して、外国人当事者が本国法上の要件を備えているかは、本国法上の婚姻成立要件を当該当事者が満たしていることを証明する公的文書を用意しなければならない。通常は、大使館・領事館で婚姻要件具備証明書を交付または当事者が作成した文書を認証する制度があるので、その書面と翻訳を戸籍抄本の代わりに提出する。日本の戸籍役場は必要に応じて追加書面の提出を求め、最終的に婚姻届書が受理され婚姻が成立すると、日本人の戸籍原簿に婚姻した事実が記され、外国人当事者は「日本人の配偶者等」の在留資格への変更を申請することができるようになる。

イスラーム法の多数説では、女性側の後見人、2人の男性ムスリムの証人、婚資の支払いから成る成立要件を満たしたうえで婚姻契約を結べば、婚姻（ニカー）が有効に成立する（日本人が外国人と、その外国でニカーを成立させた場合には、その国での婚姻の有効性を証明する公的文書を添えて日本の戸籍役場に婚姻の報告的届出をする義務が戸籍法で定められている［戸籍法41条］）。しかし、日本の国際私法では、日本で日本人と外国人のムスリム男女が婚姻する場合の方式について、日本民法によらねばならないとされている（通則法24

条(3)項)。したがって、婚姻契約がなされただけで戸籍役場での婚姻届の手続きがなされていなければ、日本法上、婚姻の成立が認められないのである。

夫婦の関係が破綻し、婚姻解消をしようとする場合、国際私法では夫婦が同一の国籍を有する外国人同士である場合には本国法によるものとされるが、日本に在留する日本人と外国人との夫婦が離婚する場合には、日本法が適用される(通則法27条により25条を準用)。したがって、(ア)離婚届書を戸籍役場に提出する協議離婚、(イ)協議離婚が整わない場合には家庭裁判所で当事者が話し合いにより離婚するか否かの合意を探る調停離婚を試みることになる。さらに調停で解決がつかない場合には、審判や離婚訴訟により、裁判官が決定をする。

イスラーム法には、夫が一方的に離縁の宣言をすることにより婚姻の解消をするタラーク離婚という方法があり、イスラーム圏の一部の国では今でもその効力が法的に認められている。しかし前記のように、日本の国際私法では日本で国際離婚する夫婦の一方が日本人である場合には、日本民法による離婚をするものと定めている(通則法27条により25条を準用)から、外国法上のタラーク離婚の成立と効力は認められない。

これに対して当事者が外国人ムスリム同士である場合に、夫の宣言のみによる婚姻解消は認められるのかが問題になっていた。2019年に東京家裁は、日本に在留するミャンマー人夫婦について、夫が行ったタラーク離婚による婚姻解消は国際私法上の公序に反するとして効力を認めなかった(東京家裁判決平成31年1月17日[平成30年(家ホ)第363号][家庭の法と裁判研究会 2019: 121; 西谷 2021])。ただし、この判決は各国のムスリム法の中でもとくに女性に非保護的な内容であるとされるミャンマー法を排除したが、一般的にタラーク離婚全体を日本の公序に反するとしたものではない。この事件では裁判所は夫の申立てを退け、ミャンマーの成文ムスリム法により妻の離婚請求と妻を親権者とすることを認めた。

日本人と離婚した外国人は、日本人の配偶者としての在留資格の根拠を失うので、ただちに入国管理局に届け出て、可能であれば他の在留資格への変更を申請することになる。元配偶者との間に子がいる場合には、定住者の在留資格を認めることが多いが、決定権は法務大臣等にある。なお、実務上は一般的に、変更の申請前に日本人との実態のある婚姻関係が3年程度以上継続し、そのうちの1年は日本で居住し、当該外国人には独立して生計を営むような資産や技術があることが求められる。

3点目として、国民と婚姻することにより、外国人配偶者に国籍を与える法制をとる国について述べる。かつては、日本を含む多くの国が、国際結婚によって妻の国籍は夫の国籍と同一に変更されると定めていた。現在も夫婦国籍同一主義を採用する例としてイラン（民法第976条第6項）がある。また国民と婚姻した外国人について帰化申請要件を大幅に緩和したり届出のみで国籍を与える例もある（たとえばインドネシア）。しかし日本は国籍法上、原則として重国籍を認めないので、国際結婚後の届出により外国籍を取得した場合であっても、当該届出をすることによって外国に帰化したものと見なされ、日本の国籍を喪失する可能性がある。自らなんらの行為も行わず婚姻により国籍が与えられた場合は、日本の国籍法では、重国籍になってから2年以内にいずれかを選択することを求め、その選択を怠って重国籍であり続けると、日本国籍を喪失する可能性がある。外国人配偶者が、日本の国籍を取得することを希望する場合には、日本の国籍法上の帰化許可の申請をすることになる。帰化要件は国籍法で定められているが、日本人との婚姻関係や日本での長期間の適法な在留実績がある場合には、帰化許可申請要件が緩和される。日本に帰化をする場合には、従前の国籍を離脱し日本国籍のみに絞ることが求められる。

人が出生時に国籍を取得するには、出生地の国籍を（親の国籍がどこであろうと）取得する生地主義と、出生地がいずれかを問わず親の国籍を取得する血統主義がある。20世紀末までに、日本をはじめとする血統主義を採用してきた国の多くが、家族におけるジェンダー・バランスに配慮して、父系血統主義から父母両系血統主義に移行した。ムスリム国民が多い諸国でもこの傾向がみられ、たとえばイランは、2020年から外国人父とイラン人母との間にイラン国内で出生した子についてイラン国籍の取得を認めはじめた。イラン国内では、アフガン人男性とイラン人女性の夫婦の間で出生し、従前の国籍法によってイラン国籍を認められなかった子どもが、国連の推計で7万5000人いるとされている（UNHCR 2020）。親子関係に基づいて国籍の取得を認める法制をとるのであれば、夫婦国籍独立主義を採用する国が多い現状では、父母の双方から国籍を受け継ぐことによって子が重国籍になる可能性が高くなるのは当然の帰結である。しかし、重国籍状態を容認するかは各国の政策の影響を強く受けるものであり、当事者は、複数国籍を有することにより複数の国の国民としての義務も負うことを理解すべきである。日本の国籍法は、日本人と外国人の夫婦の子として日本で出生し、両親の国籍をそれぞれ出生時から受け継いでいる子については、成年に達してから2年以内を限度として自らの意思でいずれかの国籍を選ぶことを求める（国籍法14条から16条）。

おわりに

本章は、在留外国人ムスリムの家族関係に関わる法制を、国籍と在留資格に着目して捉えることを試みた。バブル経済期に日本は単純労働を目的とした上陸を認めていなかったから、出稼ぎ地を求めて国際移動し、来日した者たちは、入管法上の非正規的な在留と就労をする以外の選択ができなかった。とくにパキスタン、バングラデシュおよびイラン人に着目して在留者数の推移を見ると、日本人との婚姻により正規の在留資格を得て定着し、さらに永住者や離婚後に定住者の在留資格に変更するか、帰化して日本国籍を取得するという流れが見える。紙幅の都合上、詳細な紹介ができなかったが、各国国民の年齢・性別分布を見ると、永住者・定住者の割合が増えてきた頃から、同一の国の国民である成年女性と子ども世代が増加していることもわかる。東南アジア諸国の者は、技能実習・特定技能の制度により近年、青年期から壮年期の男女の在留者が増加していることが認められ、今後、在留および技能習得の実績が進展していくことにより永住者に転じて日本で子を産み育てる者が増加すると考えられる。2022年夏に、留学生受け入れ人数をさらに増やす計画が公表されたが、国費留学生の出身国の中にはインドネシアを最多として、10ヵ国中にバングラデシュ、インドおよびマレーシアといったムスリムが多い諸国が含まれている。

段階的に家族帯同を認めることになった特定技能制度は、対象国がベトナムやインドネシアだけでなくパキスタンやバングラデシュにも拡大されつつある。これらの外国人の定着が進み、近い将来に永住者が増え、国内の学校で日本生まれの外国人ムスリム児童数も急増するであろう。統計上は明確に示されないが、日本人ムスリムも国際結婚、帰化や改宗で増加していることを理解し、日本社会だけでなく日本人自身のグローバル化に対応した社会システムの構築をしていかなければならない。

コラム6

あるクルド人家族との出会いから

温井立央

埼玉県南部の川口市と蕨市にはクルド人が約3000人住んでいるといわれる。私が在日クルド人を支援する活動にかかわることになったのは、2016年のある出来事がきっかけである。その日、平日の昼間にもかかわらず蕨市の公園で遊んでいる、就学年齢だと思われる姉妹がいた。妻の温井まどかが気になって声をかけ、スマートフォンの翻訳機能を使って会話をしたところ、姉妹はトルコ国籍のクルド人だということがわかった。姉妹は学校に行きたいということで、私たちは保護者とも話をし、近隣の学校と交渉して就学手続きを行った。そこから、その家族との付き合いがはじまった。家に招かれて食事をごちそうになるなど様々な出来事があった。

家族はそれぞれ在留資格が異なっていた。母親と子どもは難民申請の結果が出るまでの間にもらえる特定活動という在留資格だった。父親は在留資格を持たず、仮放免で一時的に収容を解かれてはいたものの、生活を営むには様々な制限があった。就労は禁止で、移動が制限され、国民健康保険に加入できず、住民票もなく、住居を借りることさえ難しい。さらに、日本で暮らしているクルド人のほとんどが難民申請をしているにもかかわらず、誰一人として難民認定されていないことを知り、日本の難民認定制度の問題を考えるようになった。一方で蕨市や川口市で外国人に対するヘイトデモがあり、排外的な動きが強まっていることに危機感を抱いていた。

そんな折、私たちは松澤秀延と出会った。松澤は埼玉県草加市に住みながら、蕨市・川口市に暮らすクルド人と30年近くかかわっている。入国管理局に収容された人に面会したり、仮放免となった家族の在留資格を求める裁判を行ったりしてきた。

私たち夫婦と松澤は2021年12月に「在日クルド人と共に（HEVAL）」という団体を立ち上げ、地域での活動をはじめた。入国管理制度や難民認定制度の抜本的な見直しを求めると同時に、在日クルド人と地域住民の間に入って相互理解を進めることを活動目的に掲げた。両者の間には様々な摩擦が生じていたからである。

クルド人の親御さんの中には子どもの教育にあまり関心がない人や、仮放免なので学校に行っても仕方がないと思っている人もいた。そこではじめたのが日本語教室で、毎週日曜日に蕨市で開催している。最初はお父さんを対象にはじめたのだが、今は家族も参加するようになり、お母さんや子どもが増えている。2023年2月のトルコ・シリア地震以降は、トルコから避難してきた家族も加わった。誰でも参加でき、マンツーマン形式で会話を重視した学習を実施している。日本人ボランティアが日本語を教えるだけでなく、学習者からトルコ語を教えてもらうなど、ボランティアと学習者がお互いに学び合う貴重なコミュニケーションの場となっている。

もう一つの活動は、医療費など様々な課題を抱えたクルド人家族の家庭訪問である。実際に家庭を訪れて話を聞かないとわからないことは多い。とくに女性の悩みは深く、出産や子育てなど女性の支援者でなければ聞けないことも多い。

温井まどかがAさんと出会ったのは、Aさんが来日して1年くらいの頃だった。夫と子ども4人のほかに居候が数人住んでいる家を訪ねた。彼女はアルファベットも数字も読めず、日本語も話せず、ケンカ腰の口調で警戒した態度だった。しかし、何度か家を訪れるうちに20年前の自分の写真を見せてくれるようになった。「美人だね」と言ったら喜んでいたという。顔のしわを何とかしたいと相談されたので、美容クリームをプレゼントしてマッサージの仕方を教えるなどの交流を続けた。そのうち心を開いてくれたようで、チャイを出してもてなしてくれるようになった。ほめられるうちに自信がついたのか、ほとんど家から出なかったAさんが市役所に自ら書類を取りに行くようになったそうだ。地道なかかわりが大切だと実感するエピソードである。

もう一人のBさんとは、来日したばかりの頃に出会った。当時は子どもが2人だったが、日本で2人の子どもが生まれた。Bさんの4人目の出産の時、温井まどかは「これ以上は子どもを産みたくないので、夫には内緒で避妊手術をしたい」と相談を受けたことがあるという。

日本も男性優位の社会であるが、クルド人コミュニティにもその傾向が強く、女性は家庭内にいることが多い。不安定な在留資格、異なる言語や文化、湿度の高い気候など、様々な要因が重なって体の不調を訴える女性も多い。家庭内暴力が起きることもあるが、公的支援は届きにくい。在留資格のない仮放免の状態では就労が禁止されているため、生活保護の受給資格はない。夫の暴力から逃れるために一時的な保護シェルターを利用しようとしても、仮放免では転宅先が見つけられないので、そこに入ることさえできない。

私たちができることは多くないが、時間をかけてお互いの信頼関係を築きながら、地道に活動を続けていきたいと考えている。

第8章

在日ムスリム定住化までの様相
――イラン人とトルコ人を比較して

森田豊子

はじめに

本章は、1980年代後半以降に来日した中東からの移民の中でもとくにイランおよびトルコからの移民について取り上げ、これまでの日本のムスリム移民の来日から現在までの歴史的経緯についての理解の一助にしようとするものである。

1980年代後半からの日本の急速な経済発展に伴う人材不足を受けて、イランからもトルコからも就労目的の外国人が日本にやってきた。しかし、彼らの法的な状況の変化やコミュニティの形成など、その後の展開は、彼らの出身国によってかなり異なった様相を呈している。

本章ではイランとトルコの二つの国家を取り上げるが、移民としてやってくる背景について知るために、中東の基本的な情報を確認しておこう。中東ではどの国でも多様な民族や宗教をもつ人々が暮らす。その中にはイスラームの聖典クルアーンの言語であるアラビア語を話すアラブ人、ペルシャ語を話すイラン人、トルコ語を話すトルコ人のほか、複数の国にまたがって存在するクルド語を話すクルド人など、多くの少数民族がいる。宗教的側面ではイスラームを信仰するムスリム、ユダヤ教を信仰するユダヤ人、キリスト教を信仰するアルメニア人などがいる。隣同士の国イランとトルコにも多様な民族が存在するが、信仰されている宗教はどちらもイスラームが多数派である。イランはイスラームでも少数派のシーア派のムスリムが多く、トルコはスンナ派が多数を占める。イランにもトルコにも少数民族としてクルド人が住む。クルド人はスンナ派が多数ではあるが、シーア派やその他のイスラームの宗教的少数派を信仰するクルド人もいる。クルド人は国家を持たない民族で、イランに住むクルド人はイラン国籍を持つクルド人、トルコに住む場合にはトルコ国籍を持つクルド人となる。

1　外国人受け入れをめぐる法律

日本に入国する外国人は入国前に日本大使館などで査証（ビザ）を取得する必要があるが、世界の69の国から来る外国人は観光などを理由にした90日（インドネシアやタイは15日、ブルネイは14日、アラブ首長国連邦は30日）までの短期滞在であれば、事前に査証の取得が相互免除されている。２０２３年現在、日本とトルコとの間では査証の取得は相互免除されている一方、イランとは相互免除はない。そのためイラン国籍所持者は日本入国前に査証の取得が必要である。

それとは別に、日本に3ヵ月以上滞在する外国人は入国後に必ず何らかの在留資格を取得する必要があり、彼らには在留資格が明記された在留カードが発行される。この在留資格も日本では一般にビザと呼ばれる（「留学生ビザ」など）が、これは先ほどの査証とは別物である。在留資格には、留学や文化活動など定められた活動をすることが許可されているものと、定住者や永住者、日本人の配偶者など、定められた活動ではなく、身分または地位に基づいて付与されるものがある。在留資格は半年、1年、2年など期間が決められており、その都度、入国管理局で審査を受け、更新しなければならない。在留資格を持たない外国人は非正規滞在者として、出入国在留管理庁（以下、入管と略す）や警察の取り締まりの対象となる。

在留資格など日本に滞在する外国人を管理する法が「出入国管理及び難民認定法」（以下、入管法とする）である。第7章でみたようにこれまでも何度か改正が行われてきたが、2021年2月に国会に提出された入管法改正案は、難民認定申請が3回目以降の場合に入管の判断によって対象者を送還できるようにすることなどが問題とされ、また、同年3月にスリランカ人のウィシュマ・サンダマリさんが入管の収容施設で死亡する事件が起きたこともあり、廃案となった。しかし、その後2023年3月に、廃案となったものとほぼ同じ内容の入管法改正法案が再び国会に提出され、反対運動があったにもかかわらず、同年6月に改正法が成立した。

2　バブル景気と外国人労働者

そもそも日本は第二次世界大戦以前には移民の送り出し国であった。1908年のブラジルへの移民約24万人を皮切りに、米国や南米への移住が続いた。日本は第二次世界大戦終結（1945年）から朝鮮戦争（1950～53年）までの戦後復興期、および以降の経済成長期に労働力を必要としたが、旧植民地の朝鮮半島や台湾からの移民がいただけでなく、地方から約100万人の若者が義務教育を終えると都市へと移り住んだことから、新たに外国人労働者を受け入れることはなかった。そのため、日本で外国人労働者の受け入れ議論がはじまるのは、バブル景気といわれる１９８０年代後半から１９９０年代初めの好景気による人手不足が深刻になってからだった。当時はアジアだけでなく中東からも就労目的の外国人がやってきたが、日本は在留資格に単純労働者を加えることはなかった。そのため、その多くが短期滞在の在留資格の期限が切れた後に在留資格を失ったが、それでも彼らは日本で働き続けた。在留資格がないために、彼らは３Ｋ（きつい、汚い、危険）労働に従事することが多く、健康保険に加入できない、給料未払いを訴え出ることも難しい、支援がなければ労災手続きも行えないなど、苛酷な労働環境にあった。

これらの外国人の中にはムスリムもおり、数として多かったのは１９８５年頃から来日したバングラデシュ人やパキスタン人、その後１９８９～９１年にかけて来日したイラン人であった（樋口 2007: 13-15）。しかし、これらムスリムの外国人労働者の数は１９９０年代になって激減した。理由は三つある。第一に、バングラデシュとパキスタンについては１９８９年から、イランについては１９９２年から査証（ビザ）の相互免除協定が停止され、これらの国々から新たに入国することが困難になった。第二に、１９８９年（１９９０年施行）の入管法改正により、新たに「定住者」という在留資格が設けられ、第二次世界大戦後に中国から引き揚げる際に日本人が中国に残してきた中国残留日本人の子どもや孫、および先述の米国や南米に移住した日本人の子どもや孫に活動内容を問わない、つまり職種などの制限なしに労働できる在留資格が与えられ、新たに労働市場に参入した。第三には１９９３年に外国人技能実習制度が創設され、その後「技能実習生」が在留資格に加えられ、外国人技能実習生が実質的には労働を行うことになったからである（第７章参照）。

3　イラン人移民とトルコ人移民

（1）イラン人移民

先述のようにイラン人は１９８９年以降、つまり、バングラデシュやパキスタンからの移民よりも時期的に遅れてやってきた。１９８８年８月のイラン・イラク戦争終結後に出発した人が多かったからである。当時はイランと日本の間に査証（ビザ）の相互免除協定があり、90日以内であれば入国前に査証を取得することなく来日できた。１９９２年に出会ったあるイラン人は、日本入国時の状況について筆者に「90日しか滞在しないはずの私の荷物の中に米や豆、乾燥ハーブなど観光旅行目的の来日では消費しきれないであろう量の食料が入っていても疑われることなく入国を許可された」ために「入管は我々が長期滞在するのをわかっていて入国させたと思う」と語った。

イランからの入国者に特徴的なことは、短期間に急に人数が増えたことである。１９８３年の入国者が４１９０人だったのが翌年には１万人を超え、さらに、１９９０年には３万２１２５人、91年に４万７９７６人となっている。その後、先述のとおり査証（ビザ）の相互免除協定が１９９２年に停止になった後、入国者数は４３８９人と10分の１以下になった（出入国在留管理庁ＨＰ）。２００２年の厚生労働省発表資料によると、イラン人不法滞在者数は１９９０年に７６４人だったのが、１９９１年には１万人を超え、１９９２年には４万０００１人、翌年には２万８４３７人と急激に増えたことがわかる（厚生労働省 2002）。

１９９０年代初め頃には、週末になると上野公園や代々木公園に多くの外国人が集まる姿が目撃された。このほとんどが実はイラン人で、これは彼らに特徴的な現象であった。彼らは公園でサッカーや散髪をし、食べ物や着るものなどを売り買いして休日を過ごした（西山 1994）。また、今よりも良い仕事先や居住先を見つけるための情報収集も行われた。筆者は1991年3月に東京の上野公園を訪れ、そこに集まっていたイラン人から話を聞いた。彼らは渡航中の飛行機の中などで「まずはハラジュク（代々木公園）かウエノ（上野公園）へ行くといい」と言われ、空港から直接これらの公園に向かったと語った。その頃、公園に数日間寝泊まりしていると、朝には通訳としてパキスタン人やバングラデシュ人を連れた日本人のリクルーターがバスに乗ってやってきた。リクルーターから仕事や住居についての説明を受け、希望者がバスに乗るとバスはそのまま仕事場に向かったのだという。

イランでは、週末に家族連れがお茶や果物を持ってきて公園で一日中寝転がっておしゃべりすることが何よりの娯楽である。しかし日本人はそれを知らず、週末になると公園に集まる男性ばかりの外国人集団は驚きをもって報じられた。また、変造テレフォンカードや薬物取引などがマスコミに大きく取り上げられることにより、イラン人にはネガティブなイメージがつきまとうことになった。

彼らの来日理由として筆者が最も多く聞いたのが、「親戚が働いていた」「近所の人が行ったから」など、地縁や血縁でつながる人からの話というものであった。たとえば、2002年から3度イランに渡航し、さらに日本でもインタビュー調査を行った稲葉は、イランのシャーサバンと呼ばれる、もともとは遊牧生活をしていた民族のアフマッドルー一族の人々が次々と日本に来てネットワークを形成し、仕事や住居を調達していたことを明らかにした（稲葉 2007）。

他方、駒井は1993年に当時日本にいたイラン人へのアンケート調査を行い、彼らの来日目的への回答から、在日イラン人が同質的な集団ではないことを明らかにした（駒井 1999: 93）。来日理由を大きく分けると「出稼ぎ派」と「疑似亡命派」「自己実現派」に分かれ、「非出稼ぎ派が出稼ぎ派をわずかながら上回っている」（駒井 1999: 93）という。三つの理由の中で18・1％を占める「疑似亡命」とは、来日理由を「イランの現状に不満を持っている」と回答した人を指す。ここでの「現状」とは、イランが１９７９年のイラン革命によりイスラーム共和国となり、政治・経済・社会・文化などにイスラーム的な道徳や倫理観が大きく影響を与える国家となったことを指す。また、同アンケートで今後の滞在を希望する期間として、短期滞在予定者が49・4％おり、一方で「2年以上」「状況の許す限り」と回答した長期滞在予定者も44・5％と、それに匹敵する割合になっていた（駒井 1999: 94-95）。

上記の調査の中の「疑似亡命派」のような日本で長期に暮らしたいと願う人の中には、日本人女性と結婚して家族を形成する人や、家族を連れてきたり、呼び寄せたりする人も出てきた。そんななか、それまで在留資格なしで日本に滞在し続けた外国人たちがＮＧＯの支援を得て、在留特別許可を求めて１９９９年に集団出頭した（A.P.F.S. 2002; ナディ 2019: 144-149）。

在留特別許可とは法務大臣の自由裁量で与えられる日本に滞在する許可のことである。集団出頭は3次まで行われ、イラン人に限っていえば7家族、30人の在留特別許可が認められた。認められなかった人たちに対して本国への退去強制が命じられたが、続けて支援する弁護団がこの決定の取消を求めて訴訟を起こした。当時の法務省は在留特別許可の基準や許可／不許可の理由は明らかにしなかったものの、この集団出頭を支援した団体ＡＰＦＳはその記録本の中で、集団出頭で認められた例から、日本滞在の年数や日本で教育を受けた子の有無、労災認定や病気の療養の必要性などが影響しているのではないかと推測した（A.P.F.S. 2002: 23）。その後、在留特別許可についてはﾞ入国管理局からガイドラインが出されている（入国管理局 2009）。２０２３年8月に政府は、日本で生まれ育った在留資格を持たない外国人の子ども（現在約２００人）に対して、一定の条件を満たした者には、この在留特別許可という在留資格を与える方針であると発表した。

イラン人の来日が急速に増えた時期から約30年が経過した2022年6月の統計では、日本在留のイラン人は4177人で、最も多い在留資格が永住者の2649人、次に日本人の配偶者290人、留学が233人と続く（出入国在留管理庁 n.d.「入管政策・統計」）。人数はずいぶん減少したものの、今では永住者として日本に根づき中古車販売業などに従事している人々も確実に存在している（平田 2019）。

（2）トルコ人移民の中のクルド系トルコ人

1980年代後半から1990年代初めにかけて来日した中東からの移民の中にはトルコ国籍を持つ人々も含まれていた。トルコからの来日数はイランほど目立つ数字ではない。在留者数は**図1**の通り、年々増加している。トルコ国籍を持つ人々の中には、先述したクルド系トルコ人も含まれている。どの民族に属するのかについて来日時に申告をするわけではなく、クルド系トルコ人が日本のどこにどれくらいいるのかについて、入管の統計などで知ることはできない。

日本で最もトルコ人の在留者が多いのは埼玉県（2022年統計、1910人）、愛知県（同、1406人）、東京都（同、939人）である。2022年のトルコ人在留者数は6080人のため、埼玉、愛知、東京に住むトルコ人の合計（4255人）で日本の全トルコ人在留者の約70％を占めることになる。愛知県在住のトルコ人は黒海付近の出身者が多いとされ（吉田 2022）、トルコ人たちによって建設された津島アヤソフィヤジャーミィ（2022年設立）などが存在し、トルコ人ムスリムを中心としたコミュニティが形成されている。他方、近年、日本で『東京クルド』（日向史有監督／2021年）や『マイスモールランド』（川和田恵真監督／2022年）など、在日クルド系トルコ人の第二世代の若者を主人公にした映画が製作さ

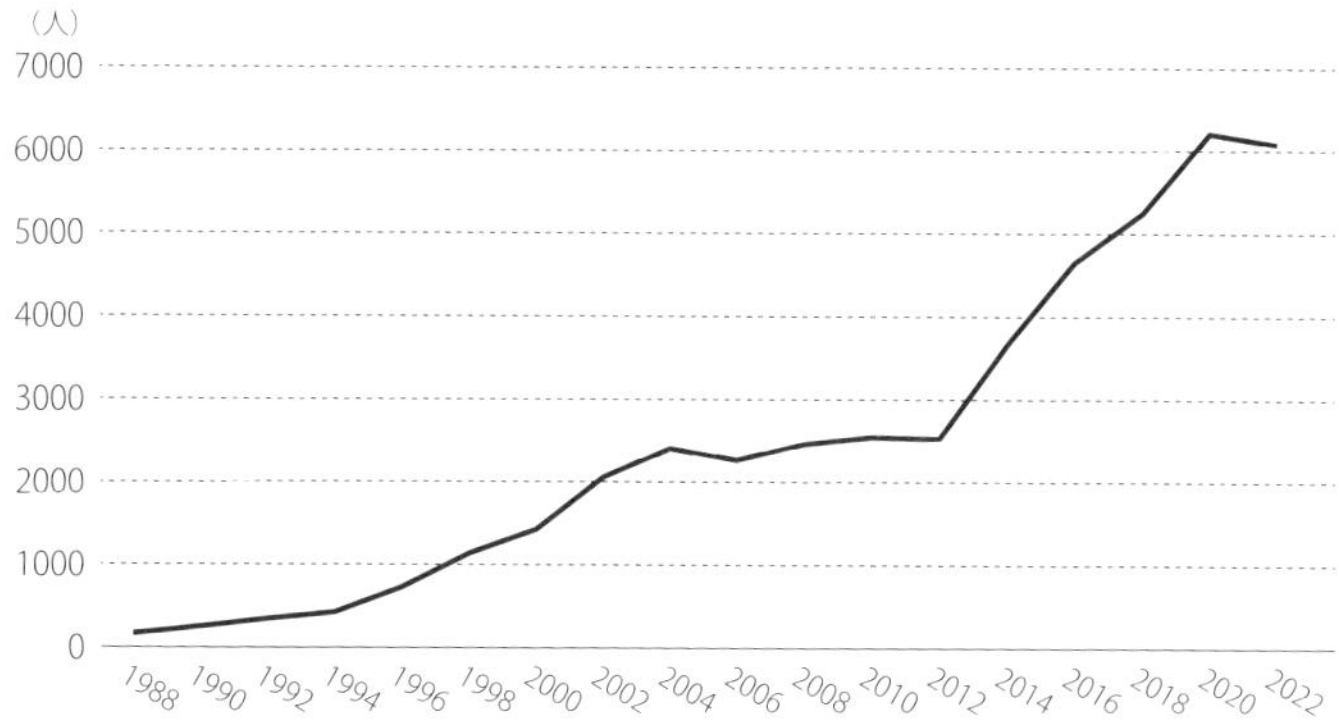

図１　日本におけるトルコ人在留者数
［出所：出入国在留管理庁］

れているが、その舞台となっているのはいずれも埼玉県である。

出入国在留管理庁では２０２０年から在留資格の統計に、特定活動の在留資格の中に「難民認定申請中」というカテゴリーを加えたが、その数は２０２０年に２３９１人、２０２１年に１８５９人、２０２２年には１５８０人となっており、この数字は埼玉県に住むクルド系トルコ人の数とおおむね一致する。在留トルコ人の中では26％（２０２２年）、31％（２０２１年）、38％（２０２０年）が、難民認定申請中というカテゴリーの特定活動在留資格を持っており、その多くが埼玉県に住むクルド系トルコ人と考えられる。また、先のイラン人の例と異なっているのは、就労目的で来日したイラン人には単身の男性が圧倒的に多かったが、他方、２０１０年頃から数が増えはじめたクルド系トルコ人は難民認定を求めたもので、家族連れでの来日が比較的多いことである。入管の統計を見ると、１９９０年から２０２２年までイランもトルコも在留者数の男女比が変化することはなく、いつもトルコの方が女性の割合が高い。１９９０年代後半ではイランの女性の割合が全体の10％未満であるのに比べて、トルコの女性の割合はほぼ20％を超えている。２０１０年代になると、トルコ人在留者数の25％程度が女性である。

年によってはトルコ人在留者の30%が女性の年もある。イスラーム圏の女性が単身で日本で労働のために来日することはそれほど一般的ではないため、これらの女性は家族で来日していると推測される（出入国在留管理庁ＨＰ）。

図1によれば日本在留のトルコ人は１９９４年頃から増加の勢いが微増し、２０１２年頃からさらに増加率が高まっている。このような在留者の推移は、関東でクルド系トルコ人移民への支援活動を比較的早い段階からはじめた松澤秀延氏へのインタビュー内容ともおおむね一致する（２０１９年2月24日、東京でのインタビュー）。松澤氏は先述の１９９０年代初めに来日したイラン人移民と知り合ったことがきっかけで、在留外国人への支援を開始した。その後、北関東に住むクルド系トルコ人への支援を中心に行ってきた。松澤氏によると、北関東に住むクルド系トルコ人は１９９０年代頃に来日した数十名から成る第一世代の人々からはじまり、その後、とくに２０１０年頃から数が増えはじめ、現在の約２０００人のコミュニティにまでなったという。松澤氏は現在「在日クルド人と共に（ＨＥＶＡＬ）」に所属し、日本語教室などの教育支援、医療支援などを行っている（コラム6参照）。支援活動の中には、クルドの文化行事のサポートもある。たとえば、春分の日に新年（ネウローズ）を祝うクルド系トルコ人への支援も行っている。多くのイスラーム諸国では西暦と並行してイスラーム暦が使用され、イスラームの宗教行事はこの暦をもとに行われるが、イランやキルギス、タジキスタンなど少数の国や地域では、3月の春分の日を新年とする暦も併用しており、トルコのクルド人もまた、このネウローズを祝う習慣がある。ネウローズのお祝いには、彼らが公園に集まり、クルド料理が振る舞われたり、クルドの民族衣装をまとってダンスを踊ったりする。

日本でクルド人は最近まで広く知られていなかった。前述のようにクルド人はトルコだけでなく、複数の国にまたがって居住している民族で、クルド語やクルドの文化を継承している。第一次世界大戦（1914～1918年）終了時に、連合国とオスマン帝国の間で戦争終結のために締結されたセーヴル条約ではクルド人のための土地が準備されていた。しかし、この条約に不満をもったトルコ建国の父ムスタファ・ケマル（アタテュルク）がオスマン帝国のスルタン制度を廃止し、条約で奪われた土地を奪還し、トルコ共和国を建国すると、セーヴル条約は破棄され、新たに連合国との間にローザンヌ条約が結ばれた。新生トルコはセーヴル条約で失った領土の一部を回復し、国境が再画定された。新たな国境によってクルド人地区はトルコの領土となり、クルドは国家として独立を果たせなかった。トルコ共和国ではトルコ・ナショナリズムが強調され、政府がクルド語の使用やクルドの文化活動を厳しく制限してきた。クルド人による独立運動と政府による弾圧は長年続いており、クルド人独立運動の中には今でもトルコ政府と激しく対立しているPKK（クルディスタン労働者党）のような組織もある。PKKとトルコ政府との対立は現在でも完全に終結したわけではなく、クルド人居住地域では政府による「摘発」が行われてきた。日本にいるクルド人は、このような状況から逃れて家族で来日し、難民申請をしている。その中には10年以上日本で暮らし、難民認定を待ち続けている家族もいる。

難民申請中の外国人には、仮滞在許可が認められる場合や特定活動などの在留資格が得られる場合がある。仮滞在許可および特定活動の在留資格があれば国民健康保険に加入できるが、就労することはできない。2010年3月以降は難民認定申請後6ヵ月を過ぎた場合は就労が許可されていたが、2018年1月以降、難民認定申請者はA案件からD案件までの四つに分類され、案件によっては就労が制限されることになったため、難民申請中で就労できない人が増えている。

難民申請中であっても在留資格を持たない場合には、入管施設への収容の対象となる。在留資格を持たない外国人に退去強制命令書が発行された後、帰国までの期間に収容されるのが入管施設である。現在の日本では難民認定数が少なく、申請者の多くが複数回認定の申請を行っている。退去強制命令を受けた後にも難民認定のために帰国を拒否すると長期に収容されることがあり、収容期間は入管の裁量に任されている。中には3年以上収容される外国人もいる。２０２１年に作成された入管による「現行入管法上の問題点」という資料に、長期収容の現状に関する表が掲載されている（出入国在留管理庁 2021: 13）。この表から２０１４年、２０１８年、２０１９年、２０２０年の収容期間別の人数がわかる。3年以上の収容者は、２０１４年に４人だったのが、２０１８年には26人、２０１９年には63人、２０２０年には41人である。

収容された外国人は、自分がいつまで収容されるかがわからないので、裁判で刑期が決まり、釈放の日を数えながら待つ受刑者よりもより精神的に追い詰められる。ハンガーストライキで衰弱した収容者を、仮放免としていったん収容所から出し、健康が回復するのを待っていたかのように、数週間後に再度収容した事例もある（ドキュメンタリー映画『牛久』［トーマス・アッシュ監督／２０２１年］の中に登場するイラン人収容者がこのケースである）。仮放免とは許可が得られた入管施設収容者が保証金を払って施設から出ることをいう。難民認定がなかなか認められずに在留資格を失い、仮放免で日本に暮らす外国人は定まった範囲にしか居住できず、この範囲外の場所に行くには入管からの許可が必要である。定期的に入管に出頭する必要があり、健康保険に加入することもできない（平野 2019）。

日本は長い間クルド人を難民として認めてこなかったが、２０１９年に難民不認定処分取り消しを求めて札幌地裁に提訴したクルド人男性に対して、地裁は難民に該当すると認める判決を出し、２０２２年に札幌入管によって国内で初めてこのクルド人男性の難民認定が行われた。先述のようにトルコでは以前、クルド人の同化政策からクルド語の使用や文化活動などが禁止されていたが、１９９０年代に入ってクルド語が解禁されるなどの融和政策が進められており、それが、日本政府が難民と認めない理由として挙げられてきた。今後のトルコ政府によるクルド人への政策および日本とトルコとの関係など、様々な要素が今後も認定数に影響を与えると推測される。しかし、すでに10年以上も日本に住み、その子どもたちは日本で教育を受け、日本で働きはじめている人たちもいる。

おわりに

本章では在日ムスリム移民の歴史的な経緯を理解するために、1980年代後半以降に来日したムスリム移民の中でもとくにイランおよびトルコからの移民の、来日の経緯と現在までの流れを追ってきた。1980年代後半から1990年代初めの人手不足によって多くの外国人が就労目的で来日した。その中にイランおよびトルコから来た人たちもいたが、当時はイラン人もトルコ人もどちらも相互査証免除によって、短期滞在であれば査証なしで日本に入国できた。その多くが、すでに日本に在住している親戚や近所の人たち、同郷人を頼って来日した。

しかし、イラン革命直後にはじまったイラン・イラク戦争がようやく終結した後の戦後復興期、復員時期と重なって、イランからは単身の男性の来日が短期間で急増した。さらに、休日に上野公園などで集まる様子や一部の人たちの犯罪行為が大きくマスコミに取り上げられた結果、1992年にイランに対する相互査証免除を停止する措置がとられた。つまり、それ以降イラン人には日本に入国する際に厳しい審査が必要となり、就労目的で入国することがほぼできなくなった。日本で家族を形成し、在留許可を勝ち取ったほんの一部の人たち、および相互査証免除以降でも査証を取得できた留学生や会社員として来日した人々が、とくにコミュニティを形成することなく散在している状況である。

他方、日本とトルコの相互査証免除は現在も続き、短期滞在なら査証なしで入国できる。1980年代後半頃に来日したトルコ人の多くは、イラン人同様に単身の男性が多かった。愛知県のトルコ人たちのコミュニティが一方で存在し、他方、関東では第一世代とされる人々の後に2010年頃から難民認定を求めて家族同伴でやってきたクルド系トルコ人たちが加わって、コミュニティが形成されているのが現状である。

我々は単に「中東からの移民」や「ムスリム移民」と一括りにしてしまいがちであるが、トルコとイランだけを取り上げても、来日時の状況、単身だったのか、家族連れだったのか、法律の変化、コミュニティを必要としたのかどうかなど、異なる経緯や事情がある。少子高齢化が進む日本で今後も変化せざるを得ないであろう入管行政を考えるうえでも、このような個々の経緯や事情を組み入れて考えることが求められている。

コラム7

インドネシア人技能実習生と考える地域の未来

西川　慧

私たちは、見知らぬ誰かが生産した野菜や肉、魚を食べて暮らしている。毎日利用している建物も、誰が建築に携わったのかを考える人は少数だろう。そう考えると、私たちの生活を支えているのが誰なのかを知る機会はまれである。

近年、日本の農業、漁業、工業、建築業の現場では、インドネシアからやって来た技能実習生のムスリムが活躍するようになってきている。読者のなかには、日常生活において自分はムスリムとかかわる機会が少ないと考えている人もいるかもしれない。だが、私たちの日常の一部はインドネシア人ムスリムを含めた技能実習生（以下、実習生）によって支えられているのだ。

日本は、1993年から開発途上国の外国人を実習生として受け入れはじめた。その目的は技術を学んだ実習生が母国に帰国することによって達成される技能の移転だとされる。だが、実際には少子高齢化が進む現代において労働力不足を補うために行われている場合が多い。理念と現実の乖離や、制度的に転職が認められていないことなどをうけて、本稿執筆時点（2023年9月末）では、将来的には技能実習制度を廃止し、新たな制度を創設するための議論も行われている（技能実習制度及び特定技能制度の在り方に関する有識者会議 2023）。また、2019年からは技能実習を終えた外国人が労働者としてより長く滞在することができる特定技能という枠での滞在許可の発給もはじまっている。

筆者が暮らす宮城県では、2011年に発生した東日本大震災以降、インドネシアからの実習生を多く受け入れるようになった。その大部分はムスリムである。それまでは中国からの実習生が多かったが、中国の経済発展に伴って応募者数は減っていった。そこで注目されたのが東南アジアの国々だった。もとより過疎化が進んでいた地方都市や村落部では、震災後に人口流出も進んだことから、より多くの実習生を受け入れるようになったのだ。

もっとも、労働人口不足解消のために実習生たちを受け入れているのは東日本大震災の被災地のみではない。だが重要なのは、これまで外国人の割合が低かった地域に実習生としてムスリムが住むようになったことのインパクトである。

2022年7月、宮城県石巻市の渡波《わたのは》地区に「石巻モスク」が設立された。この地区は、石巻の中でも東日本大震災で大きな被害を受けた地域だ。モスク設立に尽力したバングラデシュ人の男性によれば、設立場所としてここが選ばれたのは、漁業で働くインドネシア人の実習生や特定技能の労働者の住居から近いからだという。

石巻モスク

実習生らの構成は、地域の産業構造によって少しずつ違っている。たとえば同じ宮城県の気仙沼市では、水産や食品の加工工場で働くインドネシアからの実習生が多い。これらの工場では日本人でも女性が多いことから、実習生でも比較的女性の割合が高い。また、地域に限らず介護の現場では女性の割合が高い。一方で、塗装や鉄筋加工、建築業といった、日本人でも男性の割合が高い職種では、同じように男性のインドネシア人実習生が多く働いている。石巻市では沿岸漁業に従事するインドネシア人実習生が多く、男性の割合が高い。

石巻の沿岸漁業で働く実習生の場合、深夜2時頃に船で出発して昼頃まで底引き網漁や定置網漁を行い、夕方頃にかけて帰港するというサイクルで働いている。休日は、漁港の休みに合わせて土曜日か日曜日だ。休日には、近くのグラウンドでサッカーをしたり、離れた地域の実習生の家に遊びに行ったりして過ごしている。漁業は簡単な仕事ではないが、あるインドネシア人男性は「長い時間を過ごしてきた石巻は第二の故郷のように思っている」と言う。なかには、過疎化が進み若者の数が少ない地域のお祭りで、神輿《みこし》の担ぎ手を務めた実習生もいる。

受け入れ側の船主たちから見ても、インドネシア人の実習生は漁業を続けていくうえで欠かせない担い手になっている。ある船主によれば、当初は実習生にきつく当たり、実習期間の終了を待たずに帰られてしまうこともあった。だが、インドネシアにある実習生の実家をたまたま訪ねたことをきっかけとして、母国で待つ家族のことにも思いが至るようになり、実習生たちの気持ちや健康をまず考えるようになったそうだ。彼らを受け入れることによって、船主側が変わったという側面もあるという。かつての漁業者は船主間で漁獲量を競い合う側面が強く、ライバルに負けないよう休みなく漁に出ていた。しかし、実習生を受け入れてからは制度に従って休日を設けるようになった。すると、労働環境の変化をうけて、若い日本人男性の漁船員応募者も少しずつ増えてきたそうだ。

この好循環の背景には、自治体間の提携がある。石巻市は、沿岸漁業における実習生の受け入れに際して、インドネシア西ジャワ州と覚書を結んだ。これに基づいて、実習生たちは渡航費用なしに来日することができている。費用を代わりに負担するのは船主たちだ。他地域では渡航費用を借金として背負って来ているために、職場に対する不平不満を言いにくかったり、給料の高い職場を求めて失踪するという事例が報告されている。石巻の沿岸漁業の場合、経済的な負担なく日本で働くことができるとして西ジャワ州でも評判となっており、希望者が増えているという。

ただし、必ずしも石巻市のようにうまくいっているところだけではない。筆者がインドネシアにある実習生の送り出し機関で聞き取りを行ったところ、最近ではムスリム以外の実習生を送ってほしいという要望が日本各地の受け入れ先企業から寄せられているという。ムスリムの食事に気を使うことが面倒だ、断食月に体調を崩されては困るといったことが理由だそうだ。ムスリムの女性に対して、働くことになった場合にはヴェールを脱ぐことができるかと質問する企業もあるという。要望に合わせて、この送り出し機関では、今後はキリスト教徒の多く住む島々からの実習生に重点を移していく予定だと聞いている。

インドネシアからの移動労働者を受け入れているのは、日本だけではない。たとえば台湾では、日本よりはるかに多いインドネシア人労働者を受け入れている。円安や賃上げ率の鈍化によって、日本で実習生として働く魅力は低下しつつある。日本の少子高齢化がますます進むことを考えれば、移動労働者から「選ばれる」地域づくりが必要だろう。特定技能の労働者が増えていけば、制度的に期間に制限のない滞在が可能になるため、イスラームの教義に則したかたちでムスリムを土葬できる墓地もさらに必要になってくるかもしれない。日本の地域社会も、実習生たちと一緒になって地域の未来像を考える時期に来ているのだ。

第9章

インドネシア人女性の生きる闘い
――エンターテイナーたちのライフヒストリー

佐伯奈津子

はじめに

インドネシア人女性が、エンターテイナーとして日本各地の「インドネシア・パブ」で働いているらしいという情報を得たのは、スハルト大統領退陣からまだ3年しか経っていない2001年だった。フィリピン人やタイ人女性の人身取引被害については、すでに多く報じられており、インドネシア人女性も同様の状況におかれていることが推察されたが、詳細な調査を行うことは困難だった。女性たちの安全を確保したうえでのアクセス方法が思い浮かばなかったこともある。しかし、それ以上に大きかったのは、おそらく女性たちと同世代であろう自分が調査することへのためらいだった。

それから約20年が経過した。日本で最多のインドネシア人が暮らす愛知県に赴任し、在留資格や労働関係、婚姻や離婚といった相談を受けるようになった。東海圏を中心に在日インドネシア人の支援を行うなかで、エンターテイナーだった女性たちのその後の人生に向き合うことになった。

本章の目的は、ほとんど知られることのなかったインドネシア人エンターテイナーの人生を描くことである。元エンターテイナーの女性からの相談は約20件、そのうち今も日本に暮らす40〜50歳台のムスリム女性8人に対して、詳細な聞き取り調査を行った（表1）。最初から在留資格「日本人の配偶者等」（以下「日配」）で来日した1人を除いて、1990年代後半から2000年代前半にかけて在留資格「興行」で来日、エンターテイナーとして就労したのち、日本人男性との婚姻を経て、日本に定住した女性たちである。

8人という数は十分なものではない。しかし、女性たちのたどる人生は異なれども、同様の数々の困難を乗り越えてきたことは伝えられると考える。女性たちが特定されない範囲、また女性

表1　本章に登場する女性たち

Aさん	国立芸術高校卒業、「興行」で来日、日本人男性と婚姻するが離婚、在留資格を更新できず退去強制処分になる。その後、日系インドネシア人男性と婚姻、上陸特別許可で再来日、十数年を経て子どもに再会。
Bさん	父親が死去し、家族を助けるために「興行」で来日、日本人男性と婚姻するが離婚。日系インドネシア人男性と再婚。
Cさん	両親の借金を返済するために「興行」で来日、帰国後エージェントにパスポートを保管される。別人名義のパスポートで再来日し、店の客とインドネシアで婚姻するが夫は音信不通に。離婚の手続きを進めるため「短期滞在」で来日、店で働き入管に収容、退去強制処分になる。収容中にプロポーズしてきた日本人男性と婚姻、5年後に再来日。
Dさん	父親は裁判所勤務。旅行代理店やホテルでの就業経験あり。1990年代半ばに「興行」で来日、摘発され退去強制処分になるが、別人名義のパスポートで再来日。2005年に逃亡してオーバーステイになり、日本人男性と婚姻して在留特別許可（「日配」）。
Eさん	高校生の時に妊娠して婚姻、養育費を稼ぐため「興行」で来日。店から逃亡し日本人男性を紹介される。インドネシアで離婚手続きをし、日本人男性と婚姻。
Fさん	夫の解雇に伴い養育費を稼ぐため「興行」で来日、帰国後に夫と離婚。その後、日本人男性と婚姻するがDV被害を受けインドネシアに帰国、別の日本人男性と婚姻し「日配」で再来日。
Gさん	ブライダル業界で働いていたが「興行」で来日。2000年代半ばに日本人男性と婚姻し「日配」で再来日、十数年後に離婚。
Hさん	母親を助けるためジャカルタのブロックMで就労、日本人男性と婚姻するが夫が音信不通に。別の日本人男性と婚姻し「日配」で来日、寂しさをまぎらわすため「夜の仕事」に就く。

たちに不利益が及ばない範囲での記述にとどまっていることも付け加えておきたい。

1　エンターテイナーとは

(1)「買春ツアー」から「興行」へ

東南アジアにおいて、大規模な売買春産業が盛んになったのは、ベトナム戦争がきっかけである。米兵は休暇でマニラやバンコクを訪れ、その買春需要を満たすため、性産業が確立されたという。1975年の終戦とともに、発展した性産業は外国人観光客を対象にするようになる。円高で海外旅行に出る日本人男性も例外ではなく、日本の旅行会社が、台湾や韓国、そしてフィリピンやタイに向けた「買春ツアー」を企画するほどだった。しかし、国内外で買春ツアーに対する非難が高まり、日本政府も旅行業法の大幅見直しを進め、1982年の改正で買春観光の禁止規定を設ける（吉村 1993: 186-188; 廣岡 2005: 107-118）。

日本人男性の買春ツアーへの反対運動の高まりと日本国内の性産業における労働力不足を受け、新たな商売となったのがフィリピンやタイ人女性の「輸出入」である。「豊かな日本」での就業機会を求めて、アジアから女性たちが多数流入し、飲食店や性風俗店で働く姿が日本各地でみられるようになっていく。

アジアの女性たちの中には、「短期滞在」の査証で来日し、「不法に」就労する者もあったが、「興行」という在留資格を取得し、エンターテイナーとして「合法的に」就労する者もあった。しかし、本来なら、俳優、歌手、ダンサー、プロスポーツ選手およびそのマネージャー、裏方、付人などに発給されるはずの「興行」で入国した女性たちは、実際にはパブやバーでホステスとして起用され、時に売春を強要された。入国管理局（以下、入管）の調査によれば、出演先の92・8％で出入国管理及び難民認定法

（以下、入管法）違反が確認されたという（入管協会 1996: 37）。

（2）人身取引への国際的な批判と日本の対策

1990年代初頭には、このようなアジアの女性たちが関与した殺人事件が相次いで発生した。「加害者」はいずれも、架空の借金を負わされ、パスポートを取り上げられ、監禁・暴行され、外出禁止など厳しい管理下に置かれ、売春を強要されていた人身取引の被害者だった（吉村 1993: 205-207; 齋藤 2006: 68）。人身取引の実態とともに明るみに出たのが、日本の人身取引対策では、被害者の救済がなく、加害者への取り締まりもないことだった。それどころか被害女性が売春防止法や入管法違反で取り締まられる状況に、国際社会から女性の人権を軽視していると批判された。

日本政府が人身取引対策に本腰を入れたのは、2002年の「国際組織犯罪防止条約人身取引議定書」署名以降である。批准に伴い国内法を整備する必要に迫られた日本政府は、2004年に「人身取引対策に関する関係省庁連絡会議」を設置し、「人身取引対策行動計画」を策定した。

この計画に沿って、2005年には様々な法律が改正された。刑法で人身取引罪が新設され、組織的犯罪処罰法で組織的逮捕・監禁罪の法定刑上限が引き上げられた。入管法で人身取引被害者に在留特別許可を与え保護する措置が導入され、退去強制事由に人身取引が追加された。「興行」の発給要件が厳格化されたほか、風営法でも外国人被雇用者の在留資格等確認が義務づけられた。

（3）インドネシア人エンターテイナーの位置づけ

日本政府が人身取引対策に乗りだした2004年をピークに、「興行」で入国・滞在する外国人は急減していった。2004年に「興行」で新規入国した外国人は約13万5000人、滞在する外国人は約6万5000人であるが、前者の6割強、後者の8割弱をフィリピン人が占める（**表2**）。一方、人身取引の被害女性の救援を担ってきた民間の駆け込みセンターで保護された人数でみると、保護された人数が最も多いのがタイ人である（齋藤 2006: 69）。

そのため、エンターテイナーとして入国し、実際にはホステスなどに従事させられていたアジアの女性というと、フィリピン人やタイ人を想起しがちである。研究や支援活動の蓄積としても、メディアの報道でも、この2ヵ国に集中している。本章に登場するインドネシア人女性は、エンターテイナーの中ではごく少数だ（**図1**）。婚前・婚外性交渉が禁じられるムスリム人口が9割近くを占めるインドネシアの女性を、わざわざエンターテイナーとして起用する必要がなかったのかもしれない。インターネット掲示板に残されている客の書き込みに、ムスリム女性であるエンターテイナーについてのイメージがみてとれる。

イスラム教徒はかなり厳格な貞操観念を持ってるし、そういう娘だったら、体目当てで近づいたら、大変な目にあうよ。（暇つぶし2ch 2009）

それだけではなく、インドネシア人の中でも、エンターテイナー女性は見えにくい存在だ（**図2**）。多く

表2　2004年「興行」の状況

	登録外国人数	新規入国外国人数
総数	64,742	134,879
アジア	58,053	98,453
フィリピン	50,691	82,741
中国	4,163	8,277
インドネシア	1,740	3,012
ヨーロッパ	5,806	26,609
ルーマニア	2,330	4,500
ロシア	1,921	5,775
ウクライナ	864	2,129
アフリカ	16	166
北米	487	7,718
南米	271	1,194
オセアニア	109	731
無国籍	0	8

［出所：法務省「登録外国人統計」より筆者作成］

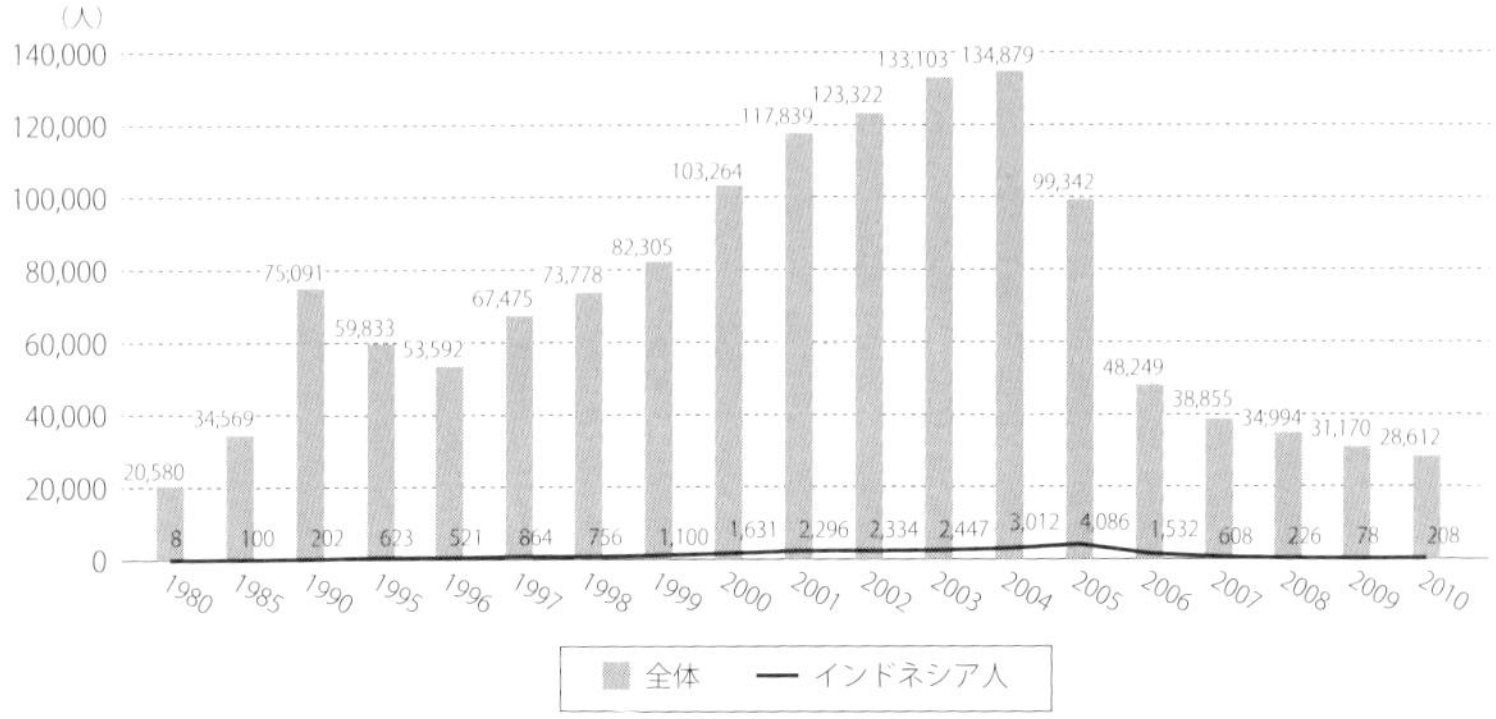

図１　新規入国「興行」に占めるインドネシア人の割合
［出所：法務省「登録外国人統計」より筆者作成］

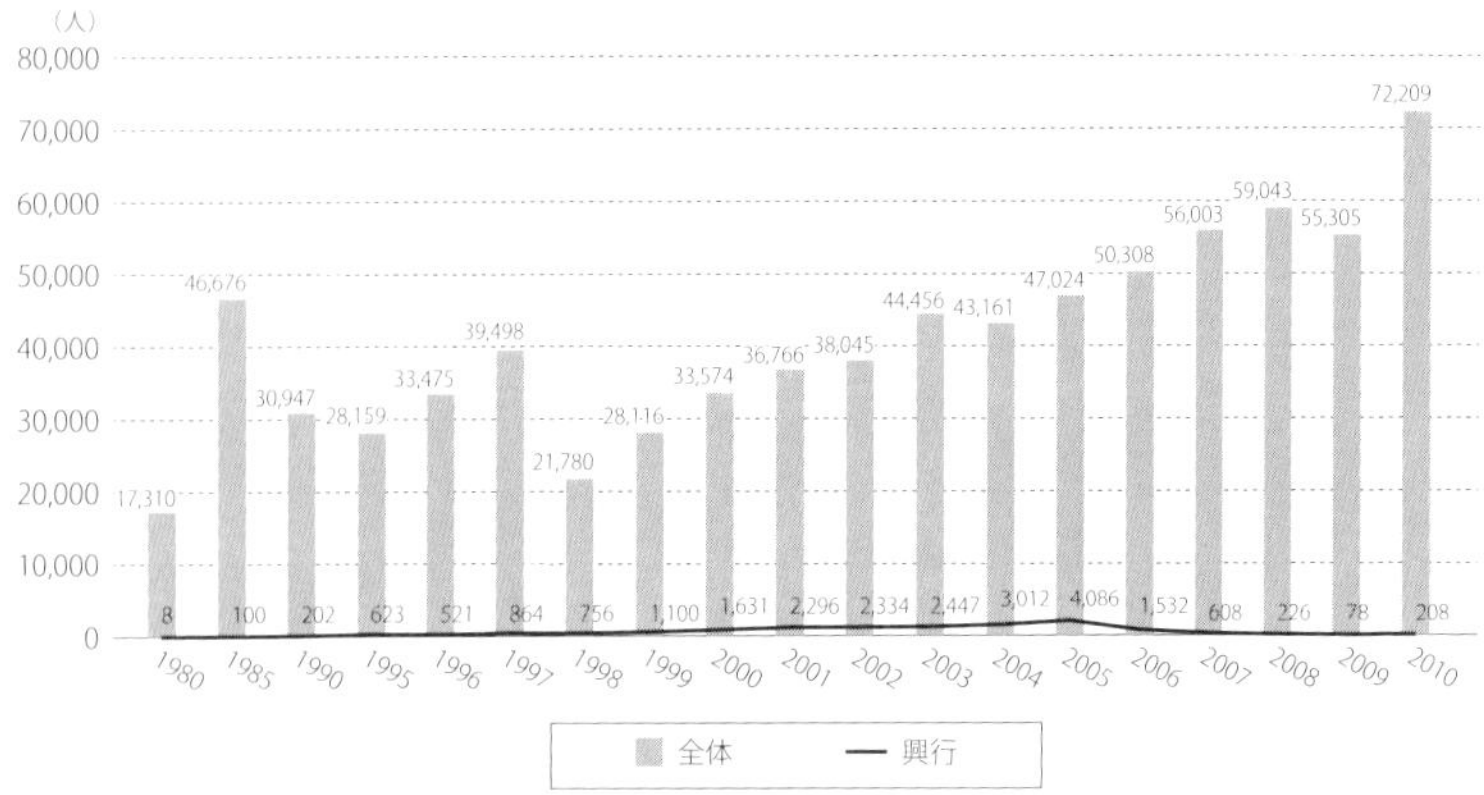

図２　新規入国インドネシア人に占める「興行」の割合
［出所：法務省「登録外国人統計」より筆者作成］

のインドネシア人女性移住労働者は、中東諸国やマレーシア、シンガポール、台湾、香港で家事労働もしくは介護に従事しており、雇用主家庭での暴力や虐待についても頻繁に報じられている。インドネシアでは、日本は比較的問題の少ない出稼ぎ先として認識されており、移住労働者保護に取り組む政府機関・市民団体とともに、日本を対象としてこなかった。日本国内の研究でも、技能実習生、EPA（経済連携協定に基づく）看護師・介護福祉士を対象とするものが中心となってきた。

2 エンターテイナーとして働く

（1）女性たちそれぞれの事情と選択

本来の意味でのエンターテイナーとしての経歴を有していたのがAさんだ。国立の芸術高校に通い、舞踊を専攻した。卒業前、送り出しエージェントが高校に来て、世界各地への派遣について説明した。ヨーロッパは2年と長期であることから、6ヵ月契約の日本を勧められたという。「日本に行けば専門を活かせると思った」

Bさんは、赤ん坊の時に父親が死去した。母親がゴレンガン（揚げ物）を売って生計を立てていたが、暮らしは困窮していた。Bさんが5歳の時、母親は再婚。しかし、市場で果物売りをする継父の収入では、生活はかつかつだった。日本で働いたことのある友人に、「歌と踊りの仕事」を紹介され、高校卒業後すぐに日本に出発した。家族を助けたかった。

Cさんの両親は、3軒の食堂で11人を雇用する経営者だった。さらに出稼ぎ労働者の送り出しにも携わっていた。しかし、友人にだまされて、資金を持ち逃げされてしまう。出発できなくなった出稼ぎ労働者候補に支払いもしなくてはならない。両親は店や資産をすべて売却、さらに借金を抱えることになった。友人から「興行」について教えられたCさんは、伝統的な踊りを披露するだけと聞き、両親の借金を返すために来日を決意した。

Dさんは1990年代半ばに来日した。「アジア経済危機（1997年）、スハルト退陣（1998年）後に日本に行く人が増えた」と語るDさんは、インドネシア人エンターテイナーの先駆けである。ホテルで働いていた時、友人の採用試験についていったのがきっかけだった。Dさんと友人はスーツを着て試験に臨んだ。「他の女性たちはガウンのようなものを着ているし、タバコを吸っているし、何の仕事なのかと奇妙に感じた」

採用試験ではなく、実はプロモーター（招聘業者）のオーディションだったのだが、合格したのはDさんだった。裁判所に勤めていた父親の赴任先だったバリに住んだことがあり、バリ舞踊ができるのが決め手だった。女性が夜に帰宅することすらタブーの時代である。父親は訪日経験があるから許可するだろうが、母親は許さないだろう。Dさんは躊躇したが、いとこに「日本で働けるチャンスはそうない。何かあった時のために、大使館の電話番号を控えておけばいい」と説得された。日本語を学べるかもしれないというのも、日本に行く理由になった。「結局、黙って日本に来たの。初めてのレバラン（断食月明け大祭）の時、日本に来たことを伝えたわ。許し合う時だから」。電話口で泣いた母親に、Dさんは今でも日本での仕事の内容を伝えていない。母親はレストランで働いていたと思っているという。

来日した時、既婚だったのがEさんとFさんだ。Eさんは、高校生の時に大学生と交際、妊娠して結婚した。夫は兄の建設業を手伝う程度で、定職に就いていなかった。「夫は先のことを考えない人。友達と遊んだり、酔っ払ったり、女遊びをしたり」。Eさんは、レストランや工場で働いたり、ゴルフのキャディをしたりしたが、子どもを育てるには十分ではない。すでにエンターテイナーとして来日していた妹に続くことにした。「興行」は、日本に行く近道だった。夫が娘2人の面倒をみることになった。

Fさんは、自動車メーカーで働く男性と結婚したが、夫は人員整理で解雇されてしまった。アジア経済危機の時期で、生活は苦しかった。子ども2人のため、日本で働くことを決意した。夫もFさんが日本に行くことに賛成した。まだ5歳にならない子どもは、妹に預けた。

(2) 女性たちが結ばされた雇用契約

様々な背景をもつインドネシア人女性だが、「興行」で来日にいたる経緯、そして就労する際の環境や条件はほぼ同じである。エージェントのあるジャカルタで、歌や踊りの練習、化粧の仕方、日本語の勉強をしながら、日本のプロモーターのオーディションを受ける。Aさんによれば、踊りや身長、顔を審査されたほか、日本語の歌もうまくなくてはいけないと言われたという。

オーディションに合格すると、インドネシアで6ヵ月の雇用契約が結ばれ、在留資格の申請手続きが行われる。その後、女性たちは、日本の地方都市へと出発した。店によって異なるが、就労時間は夜19～20時から未明3～4時までだった。

日本での月給は手取りで5万円。出発前に準備資金として1ヵ月分が支給され、残りの5ヵ月分は、帰国時ないし帰国後に支払われる。準備資金は、スーツケース、衣服、化粧品を購入するのにあてられる。Cさんはスーツを購入、日本に着いてから不思議がられ、そこで初めて仕事の内容を理解したという。Cさんは泣いて、帰国したいと思ったが、6ヵ月の契約だったため帰ることはできなかった。

月給5万円、しかも6ヵ月の契約が満了しない限り支払われないというのは、最低賃金法および労働基準法違反の疑いが強い。Dさんは、脱法行為を隠蔽するためか、雇用契約では月給20万円だったことを記憶していた。「航空券、日本語の勉強、在留資格の申請手続きなど費用がかかるでしょう。それが引かれるのよ」

しかし、インドネシア人技能実習生や特定技能労働者の相談を受けている筆者の経験から、月15万円が経費として控除されるのは法外に感じる。それでも、2004年のジャカルタの最低賃金である月67万1600ルピア（約9000円）（Badan Pusat Statistik n.d.）から考えると、月給5万円は女性たちにとっては魅力的だったのだろう。

さらに、雇用契約には罰金規定もあったようだ。契約後に本人が一方的に破棄した場合は1000万ルピア、理由もないのに問題を起こし、帰国を要求した場合は2000万ルピア、職場から逃げた場合は1500万ルピアと渡航手続き費用を支払うといった規定が確認されている（久保 2001: 6）。

毎月給料を支払われない女性たちは、日々の生活や仕送りのために、同伴料、指名料、ドリンクバック、そしてショータイムのチップなどを稼ぐほかない。DさんやFさんのように、1日500円の食費が週ごとに支払われていた女性もいる。Bさんが働いた店では、客がショータイムの時にダンサーや歌手に贈る花の売り上げを集め、頭割りして食事代にあてるシステムだった。

ノルマの有無や歩合は店によって異なる。Eさんにとって、最もつらかったのは営業電話だったという。営業が成功すると、1時間あたり1000円が収入になった。Fさんが働いた店では、ポイント制が適用された。同伴料、指名料、ドリンク・フード代で、客が1000円使うとFさんに1ポイントが加算される。三つすべてが月100ポイント以上にならないと、Fさんの収入はゼロだ。ムスリムで酒を飲まない女性たちは、ジュースや食べ物で、細々とドリンクバックを稼いだ。

行動の自由はあまりなかった。店との往復はもちろん食料の買い出しにも送迎がついた（Eさん）、外出禁止で買いものは交代で店のママと行った（Fさん）という。

（3）「夜の仕事」に涙する

これまで「夜の仕事」をした経験がなく、踊りや歌を披露すればいいと思っていた女性たちは、自身の仕事をどのように受け止めたのだろうか。

契約内容と異なるから帰国したいと申し出たのが、芸術高校卒のAさんだ。「踊りはかまいません。でも、客とどのように座るか命じるのは契約に合いません。わたしが来日したのはショーのためで、接待のためではないのです」。これを聞いた社長が激怒したため、Aさんは4ヵ月で帰国している。インドネシアでも「イスラームの砦の一つ」として知られる地域出身のAさんにとって、「夜の仕事」に就くことは恥ずかしいことだった。しかし、帰国後にいちばん上の姉が2人の子どもを残して死去し、姉の夫に稼ぎがなかったことから、Aさんはエンターテイナーとして再度来日することになった。

「過去のことは恥ずかしい。とくに子どもの友達の親には知られたくない」と語るのはGさんだ。エンターテイナーとして2回目の来日時に出会った日本人男性と結婚し、いまは介護職に就くGさんは、エンターテイナーとして働いていた過去をひた隠しにしている。「日本では夜働くことはふつうです。介護だって夜勤があります。でも、エンターテイナーというと、どうしても身を売っているイメージがあるのです」

来日して初めて仕事の内容を理解して泣いたCさんは、自身を触ろうとする客がいると、客をはたき、立ち上がって、カラオケやダンスに誘うことで回避した。「本当は悲しかった。泣いてばかりいた」。しかし、彼女はその客あしらいで、店のナンバー1にまでなったという。

　来日して泣いたのはBさんも同様だ。ブラジル人エンターテイナーがビキニで踊っているのを見て、衝撃を受けたためだ。ただインドネシア人の場合、スンダ（西ジャワ）舞踊やバリ舞踊だけを踊ればよく、また店のママに守ってもらったという。「男性たちはいい人だったけれども、お酒を飲んでいるから、礼儀正しくない行動に出ることもあるわ。あるときキッチンで泣いていたら、ママが触ろうとした男性に怒ってくれたの」

　Fさんの店はカウンター方式だった。女性たちはカウンターの中で、男性たちの隣に座る必要がない。客は、女性に触ってはいけないことになっていたという。Dさんも、日本は安全だと語る。「日本人客は酔っても触ってこなかった。乗ったタクシーの運転手に口説かれるマレーシアより安全よ」

「セクハラがあったかとの問いに答えるのは難しいわ。そういう仕事だとしか言いようがない」と、自身の当時の仕事を「冷静に」評価するEさんは、しばしば性交渉の誘いを受けたことを認めている。ただ夫がいる身、イスラームを信仰している身で、店以外で交渉をもつのは恐ろしく、一切拒否したという。

3　生活の安定と心の平安を求めて

（1）正規と非正規のはざまで

　エンターテイナーの女性たちは、仕事内容について十分な説明を受けていなかっただけでなく、「興行」で実質ホステスとしての仕事をする「不法就労」の状態に置かれた。ひとたび「正規」のルートから外れた女性たちは、さらに不安定な立場へ追いやられていった。

最初の来日で摘発されたのがDさんだ。収容された入管で初めて、「興行」で客の接待はできないことを認識したという。帰国直前で、すでに帰国便の手配も済んでいた。帰国時、インドネシアの入管にパスポートを切断された。しかし、英語を話せるDさんは、フィリピン人エンターテイナーとコミュニケーションをとれる貴重な存在だった。プロモーターは、Dさんにリーダーとして再来日するよう要請した。エージェントが手配したパスポートは別人名義のものだった。出発を中止したかったが、在留資格認定証明書が出ている段階での中止を、エージェントは許さなかった。

Dさんは、別人名義のパスポートで日本への出入国を繰り返した。「興行」での最後の来日となる2005年、友人が2007年から指紋採取がはじまると教えてくれた。2004年末に発表された「テロの未然防止に関する行動計画」に基づく措置である。過去に退去強制処分を受けた者のリストと照合されれば、次に来日しようとしても上陸を拒否されるだろう。Dさんは帰国便に乗らずに逃げ出し、オーバーステイになることを選択した。「父親が司法の人なのに、なぜ法律違反をするのか」。そう言って母親は泣いたという。

退去強制処分にならず、パスポートを切断されなかったとしても、帰国後の女性のパスポートを保管するエージェントもあった。両親の借金を返済する必要があったCさんは、妹とともに2回目の来日を目指すが、同伴しないとペナルティを科される以前の店では働きたくなかった。エージェントにパスポートを保管されており、新しいエージェントに相談したところ、やはり別人名義のパスポートが作られた。びっくりしたが、両親のことを考えて出発した。

この時Cさんは、後に結婚することになる男性と出会う。男性の両親にも紹介されたが、客である男性のプロポーズをそれほど真剣に受け止めたわけではなかった。しかし帰国したCさんを追って、男性がインドネシアに来たことから、インドネシアで結婚した。宗教省発行の婚姻証明には、夫はイスラームを信仰する日本国籍の男性と記されている。子どももできたが、男性は浮気を繰り返したうえ、音信不通になってしまった。

途方に暮れたCさんは、男性を探し、離婚の手続きを進めるため3回目の来日を決意した。最初のエージェントから本人名義のパスポートを取り戻し、来日時に知り合った男性と結婚した妹を訪問する目的で「短期滞在」の査証を取得した。日本の滞在費のため、前の店で働くことにした。しかし店が摘発され、Cさんは入管に収容される。結局男性を見つけることはできないまま、退去強制処分となった。

Cさんは、インドネシアで正式な婚姻手続きをとっていたが、日本では届出をしていなかった。インドネシアでは2006年に国籍法が改定されるまで、外国籍の父親とインドネシア国籍の母親のあいだの子どもは、インドネシア国籍を取得することができなかった。Cさんは、父親の名を出生証明書に記さないことで、子どもが無国籍になることを防いでいたが、いつか子どもに日本国籍を取得させたいと考えていた。しかし、のちに判明したのは、男性が在日コリアンだという事実だった。

インドネシアでのみ婚姻手続きがとられ、そのまま夫と連絡がとれなくなったという相談は決して少なくない。その一人がHさんだ。聞き取り調査をしたなかで唯一、ジャカルタにある日本人男性のための歓楽街ブロックMで働いた経験をもち、また「興行」で来日した経験がない。Hさんの父親は船員で、家を離れている時に、2人目の妻をつくった。母親は家政婦や洗濯婦をし、Hさんやその弟妹を育てたという。その母親がヘルメット工場で働いている時、休む時間もなく水を飲めなかったために腎臓結石を患ってしまう。透析が必要で、家財道具をすべて売らなくてはならなかった。

高校時代の友人の紹介で、1990年代初頭にブロックMで働きはじめた。レストランという話だったが、実際にはカラオケだった。日本人男性客の隣に座り、酒は飲めないのでコーラを飲み、一緒に歌を歌う。母親の治療のために売却したものをすべて取り戻し、家を建て、弟妹を学校に通わせることもできた。しかし、夜遅く帰宅するHさんを恥じた母親は、同じ家に住んではならないと泣いたという。

Hさんは、「夜の仕事をしている女性に対するような扱いをしないでくれた」大手メーカー駐在員と恋に落ちた。ホテルでの食事に誘われ、初めて酒を飲んだ。酔ったHさんはホテルに泊まり、初めて性交渉も経験した。男性はイスラームに入信、1990年代半ばには子どもも生まれた。しかし、夫は、日本に妻子を残してきていた。「子どもが日本国籍になるはずだということも、日本で婚姻手続きをしていないことも、何もわかっていなかった。本当にバカだった」。Hさんの存在が会社に知られ、夫は日本に戻された。子どもを日本に連れて行き、音信不通となった父親に会わせてあげたい――それがHさんの悲願となった。

(2)「興行」から「日配」へ

「興行」なのにホステスとして就労し、別人名義のパスポートで上陸し、店が摘発され入管に収容され、店から逃亡してオーバーステイになり、インドネシアでしか婚姻手続きを行わず……女性たちが陥った「非正規ループ」を断ち切る契機の一つが、日本人男性と結婚し、在留資格「日配」を取得することだった。

帰国直前に逃げ、オーバーステイになったDさんは、新しい店で出会った男性と結婚した。Dさんは、在留資格のためだけに、この男性と結婚するつもりはなかった。しかし、男性から「家を準備したら結婚してくれるか」と強く口説かれ、ついに結婚したという。以来、夫との関係は良好で、夫が定年退職したら、半分は日本、半分はインドネシアで暮らそうと話していた。「エンターテイナーとして初めて日本に来てから今まで、幸せな人生だったわ」。聞き取りの時にそう語ってくれたDさんの夫は2023年、まだ50歳台前半の若さで急死した。途上国の出身だから金目当てに違いない。「夜の仕事」だから不道徳に違いない。オーバーステイだから在留資格目当てに違いない。夫の遺産相続をめぐって、姑や小姑から向けられる不信の目に、Dさんは「差別」を感じて心を痛めている。

Eさんは4回目の来日直後、店の扱いに耐えられずに逃げ出した。頼った友人に離婚したばかりの男性を紹介され、結婚を決意する。しかしEさんは、インドネシアで娘2人の面倒をみる夫と離婚していなかった。オーバーステイになる前に帰国し、まずは離婚の手続きを進めたうえで、「短期滞在」で来日して日本で婚姻、その後インドネシアで婚姻した。2人の娘も日本に呼び寄せることができたEさんは、「いまの夫と出会えたことは、天の采配だった」と語る。

音信不通となった夫を探すために来日し、収容されたCさんは、収容中にプロポーズしてきた男性と結婚した。Cさんの2回目の来日時の客で、もともとCさんに思いを寄せていた男性だ。Cさんと音信不通の夫とのあいだの子どもを養子にするという男性の言葉に、Cさんは結婚を決めた。Cさんは退去強制処分になったため、日本に再入国するまで5年を要した。結婚生活は、順調ではなかった。離婚しようと思ったこともたびたびだった。しかし、子どもが父親のいない生活に戻ることを望まなかった。

最近になって、Cさんと夫の関係も変わりつつある。きっかけは、夫の父親の介護だ。関係が断絶していた夫の父親が突然やってきた。何日もお風呂に入っていないのか、身体は汚れ臭かった。Cさんは義父の世話だけでなく、年金はパチンコや女性につかい、借金を重ねる義父の財布の管理まで行った。時に血を吐き、糞便を垂れ流す義父の身体を洗うCさんに、夫は手を貸そうとしなかったが、結婚生活で一度も言ったことのない言葉をかけた。「ありがとう」と。

Hさんも、不思議な縁で「日配」として来日した。子どもを育てるため、再び働きはじめたブロックMの店に来たのが、いまの夫である。日本で知り合ったインドネシア人エンターテイナーと結婚するため、インドネシアまで来たのに拒否されたという男性は泥酔し、Hさんが介抱した。帰国した男性から突然、プロポーズの電話を受けたのは1ヵ月後だった。子どもを父親に会わせたいという思い、いつまでも「夜の仕事」はできないという思いが、Hさんに男性との結婚を決意させた。しかし、「寡黙で、気づかいのない人で、すべて自分でしなくてはならなかった」夫との生活で、Hさんが選んだのは、日本でも「夜の仕事」に就くことだった。店に行けば、インドネシア人の友人と会える。「寂しさをまぎらわすことができた」

長男を父親に会わせることは、結局かなわなかった。長男は弁護士を通じて手紙を数回送ったが、「時間が欲しい」と回答してきた前夫は、そのまま長男に会うことなく死去した。

(3) 困難を乗り越えて

「非正規ループ」を断ち切ることができた女性もいるが、「日配」が絶対的な解決を意味するわけではない。夫と子ども2人をインドネシアに残して来日したFさんは、帰国後に夫と離婚した。実は、帰国1ヵ月前に、客の男性からプロポーズされていた。冗談かと思っていたが、男性は本当にインドネシアにやってきた。Fさんは妊娠した。男性は何度かインドネシアに通ってきて、インドネシアと日本での婚姻手続きを済ませた。前夫との子どもを連れて、「日配」として来日したFさんを迎えたのは、夫がアル中だという現実だった。朝からビールを飲む、夜にはウイスキーをあおる。Fさんが出産したあとには暴力も振るうようになった。

ヤクザに借金したという夫のため、店で働いた。「日本語はまだできなかったし、日本で昼の仕事をしたこともなかったから」。どんな人であれ結婚したのだから、助けなくてはならないと考えていた。子ども3人は、夫が面倒をみるはずだった。しかし、夫はどこかへ出かけてしまい、実際には前夫とのあいだの子が弟の面倒をみていた。夫はさらに仕事を辞め、店を持ちたいと言いだした。しかし、その店の売り上げは夫が管理し、店で働いてくれた友人たちに給料を支払うこともできなかった。現金払いの客がいると、明細書を破って売り上げを隠し、友人たちに現金を渡した。この時の友人たちへの借金の返済に、Fさんは何年もかかったという。

もう限界だった。Fさんは子ども3人とインドネシアに逃げ帰った。「あとのことは、とにかくインドネシアで考えようと思ったの。まずは落ち着くのが大事だと」。日本人男性との子どもは日本の戸籍に入っていたが、父親の名前を記載しない出生証明書によって、当時は不可能だったインドネシア国籍を取得した。その後、Fさんは別の日本人男性と結婚、この子どもはインドネシアのパスポートで来日後、日本国籍に復籍している。

Gさんは2000年代半ばに、2回目の来日時に出会った男性と結婚した。男性は酒も飲まず、触ってもこなかったため、いい人だと思った。男性がインドネシアまで来て結婚し、「日配」で3回目の来日を果たした。イスラームに入信するのもかまわないと言っていた夫が、結婚数年後にイスラームを否定するようになった。結婚に疑念をもちはじめたGさんにとって大きな転機は、Gさんに理解と共感を示してくれた義理の父親が死去したことだった。

ヒダヤ（導き）を得たGさんは、アウラ（イスラーム法が定める、女性が隠すべきとされる身体の部位）を隠すことで自身を正したいと思うようになった。しかし、夫はGさんがジルバブ（ヴェール）を被ることを許さなかった。夫の姉にも、「イスラームはテロリスト」と言われた。家族で外出する時、Gさんは誘われず、自身の誕生日も一人で家に残されるようになった。Gさんの息子も、父親の言葉に影響され、ジルバブを被る母親を恥ずかしがるようになった。Gさんは結局、夫と離婚することを決意した。これからシングルマザーとして息子を育てていくことになる。

Aさんも2000年代半ばに、3回目の来日時に出会った男性と結婚した。他の女性たちと同様、Aさんの夫もインドネシアに来て、イスラームに入信した。「日配」として4回目の来日、子どもも生まれ、数年は順調な結婚生活を送っていた。しかし在留期限が近づいた頃、夫の事業が破綻してしまった。Aさんは家計を支えるため、望まない「夜の仕事」に戻った。夫は、店に出るAさんが浮気しているのではないかと疑うようになった。

働かない夫に、Aさんは離婚を申し立てた。夫は、子どもを連れ去ってしまう。離婚調停中だったAさんの「日配」の在留資格更新は認められなかった。オーバーステイになり、3ヵ月に1回入管に出頭しながら、Aさんは離婚を勝ち取った。しかし、オーバーステイだったAさんの親権は認められなかった。

離婚後、Aさんは日系インドネシア人男性と出会い、在東京インドネシア大使館で婚姻手続きを行った。しかし入管に収容され、退去強制処分を受ける。Aさんが上陸特別許可を得て再来日したのは3年後のことである。日系インドネシア人男性との子どもの育児が落ち着いた頃、前の夫との子どもの面会交流を申し立てた。「いまは理解できないかもしれない。でも母親が子どもを捨てたわけではないということを知っていてほしい」との思いだった。

202X年某日、Aさんと子どもは十数年を経て再会した。ぎこちない出会いではあったが、母子は新たなスタートを踏み出した。

おわりに

インドネシアの元エンターテイナー女性たちの語りは、プロの歌手やダンサーとして働けると説明されたのに、実際にはホステスとして働かされた被害者、もしくは家族を養うために出稼ぎを選択したたくましい女性、そのどちらのイメージにも収まりきらないものだった。女性たちには、それぞれの事情があり、望んだわけではない「夜の仕事」に涙しながらも、生活の安定と心の平安を求めて、常に何かを選択し、格闘していた。

ムスリム女性であることが、エンターテイナーとして働く女性たち（すべてではないが）の障壁になっていないことも興味深い点だ。酒を飲まない、客である男性との性交渉は結婚につながるもの（少なくとも恋愛感情の伴うもの）など、女性たちは信仰と折り合いをつけている。いっぽう男性客にとっては、イスラームに入信することが、女性たちと結婚する（時にはインドネシアでのみ婚姻手続きを行う）ための手段にすぎなかったことも指摘できるだろう。

いまは工員やホテルの清掃員として働き、もしくは専業主婦として暮らす女性たちは、エンターテイナーだった過去を恥じていなかったとしても、その経験について積極的に他者に伝えることはしない。しかし、日本で生活する元エンターテイナー女性たちは、言葉にしなくとも、同じ困難を乗り越えてきた仲間としてつながっており、日本のインドネシア人コミュニティの一つを形成している。そして仲間が苦境に立たされれば、ネットワークを総動員して、解決に向けた知識と経験を共有し合うのである。

コラム8

日本‐トルコ交流略史

三沢伸生

幕末・明治維新期

周知のように幕末・明治維新以前、日本とイスラーム世界はほとんど交流がなかったが、開国に伴い、長崎、神戸、横浜といった開港地に到来する外国人が次第に増えはじめ、その中には長期にわたって日本に暮らす者たちも現れた。

各種お雇い外国人、駐日外交官、一部の大商人などについては様々な史資料により日本における暮らしぶりを知ることは可能であるが、無名の外国人たちの足跡の全容をうかがい知ることは難しい。それゆえに日本に最初に暮らしはじめたムスリムについて、いつ、どこから、どのようにといった事情を知ることはできない。最近になってようやく諸史資料を渉猟・分析して、この時代のアラブ人をはじめムスリムたちの日本での暮らしぶりの痕跡につき、探索が試みだされている。

日本とオスマン帝国

日本とオスマン帝国との直接接触は、外務省所属の中井弘・渡邊洪基の1876年イスタンブル訪問、1878年にイスタンブルに入港を果たした軍艦清輝の艦長たる井上良馨中佐のスルタン謁見などに端を発するが、1881年の吉田正春使節団のイスタンブル訪問も国交を結ぶには至らなかった。事態を一変させたのは、オスマン帝国が1889年に日本に派遣した軍艦が、翌1890年、帰途に就いた早々に不慮の海難にあって約500名という犠牲者を出し、その後の日本による生存者送還までの顚末に至る「エルトゥールル号事件」である。従前まったく忘却されていたこの海難への興味関心が今世紀に入って日本で過熱し、史実考証を無視した美談化が著しい。海難前の日本の新聞によれば、同艦から逃散を試みた複数の乗組員がいる。またトルコの公文書館に保管されている文書には、海難から数年を経てオスマン帝国より日本政府に逃散した可能性が高い乗組員に関する照会・調査記録が存在する。断片的な史資料からは確たることは不明であるが、同艦の日本派遣を契機にトルコ人が日本に暮らしはじめた可能性がある。

しかし、この海難による両国における相互の関心喚起は短期間で失われた。その停滞を打破したのが日露戦争（1904〜1905年）である。世界中で日本の勝利に関心が高まり、他のムスリム同様にオスマン帝国の知識人や著述家たちが日本を旅行し、その滞在中の見聞を出版した。なかでも観戦武官として日本に派遣されたペルテブ・デミルトハン、シベリア出身のタタール人であるアブデュルレシト・イブラヒムの著作は、オスマン帝国の人々の日本への関心を再び高めた。

それでもこの時代、オスマン帝国に居住する日本人は、大阪の中村商店の支店関係者だけであり、一方で日本に居住したトルコ人については判然としていない。この事実が示すように両国の交流は限定的で、それゆえオスマン帝国が滅亡するまで、両国間に外交関係は樹立されなかった。

日本とトルコ共和国

オスマン帝国に代わって建国されたトルコ共和国において状況は一変する。直接的交戦は皆無であったといわれるが、協商国に属する日本と同盟国に属するオスマン帝国は第一次世界大戦において敵国関係にあり、その講和条約たるローザンヌ条約の締結・発効の1924年、日本とトルコとの間に外交関係が成立した。翌1925年にイスタンブルに日本大使館、東京にトルコ大使館が設けられ、外交官・駐在武官をはじめ両国間で人間の移動・滞在・居住が増加することとなった。この時期、日本はトルコを拠点に地中海世界との貿易振興を目指し、大物外交官の小幡酉吉を初代全権特命大使に任命し、1929年にイスタンブルに日本商品館を設立するなど積極的であったが、トルコ側の日本への関心は限定的であった。そのため日本に暮らすトルコ人の多くは、トルコ共和国からではなく、ロシア・ソ連のムスリム抑圧を嫌って満洲、朝鮮半島を経て移住してきたタタール人が多かった（第10章、コラム9参照）。1938年に東京に開堂した東京回教堂（東京モスク、現在の東京ジャーミイの前身）も、彼らと日本の大アジア主義活動家たちの共同事業であった。

第二次世界大戦後

戦争終結間際に中立を保っていたトルコは日本に宣戦布告し、両国の関係は第一次世界大戦の時と同じく、交戦なき敵国関係に陥った。そののち1951年に締結、翌年に発効したサンフランシスコ平和条約により両国の外交関係は正常化し、両国の大使館も再開した。日本の戦後復興さなかにおいては両国の交流は限定的であったが、1970年に経団連（経済団体連合会）がトルコに大型使節団を派遣し、大規模円借款が決定すると経済関係を基軸に両国の関係は大きく前進し、1983年に成立した祖国党トゥルグト・オザル政権は積極的に日本との交流を進め、ボスポラス海峡の第二大橋（ファーティフ・スルタン・メフメト橋）の建設を日本企業が受注するなど、両国の交流は極めて密なものになった。

この関係は政権交代を経ても継続され、21世紀に入り、2003年には「日本におけるトルコ年」、2010年には「トルコにおける日本年」が制定されるなど、官民あげてますます密な関係となり、現在に至っている。

第10章

「日本を懐かしむトルコ人」との邂逅

——日本人特派員が描いたイスタンブルのタタール移民

沼田彩誉子

はじめに

日本社会のマジョリティは、「日本のムスリム」をどう理解してきたのか。本章では、20世紀前半における「日本のムスリム」の代表的存在であったタタール移民と、彼らと1952年にトルコの地で邂逅した日本人特派員を取り上げる。特派員が彼自身のマジョリティ性の高さゆえに見落としたと思われる、タタール移民を取り巻く社会的状況について、現代的視点で捉え直すことで明らかにしていく。

ここでは日本社会において、自らの「日本人らしさ」を他者に問われることのない人びとと、こうした「日本人」から何者であるかを問われ続ける移民やその子孫という二者間の関係に着目し、前者をマジョリティ性の高い人びとと、後者をマイノリティ性の高い人びとと見なす。「日本人」イメージは、実際には常に変化しており、誰が語るかによっても様相が異なる（佐々木 2004: 219）。こうした曖昧で流動的であるはずの「日本人らしさ」に無自覚でいられることで、マジョリティは何を見落としてしまうのか。移民／

定住者、エスニシティ、ジェンダーという視座から、タタール移民が対峙した日本社会の構造を問うことで、個人の意思や行動とは異なる問題としての社会的立場の違いに目を向けていきたい。

1　タタール移民とは誰か

〔トルコ・イスタンブルには〕目下のところ純粋な意味での日本人は私一人であるらしい。しかしこの街にはまことに不思議な日本人たちがあるグループをなして住んでいる。〔略〕みんな日本人より日本語をうまくしゃべり、日本人より日本のことをよく知っている人達である。彼等の名刺には日本で生れ、日本で教育を受けたトルコ人と明かに書いてある。つまりその両親達が30年、40年と日本に住み、日本で商人として成功した人々のいわば2世であった。小学校も、中学も日本で学び、生き方も、感じ方も日本人として成長した人達である（佐藤 1952）。

1952年、朝日新聞特派員としてパリへ向かう途中、イスタンブルに立ち寄った洋画家の佐藤敬（1906-78）は、「古都で聞く『買物ブギ』〝故郷日本〟を懐しむ人々　トルコ紀行」と題する記事のなかで、以上のように書いている。彼が「不思議な日本人たち」と形容する人びとは、実のところトルコ共和国出身のトルコ人ではなく、ロシアのヴォルガ・ウラル地域を出身とするテュルク系ムスリム、現在の民族区分では、タタール人やバシキール（バシュコルト）人といった名称で呼ばれる人びとである。

彼らは今からおよそ100年前、1917年のロシア革命とその後の内戦や飢餓を主たる契機としてかの地を離れ、アジア進出を目指す戦前日本の「回教（イスラーム）工作」への利用価値を見出されたことで、日本や日本の支配下にあった満洲、朝鮮半島に渡った（三沢 2016: 343）。ほとんどが無国籍の難民という立場に立たされながらも、タタールという民族名のもとに集い、各地で生活基盤を築き、１９２０年代後半～50年代初頭には2世が誕生した。名刺に「日本で生れ」たと書いてあるのには、こうした歴史的経緯がある。タタール移民の人数を示す正確な資料はないが、戦前の東アジア全体で１０００人弱とみられている（三沢 2016: 343）。

佐藤がイスタンブルで彼らと出会ったように、多くは第二次世界大戦終結後トルコやアメリカへと渡り、居住先の国籍を取得した。なお、在日タタール移民に対しては、朝鮮戦争に参加したトルコ軍将兵が治療や休暇のために日本、とくに東京を訪れ、彼らと交流をもったことをきっかけに、日本にいながらにして１９５３年にトルコ国籍が付与されている（松長 2009: 59）。

以上のような経緯をたどった人びとを、本章では「タタール移民」と呼ぶ。現在の国籍に基づけば、彼らはタタール系トルコ人、タタール系アメリカ人、あるいは少数だがタタール系日本人である。しかし、国籍取得によって彼らがタタール人としての自己認識を放棄し、「トルコ人」や「アメリカ人」というナショナルなカテゴリーのみを選んだわけではない。

筆者が現地調査を行った２０１０年代には、アンカラ在住タタール移民の相互扶助組織「カザン文化・互助協会」設立50周年記念式典や年に一度のトルコ国内旅行において、２０２０年代に入ってからはコロナ禍で開始されたオンライン・ミーティングにおいて、2世・3世を中心にトルコ・アメリカ・カナダなどから参加者が見られた。こうした国境をまたいだ交流が維持される場面で、あるいは日常の小規模な集まりや筆者のインタビューにおいて、彼らはタタール人と自称した。自身や自身の親世代が東アジアを経由した記憶が互いをつなぐ紐帯の役割を果たし、「我々タタール人」としての同一性が、現在の居住地にかかわらず示されたのである。本章でタタール移民との表現を用いるのは、以上のように移動の経験こそが彼らの「我々意識」を支えている点を重視するためである。

2　トルコ人としての名乗り

一方、これまで述べてきたタタール移民の事情や、そもそものタタールという名称さえも、日本社会一般にはほとんど知られてこなかった。先に引用した新聞記事では、タタール人との表現は一切登場しない。書き手の佐藤にとって、彼らはトルコ人なのである。１９７９年に出版された自伝でも、佐藤はイスタンブル訪問に言及するなかで、「二人のトルコ人の友情」のおかげで、トルコ人の宗教や生活習慣に接近できたと述べている。そのうちの一人は、記事にも登場したタタール移民だと考えられる。以下の文章は、１９７８年５月の佐藤の死の直前である同年４月に書かれている。

> もう一人のトルコ人は神戸生まれ、神戸高商卒業の日本語は我々同様の青年で、夕食をこの家庭に招かれて驚いたのは、料理は全部日本食、それも素敵な関西料理で食器も見事でした。夫人も同様日本生まれでした。応接間の壁に大きな日の丸の国旗がさがっているのに一層驚きました。彼はもう日本人以上の日本人と云わなくてはなりません（佐藤 1979: 255）。

こうしたトルコ人との混同は、佐藤に限ったことではない。日本語で書かれた昭和期の文学作品等における、「作家その他の一般人」による在日外国人ムスリムの表象を考察した福田義昭は、タタール移民に対する日本人の誤解を2点挙げている。1点目は、容姿や生活形態によるロシア人との混同、2点目は、自称を含む呼称によるトルコ共和国人との混同である。トルコ人という呼称が、一般の日本人にトルコ共和国の領域を喚起することが、タタール移民の「出自やアイデンティティに曖昧さを与える要因になっていることが、文学作品などからも看取される」という(福田義昭 2020: 5, 75)。

では20世紀前半、トルコ国籍を取得する前のタタール移民は、なぜ一般の日本人に対してトルコ人と名乗ったのか。まずは福田が指摘するように、「アイデンティティ的に『トルコ人(テュルク)』でかまわないという立場」(福田義昭 2020: 75)が挙げられる。この立場に連なる分析として、タタール移民による戦前の東アジア各地での印刷活動やモスク建設に着目したメルトハン・デュンダルは、「トルコのパスポートを持たないトルコ人」だったタタール移民が抱えた問題は、1953年のトルコ国籍取得をもって解決し、「私はトルコ人だ」と自由に名乗れるようになったと述べている(Dündar 2014: 173-174)。

タタール移民のトルコ移住を、テュルク系ムスリムの国であるトルコへの親近感・共通性に基づくものと理解する態度は、先行研究で広く共有されている(他にも鴨澤 1983; 松長 2009 など)。筆者の調査でも、自己をトルコ人でもタタール人でもあると明示する語りや、初めて訪れるトルコへ「行く」ではなく「帰る」と表現する語りがみられた。一連の語りは、米軍関係者との結婚により渡米を選択した者などの例外を除いて、まずはトルコへの移住が第一選択となった戦後の東アジアからの移住傾向を、ある程度裏付けてもいる(沼田 2020)。

しかし、もう一つの側面も無視できない。それは、東アジアにおける名乗りについて、以下に示す2世の言葉に端的に表れる。

〔私たちは〕まあタタールでも、トルコって言ってましたから、当時は。タタールを知っている人っていうのは、日本じゃいなかったもん。〔略〕ターキッシュっちゅう、国籍は取ってないけども、聞かれたらトルコ人。まあトルコ系統だから、一応はね（2012年2月29日イスタンブルにてインタビュー、日本語）。

1927年に生まれたこの語り手は、日本の植民地支配下にあった京城（現ソウル）で幼少期と青年期を過ごし、東京での2年の滞在を経て、1950年、22～23歳の頃にトルコに移住した。彼はトルコでの生活に批判的で、イスタンブル到着時には薄暗い空港に「がっかりした」と語るなど、トルコ社会やトルコ人への否定的な心情がインタビューを通して見てとれた。同時に、トルコのすべてを否定するのではなく、タタール移民が話すタタール語に比して、トルコ語の語彙の方が豊かであると評価もする。また、「トルコ系統」（テュルク系）としてのタタール人とトルコ人の言語・宗教的な類似性を認め、それゆえ、東アジアにおいて認知度の低いタタール人ではなく、トルコ人だと答えることは、国籍を有さずとも妥当な選択だったと語っている（沼田 2020: 49, 54）。一連の語りは、他者への名乗りにおいて現実路線がとられた様子を浮かび上がらせ、タタール移民がテュルク系であるからといって、「アイデンティティ的に『トルコ人』でかまわないという立場」（福田義昭 2020: 75）を必ずしも積極的に選んではいない可能性を示している。

これは、単一の国民国家の枠組みに収まらない移動の経験をもち、それがゆえに、望むと望まざるとにかかわらず、支配的な国民像に一致しない人びとが選択可能な、一つの名乗り方といえる。こうしたある種の現実主義が必要となるのは、タタール移民の経験が例外であるためではない。本来、同質的な国民という幻想には回収不可能であるはずの個々人の移動を、マジョリティとして他者を定義する側に立つ定住者が、国民国家の枠組みの中に位置づけ直してきた結果である。日本人とタタール移民の間には、定義する側とされる側という非対称性が横たわっている。つまり、「移民は、しばしばナショナルあるいはエスニックなアイデンティティを問われるが、受入れ社会の人びとがアイデンティティを問われることはない」のである（伊豫谷 2014a: 14; 2014b: 305）。

一方的に何者であるかを問われ、タタール人と答えたところで、相手には伝わらない。であるならば、タタール人に比べれば、日本人から理解されやすいトルコ人と名乗ったとしても、タタール移民がトルコ人としての強いアイデンティティを有していると、即座に想定することはできないだろう。佐藤や文学作品等の記述におけるトルコ人との混同の背後には、名乗りをめぐってタタール移民を取り巻く力学が働いているのである。

3 「故郷日本」とトルコ移住

ここまで引用した佐藤の記述からわかるのは、彼が「日本人より日本語をうまくしゃべり、日本人より日本のことをよく知っている人達」であるタタール移民に感銘を受け、自伝でも「日本人以上の日本人と云わなくてはな」らないという文章を残すような、ある種の強い印象を抱き続けたことである。１９７０～８０年代のイスタンブルやアンカラでは、日本からの訪問者が、流暢な日本語を話し、日本を懐かしむタタール移民に出会うという出来事がしばしばあったが（松長 2009: 62; 福田義昭 2020: 57-58）、佐藤はそれよりも早く、１９５２年の時点で同様の経験をしていたことになる。

タタール移民の自宅に呼ばれた佐藤は、彼らが「故郷日本」を懐かしむ様子を、驚きをもって伝えている。「サロンにあるものはすべて日本のもので」「日本料理の腕前を見せるから」夕食まで滞在するよう請われ、「もう日本もそろそろ五月雨ですね」「漫画の『サザエさん』はまだ続いていますか」と尋ねられる。この一家との時間は、「言葉も、感じ方も関西のどこかの町にいるようであった」と（佐藤 1952）、異国の地にある佐藤が日本を想起するものとして描かれている。

この記事から60年が経った2010年代の筆者の調査でも、「懐かしさ」は健在であった。それは「できれば戻って、銭湯に行きたい」という帰還の望みとして、あるいはトルコという新たな地で生きるうえでの心の支えとなる幼少期の思い出として、さらには物心がつく前に離日しながら、母から学んだ巻きずしを、トルコを離れる筆者への餞別としてご馳走してくれるような食のあり方として、多様な形で表れるものだった。自宅には皿や人形など日本の品が飾られ、持参した当人の没後も子や孫が大切に保管している、という姿も珍しくなかった。また先述のように、東アジアを経由したこと自体がつながりを生み、その他のルートでトルコやアメリカに移住したタタール人と「我々タタール人」を区別する条件にもなっていた。

では、このように郷愁を覚える人びとは、なぜ離日したのか。その理由を佐藤は、「日本がいやになったわけではない。手続上のことで国籍の確認の必要から帰国したのだ」と説明する。そして、彼にイスタンブルを案内してくれた青年の父について、「日本に四十年も住んで、戦争中も日本人と一緒に協力してあの空襲にたえてきた人」なのだと（佐藤 1952）、日本人とタタール移民の和協を強調する。

しかし、ここで疑問が湧き起こる。21世紀を生きる私たちは、佐藤のこの記述を、額面通りに受け取ってよいのだろうか。タタール移民と日本人は、当時「一緒に協力し」たといえるような、対等な関係にあったのだろうか。国籍の「手続上のこと」とは何を意味するのだろうか。

国策である回教工作実施においては、当時子どもだった2世までも宣伝材料とし、日本の戦局が悪化すると東京から軽井沢へと強制疎開の措置をとったうえで自由な移動を禁じるなど、戦前の日本社会がタタール移民に示した態度を、なかったことにはできない。たとえば1938年発行『アサヒグラフ』には2世たちの写真が掲載され、日本の庇護のもと「トルコ回教徒の子弟」が「真の日本精神と文化を理解して他日、東洋に波打つ回教徒の指導者たらんと真摯な希望に燃えている」かのごとき演出がなされている(『アサヒグラフ』1938)。また筆者のインタビューでは、戦時中、「西洋的」外見から「スパイの子」と揶揄《やゆ》され、それまで付き合いのあった近隣住民からも恐れられた経験が語られた(沼田 2020: 67)。先行研究でも、戦中日本の学校で、「外国人に注意せよ」と教員から指差された経験に加え(デュンダル 2012: 224)、そうした扱いをしてきたことに対する日本人の側の「悔悟の念」が指摘されている(福田義昭 2020: 70)。佐藤が言うような戦時下の助け合いが仮になされたとしても、社会的立場が圧倒的に異なっていたことは看過できない。

さらに、佐藤が言うように、戦後国籍上の手続きの必要が生じたことは事実であるが、その背後には、ジェンダーやエスニシティによって生活が大きく左右される、日本社会のあり方そのものが関与している。在日タタール移民に対してトルコ国籍が付与される1953年まで、あるいは移住によってトルコやアメリカの国籍を取得するまで、そのほとんどは無国籍のままだった。戦前から日本人女性を母に、タタール移民男性を父にもつ子どもたちが誕生していたが、彼らの場合も、1984年まで続いた日本国籍取得における父系血統主義が障壁となった。たとえば、1941年に作成された「東京イスラム教団員名簿」(早稲田大学中央図書館特別資料室蔵『大日本回教協会寄託資料』)で「国別又は民族別」欄を確認すると、

「妻」の国籍が「日本国」の場合も、「戸主」のタタール移民男性および子どもたちは「無国籍、トルコタタル民族」として記載されていることがわかる。

また1950年に成立した国籍法は、単一民族論を根拠に「純血性」と「文化的同一性」を日本国籍保持者たる日本人の条件とし（佐々木 2004: 228）、タタール移民を包含するようなものではなかった。筆者のインタビューでは、国籍を持たない正体不明の存在として扱われた経験が語られた（沼田 2020: 81）。言語や宗教を近しくするトルコへの想いがあったとして、それまで約30年にわたって暮らしてきた日本社会という枠組みにおいては、権利の保障と難民状態からの脱却が実現しなかったという事実もまた、離日の背景にある。

タタール移民の国籍の取り扱いが浮かび上がらせるのは、日本人対タタール移民というエスニシティに基づく非対称性だけでなく、エスニック・マジョリティである日本人の間に存在するジェンダー格差である。萩原弘子が指摘するように、「ヒトはみな、たとえば性的、階級的、人種的といった諸要素にしたがって社会のどこかに位置づけられた存在」であり、「その位置によって、社会で生きていくうえでふるうことのできる決定権に大小があ」る（萩原 1997: 53）。ここでは、家族の中で日本国籍を有する者のジェンダーが、他の家族成員の国籍取得の可否を左右する事態を生み出したことがわかる。タタール移民が日本国籍取得を望んでいたか否かにかかわらず、そのような不平等があったという点を、社会的状況として無視できない。彼らの経験を、日本への懐かしさのみで理解しようとすることは、「個人の日常的経験」に影響を及ぼす「交差する権力関係」（コリンズ／ビルゲ 2021: 16）を見落とす危険をはらんでいる。

おわりに

日本人マジョリティである筆者（と、社会的立場を同じくする読者たち）は、70年前に書かれた記事を、どう読むことができるのだろうか。再び目を向けたいのが、佐藤が繰り返し「日本人より日本語がうまい」「日本人より日本人だ」と、タタール移民を称える表現の危うさである。ここでの筆者の主眼は、佐藤の個人的な意思や行動といった「アイデンティティの領域に属する問題」（池田 2016: 336）を問うことにない。佐藤は悪意をもって記述しているわけではなく、むしろ日本から遠く離れたトルコの地での邂逅に、感嘆する様子が伝わってくる。ただし、「この店はインド人、この店はギリシャ人、この店はアルメニア人とまるで人種の展覧会でもあるように、異様な人間がお客を待っている」（佐藤 1952）といった表現も用いられている点は指摘しておきたい。本章では、タタール移民に直接関連する部分に焦点を絞った。

改めて述べるが、佐藤はタタール移民との邂逅について好意的に記している。それでもなお、佐藤自身が述べるように、新聞特派員となる以外の「国外脱出の方法はなかった」（佐藤 1979: 254）時期にその機会を得たこと、そこで日本を懐かしむ人びとに出会い、「どうしたら一日も早く日本に帰れるか」（佐藤 1952）を佐藤に尋ねる家族もいるなかで、彼自身は帰国が可能であること、戦時中の経験や戦後の排他的な国籍制度に加え、日本人か否かが将来を左右する日本社会そのものが、トルコ移住と無関係ではないこと、そうした状況において「日本人以上の日本人」だと言えてしまえる佐藤とタタール移民には、社会的立場の違いがある。本章ではこの違いに、読者の目を向けようとした。つまり、他者との関係性において発話者が「はからずも占めてしまった位置」（岡 2000: 193-194、傍点原著者）が、発話という行為の結果として炙りだされるさまを、タタール移民が置かれた社会的状況を踏まえて示すことを試みたのである。

本章では、トルコ人としての名乗りや日本への郷愁を、タタール移民のアイデンティティと即座に結びつけることへの留保を提示した。タタール移民がたどってきた複数の場所に何らかの思い入れがあるとして、それを国民国家との結びつきというわかりやすい物語だけに回収する、あるいは無意識であれそのような物語を望んでしまいがちなマジョリティ側の価値観も、同時に問うべきではないか。タタール移民は一方的に受け身でいるわけではなく、日本、トルコ、あるいはタタールという要素のみに基づき自己を捉えているわけでもない。彼らが自らの経験をどう語るか、どう意味づけるかという点が重要であることは言うまでもない。一人ひとりの生のあり方に近づくため、マジョリティ側に立つ自己を省みながら、認識を更新していく。他者を描くということは、自らを描くことでもあるのだろう。

コラム 9

1920〜40年代の神戸のテュルク系ムスリムと教育活動

磯貝真澄

　貿易業を営む外国人が居住する港町として発展した神戸は、大正・昭和初期、とくに満洲や朝鮮半島、また東南アジアや南アジアなどとの往来の活発な街だった。ムスリムについては、英領インド人がめだつ存在だったが、ロシアから来た人びともコミュニティを形成した。ロシアからのムスリムはおそらく、ほぼすべてがヴォルガ・ウラル地域（ヴォルガ川中・下流域、ウラル山脈南麓）に出自をもつテュルク系である。来日したヴォルガ・ウラル地域のテュルク系ムスリムには少なくとも、自らを「タタール人」と認める者と、「バシュコルト（バシキール）人」を自認する者がいた。史資料で確かめることは難しいが、神戸のテュルク系ムスリムの多くは前者だったと推測できる。日本の行政当局は多くの場合、彼らを「タタール人」と総称した。

　1917年の十月革命後の旧ロシア帝国領は混乱していた。翌18年に内戦が勃発し、ヴォルガ・ウラル地域は激戦地となった。ムスリムの大多数が居住していた農村は第一次世界大戦で疲弊していたうえ、内戦とボリシェヴィキによる食糧徴発などで荒廃した。1921年には飢饉が発生し、大量の餓死者が出た。ヴォルガ・ウラル地域から来日したテュルク系ムスリムは、そうした故郷から政治的理由で、または単純に生きるために移住した人びとだと考えてよい。

　ロシアのテュルク系ムスリムは、1921年には神戸に来ていた。昭和初期の神戸のムスリム・コミュニティを研究した福田義昭（2008）によれば、1930年代から終戦までのタタール人口は最大でも200人弱だったと考えられる。現在も神戸の中央区中山手通にある神戸ムスリムモスク（以下、神戸モスク）は、1935年に在神ムスリムが中心となり自立的に建設した、日本で最初のモスクである。インド系ムスリムが計画を主導して資金の大部分を準備したが、ほとんどが洋服地の行商などで細々と暮らしていたロシア出身のテュルク系ムスリムも、参画して寄付金を集めた。神戸モスクのイマーム（礼拝導師）を務めたマディヤール・シャムグーニー（1874－1939）は、ロシアのウファ市近郊の農村出身のウラマー（イスラーム法学の専門家、学者）だった。彼は1919年に故郷を離れて満洲に移り住み、日本にも旅をした。上海でモスクのイマームを務めた後、1928年に来神した。

1927年、神戸のテュルク系ムスリムは「神戸トルコ・タタール協会」を設立し、子どもの教育をはじめた。シャムグーニーは教師を務めたらしい。ロシア帝政期のヴォルガ・ウラル地域にはモスクを中心とする「教区《マハッラ》」が設置され、イマームが儀礼の指導のみならず、教育も行っていた。1890年代からは「新方式《ウスーリ・ジャディード》」教育をめぐる論争と教育実践が続

1935 ～ 36 年頃の神戸ムスリムモスク
［出所：Kobe Muslim Mosque 1936］

シャムグーニー
［出所：Kobe Muslim Mosque 1936: 17］

けられていた。新方式教育は、従来のコーランやイスラームの基礎的教義を中心とする教育を改革し、母語であるテュルク諸語の読み書きを重視するとともに、算数、理科、地理、歴史などの教科も教えようとするものである。イマームたちは、改革に肯定的であれ否定的であれ、教育問題に敏感だった。シャムグーニーもその感覚をもっていたと考えられる。福田によれば、1930年には葺合区熊内橋通に礼拝施設があり、シャムグーニーはその「児童教育所」で教えていた。1934年、来日していた著名な民族主義活動家のアヤーズ・イスハーキー（1878—1954）が「イデル・ウラル・トルコ・タタール文化協会」を設立し、神戸トルコ・タタール協会はその神戸支部となった。イスハーキーの文化協会は初等教育を推進しようとしていた。神戸では、神戸モスクの隣に木造2階建ての学校を開設し、教育に一層注力するようになったと考えられる。

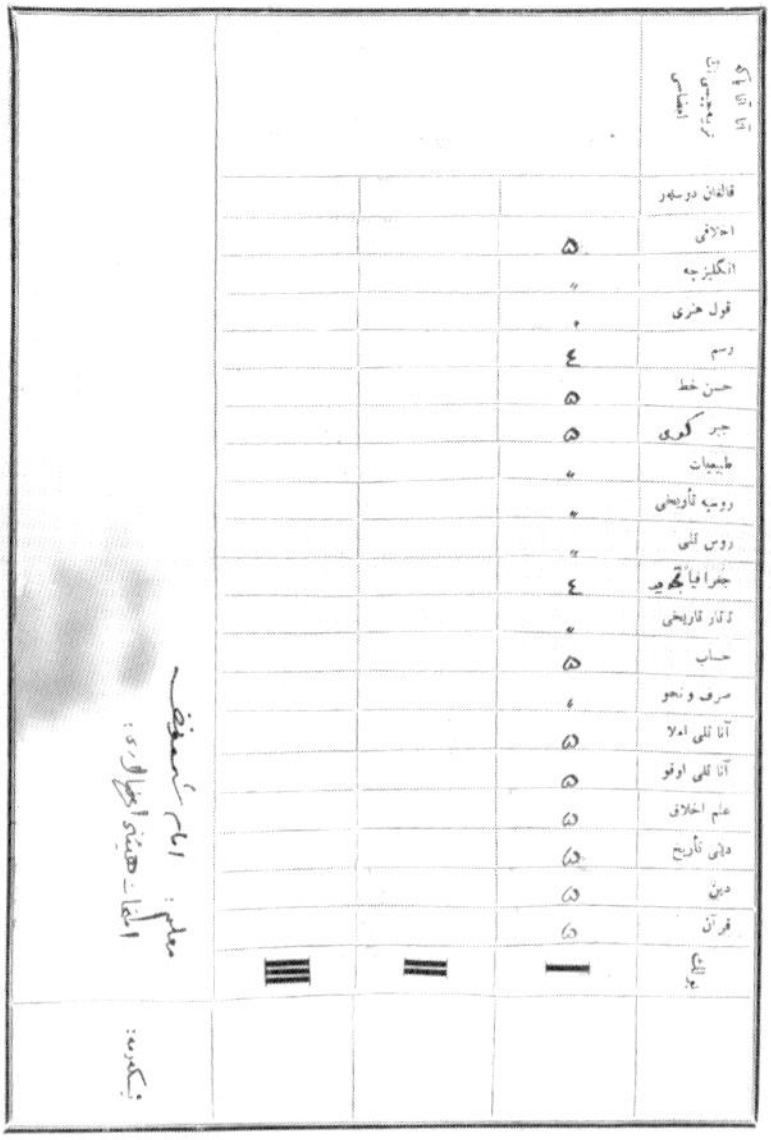

1931～32年の第三学年の女子の成績簿
［三沢伸生提供］

日本におけるテュルク系ムスリムの活動について、未発見の史資料を精力的に収集する三沢伸生は、1930〜40年代に神戸のテュルク系ムスリムが作成した成績簿を入手している。一つは1931〜32年の第三学年の女子のもので、シャムグーニーが教師として署名している。葺合区熊内橋通でのものだろう。教科には、コーラン、宗教、宗教史、道徳、母語の読み書き、算数、地理、図画などがある。「宗教」はもちろん、イスラームのことであり、「宗教史」はイスラーム史である。「母語」とは、母語であるテュルク諸語のいずれか（タタール語やバシュコルト語など、またそれらの言語に、帝政末期のロシアのテュルク系ムスリムが文章語として使っていたオスマン・トルコ語の要素を加えたものなど）を意味する。成績簿の様式は神戸の学校用に活版印刷されたものだが、印刷自体は東京回教印刷所で行われている。

三沢が入手した成績簿は他に2点あり、神戸の「イデル・ウラル・トルコ・タタール初等宗教・民族学校」で学んだ女子の、１９３７〜３８年の第六学年と、１９４０〜４１年の第五学年のものである。前者にはシャムグーニーの署名がある。教科名には、コーラン、ハディース、宗教、母語の読み書きと文法、宗教史、民族史、地理、理科、算数、日本語、英語、図画、裁縫、道徳などが見える。「民族史」では、ロシアのテュルク系ムスリムの歴史を教えたはずである。これらの教科は、帝政末期の多くの新方式学校で採用されていたものである。成績簿の様式はイスハーキーの「極東イデル・ウラル・トルコ・タタール」文化協会のものであり、奉天で印刷されたらしい。この成績簿から3学期制だったこともわかるが、日本語が教えられたこととあわせ、教育課程は帝国日本で活動するイスハーキーの文化協会の方針が反映されたものだろう。いずれにせよ、ロシア帝政末期のヴォルガ・ウラル地域で様々に実践された新方式教育は、女子教育の推進という理念も含め、昭和初期の神戸でも生き続けたといえる。

第Ⅲ部 受け入れと共生

第11章

保健医療分野におけるムスリム対応とモスクによる取り組み

細谷幸子

はじめに

これまで筆者は、看護師・保健師として働きながら、イラン・イスラーム共和国をフィールドとして医療福祉に関連した調査研究を行ってきた。2018年に、医療目的で訪日した外国人家族の支援をはじめたことがきっかけで、関東圏に居住する外国人、在留外国人を支援する団体や外国人コミュニティのリーダーなどから様々な相談を受けるようになった。現在も、医科大学の看護学部教員という立場をいかして、日本に住む外国人の受診時の通訳や受診同行、電話やSNSによる個別相談、地域の支援団体や医療機関とのミーティングなどを続けている。また、2021年から、国内のモスクを訪問し、保健医療に関連した取り組みについて聞き取りを行っている。

近年、保健・医療に関連した分野で、ムスリム・ムスリマ（本章では男女合わせて「ムスリム」と記する）の患者や母子への対応に関する情報を目にすることが増えている。ムスリムの診療に際し、場合によっては特定の食品や薬品を避けたり、同性の医療者が担当したりする必要があるため、ムスリムに対する配慮について、医療者の間で情報交換がなされている。医療者が参照する文献や情報リソースにおいて、ムスリムの患者や母子への対応に関する情報は、主に「保健医療機関における外国人対応」のトピックスの一つとして分類され、医師、看護師、助産師、保健師、栄養士、薬剤師など、各職種がそれぞれの立場で対応した事例や調査の報告が大多数を占める。

一方、国内に100ヵ所以上あるといわれているモスクでは、信者から寄せられる様々な疑問に答え、相談に乗るなどして、ムスリムが健康的な生活を送るための支援が行われている。そこで、この章では、日本に住むムスリムの保健医療分野における対応状況や課題に関する基本的な情報を提供するとともに、モスクでの取り組みやモスクに寄せられる相談等を紹介することで、医療者側とムスリム側双方の立場から保健医療の分野での対応や取り組みを概観したい。

なお、本章の記述は、筆者の経験とモスクで得た情報をもとに構成しているが、これらは調査研究を目的としてではなく、在日ムスリムの医療支援の一環として実践された。そのため、本章で扱う個別情報はあくまで守秘義務を超えない範囲に限定している。また、本章の内容は、保健医療分野でのムスリム対応や、日本に住むムスリムが直面している状況を一般化するものではないことを明記しておきたい。

1　保健医療分野のムスリム対応

(1) 外国人医療問題としての「ムスリム対応」

本章を書くにあたり、まず、日本の保健・医療分野における「ムスリム対応」について、書籍や論文、医療者向けの雑誌、省庁が発表している報告、看護学部の教材として使用されているＤＶＤ、医療者向けのセミナーや研究会、インターネット上の情報サイトなどを調べてみた。

そこでわかったのは、「ムスリム」として想定されているのは、旅行などで日本を訪れる訪日外国人や、中長期にわたり日本に住む在留外国人のムスリムということだ。日本には改宗した日本人のムスリムや、ムスリムの両親のもとに生まれ日本で育った2世ムスリムも住んでいる。しかし、彼（女）らは対象者として認識されていないようだ。ムスリムは「よそ者」だと思っている医療者がまだ多いのかもしれない。

医療機関において、とくに外国人のムスリムへの対応が注目されるようになった背景には、次のような社会的変化があった。一つは、この分野が医療ツーリズムの推進や、観光客誘致の国家戦略と関連して展開されるようになった点だ。２０１１年から始まった「医療滞在ビザ」の運用（外務省 2010）は、アジアの富裕層等を対象とした健診、治療等の医療および関連サービスを観光とも連携して促進していく国家戦略に基づいた施策だった。また、国の政策として、諸外国から受療や観光目的で訪日する外国人患者の受け入れ環境の整備が急務とされた。コロナ禍前の２０１７年には、総数約２８６９万人（国土交通省観光庁 2023）の訪日外国人旅行者のうち、マレーシアから約44万人、インドネシアから約35万人と、ムスリムの多い東南アジアの国々からの訪日外国人旅行者が急増していた（観光戦略実行促進タスクフォース 2018）。こうした状況の中、医療関係者も訪日ムスリムへの対応に関心を寄せるようになった。

もう一つは、日本に住む外国人ムスリムが増加し、医療機関等での対応時に特別な配慮が必要だとする認識が広がった点が挙げられる。報道によると、日本で暮らすムスリムは、２００５年に報告されていた約11万人から、２０２０年末には約23万人へと倍増した（大滝・高井 2023）。そのうち、日本人や永住権をもつムスリムの数も約４万７０００人に増加したと推計されているが、依然として日本に住むムスリムの約8割は日本国籍や永住権を持たない外国人ムスリムである。在留外国人ムスリムは、日本人ムスリムや外国ルーツの2世ムスリムと比較して、日本語運用能力や日本文化への適応度においてハンディが大きい。そのため、外国人ムスリムへの対応が「特別に配慮を要する事例」と捉えられるようになったと考えられる。

(2)「外国人対応」として取り上げられている論点

それでは、ムスリムに限らず、医療機関における外国人への対応として、どのような論点が取り上げられているのだろうか。扱われていた多様なトピックスを整理し、**表1**に示した。

表1にみる様々な論点の中で、とくに解決すべき課題が多いと注目されているのは、多言語対応と医療費の保障だろう。日本病院会が2015年に同会加盟病院669施設に対して実施した外国人受け入れの実態調査によると(日本病院会国際医療推進委員会 2015: 11)、外国人患者を受け入れた経験があると答えた施設は78・6%に上っていた。同調査で外国人患者受け入れに伴う主な課題・問題点として挙げられていたのは、言語・会話(多言語対応)が95・6%、医療通訳の提供体制が44・6%で、言語コミュニケーションの問題が最も多かった。続いて、治療費の不払いが43・7%、生活習慣の違いが32・1%となっていた。一方で、宗教(イスラームに限らない)の違いは19・5%にとどまっていた。

(3)「ムスリム対応」として取り上げられている論点

保健・医療分野におけるムスリム対応は、上記のような多岐にわたる外国人医療に関連した話題の下位分類に含まれ、対応した患者のケーススタディのような形式で情報が提示されていることが多かった。つ

表1　保健医療分野における外国人対応として取り上げられている論点

• コミュニケーションの問題	翻訳や医療通訳の依頼、医療通訳者の教育や通訳費用負担、症状の表現など言語文化的差異による誤解に関する話題
• 出身国の保健医療制度や文化、疾病構造や選択される治療の違いで起こる問題	予防接種の種類や医療習慣、症状から推測すべき疾患、精神疾患や外科手術として患者が想定する治療、医療者－患者関係など、日本の常識との違いに関する話題
• 医療費支払いの問題	旅行者や短期滞在者、非正規滞在者の無保険、自費診療の医療費支払い・未払いの問題に関する話題
• 在留資格の問題	観光、留学、就労、難民申請、受療など、滞在の目的や期間、在留資格によって医療保険の加入状況や医療サービスの提供で配慮すべき点が異なることに関する話題
• 文化・宗教の違い	触れてはいけない身体の部分、身につけているもの（護符や入れ墨など）、民間療法、食事習慣や禁忌とする食物、出産・子育ての風習など、文化的規範や信仰に関する話題
• 患者の国際移動	帰国時の準備や重症者の母国への搬送に関する話題
• 死後の対応と埋葬	宗教による違い、遺体の母国への運送に関する話題
• 感染症対策	多言語対応による疫学調査（感染症が発生した集団の全体像や病気の特徴、患者が接触した人、物や行動履歴などを調べることで感染拡大を予防するための調査）や、治療・予防対策の説明と同意に関する話題
• 災害時医療	多言語による情報提供や避難所での対応などの話題
• 法的・倫理的問題	限られた医療資源の分配（たとえばCOVID-19ワクチン）、医療費未払いや医事紛争に対する法的整備、医師の応召義務などに関する話題

まり、ムスリムの患者が来た場合にとるべき対策を示すような内容である。具体的には、病院食での配慮、女性患者に対する配慮、礼拝と礼拝前のお清めの場所や時間の確保、断食、医薬品の選択、死後の処置と埋葬、男児の割礼などの情報が扱われていた。

こうした情報の多数を占めていたのは、非ムスリムの医療者がムスリム対応を記述したものだった。それぞれの患者の出身国の文化について、あるいはイスラームについて、詳しい知識がある医療者ばかりではないので、明らかに間違い、あるいは勘違いと思われる情報が含まれているものもあった。また、イスラームと関係のないこと、たとえば出身国の文化や医療制度との違いで起こる問題が、「ムスリム対応事例」の中に記述されていることもあった。さらに、イスラームで奨励されていること、たとえば子を産み育てることなどが一般化されて、あたかもすべてのムスリムに当てはまるような知識として紹介されている記述も少なくなかった。

イスラームという同じ宗教を信仰している人でも、一人ひとりの食事や生活習慣は異なる。この点を重視し、豊富な具体例を挙げながら、画一的な対応ではなく「患者自身に訊く」ことの重要性が理解できるような内容の報告や論考もあった（たとえば、二見 2019）。しかし、保健・医療分野におけるムスリム対応に関する文献や資料では、ムスリムの多様性について十分に配慮された内容を見つけることが難しかった。

もちろん、人それぞれといっても、日本に住むすべてのムスリムの意見を列挙するのは不可能である。それに、医療者はあくまで医療の実践者であって、文化や宗教の専門家ではないので、それぞれのムスリムが育った文化・社会的背景まで考慮するのは難しい。ただ、医療者視点の議論には盲点もあることを知っておく必要があるだろう。たとえば、医療は生死に直結する事柄を扱い、侵襲的治療を行う場合もあるため、リスク管理の観点から、トラブルの原因になりそうな事象を避けるための方策をマニュアル的に示すことに関心が向きがちである。それゆえ、少数の極端な事例がムスリムの代表のように扱われかねない。逆に、ヴェールを着用しておらず、あえてムスリムだと申告せずに、食事も「ムスリム対応」ではなく「ベジタリアン対応」として入院生活を送ったようなムスリムもいると思われるが、彼らは「高リスク」と判断されなかったために、保健医療分野の報告には登場してこなかった可能性もある。

2　モスクでの聞き取り調査から

外国人「ムスリム」というカテゴリーで一括りにしがちであるが、そこに含まれるのは、出身国も宗派も成育環境も、社会階層も在留資格もまったく異なる人たちである。食事や生活習慣も考え方も違う。ハラールの食事や異性間接触の回避にしても、どこまで厳密に守ろうとするかは、人によって大きく異なっている。在留外国人か訪日外国人かでも状況は異なる。一人ひとり信仰の深さも違う。

日本で生まれ育ったムスリムでも、結婚によってムスリムになった人、本人の意思で改宗した人、ムスリムの親の元に生まれた人など、様々な属性を持っており、宗教に対する態度も個々人で異なる。また、一人のムスリムも、ライフコースによって、あるいは病気や怪我の深刻さによって、宗教に対する向き合い方が変化することもあるだろう。さらにいえば、日本には「正統なイスラームではない」と多数派のムスリムから迫害されている異端・少数派のムスリムも生活している。

イスラームは家庭で日常生活を営みながら戒律を守る宗教なので、一般のムスリムはイスラームの戒律のすべてに詳しいわけではない。信者が判断に迷った場合、イスラーム法学者が出すファトワー（信者の指針となる法的見解）が参照される。医療に関連したファトワーも多数ある。宗派によって、あるいは法学者によって見解が異なることもあるので、何が正解かを示すことは難しい。しかし、共通する重要な見解がある。それは、他に選択肢がない場合や緊急性が高い場合は人命救助が優先されるということだ。何がなんでも、ハラールでない医薬品や異性間接触を回避するという規範の遵守が求められるというわけではない。したがって、日本に住むムスリムの多くは、日本の医療機関において現実的に可能な選択をしていると考えられる。

以下では、ムスリムが日本社会の状況に合わせて柔軟な対応をしている様子が見えるように、医療者視点からではなく、筆者が国内で訪問したいくつかのモスクが行っている保健医療に関連した取り組みや信者からの相談事への対応、個別支援について紹介したい。筆者が受けた相談、受診同行時の状況なども踏まえながら、筆者がモスクで聞き取りで得た情報を、新型コロナウイルス感染拡大後の状況も含めて記述する。

日本に住むムスリムの中にはモスクとかかわりなく生活している人たちも多く、そうした人々の状況を知るには、また別のアプローチが必要だろう。また、筆者は日本にあるすべてのモスクを訪問したわけではなく、ここで触れる情報で日本に住むムスリムの状況を一般化することはできない。しかしムスリムの視点から日本の保健・医療の課題がどのように捉えられているのか、その概要を知るには一定の意義があるだろう。

(1) モスクでの礼拝——感染予防対策など

新型コロナウイルスの感染拡大の初期には、韓国やイランの宗教施設でクラスターが出たという報道があり、日本でも、信者が集まって礼拝をするモスクもクラスターを起こしやすい環境だとされた。そのため、しばらくの間は閉鎖していたモスクが多かった。一方、モスクは信者からの喜捨を集め、その金品で生活に困っている信者を支援するという機能も有している。突然の失業や減収に直面した信者が助けを求められるように、オフィシャルには広報せずに、モスクを閉鎖しない方針をとっていたところもある。

モスク内での感染対策については、モスクによって見解が異なっていたようだ。マスク着用を拒む信者の出入りを許容していたところもあったが、大多数はルールを決め、信者の感染予防に力を入れて集団礼拝を行っていた。具体的には、礼拝時に信者同士が並ぶ際にとる間隔を広くして人数制限をし、入口に体温測定器を設置し、手指消毒とマスク着用を課すなどの対策をしていた。手指消毒用のスプレーやジェルは「禁じられたもの」(ハラーム)とされるアルコール成分を含む製品だったが、パンデミックという緊急事態だったので、多くの場合、問題視されなかったようだ。

（2）食事——医療機関に対するハラール食の紹介や、病院食の対応など

現在、入院設備がある医療機関の多くでは、アレルギーがある入院患者向けに調理器具を別にして病院食を準備することが一般的になっている。したがって、こうした設備がある病院等では、ムスリム向けに「禁じられたもの」とされる豚肉やアルコールを除いた代替病院食を準備することは可能だと思われる。モスクには、地域の病院やクリニックからハラール食についての問い合わせが入ることがある。逆に、患者とその家族に入院時の食事についてアドバイスをすることも少なくないようだ。

イスラームでは、ハラール食品が入手できない環境にある場合は、ハラールではない食品を食べることを許容している。そのため、食事についてどこまでこだわるかに関しては、個人差が大きい。豚肉を避けるだけでなく、ハラールに適した屠殺法で屠られていない鶏肉や牛肉、ラム肉も食さない、フライパンや食器も共有しないでほしいと希望する人もいれば、豚肉さえ避けてくれれば他は気にしないという人もいる。

日本人の改宗ムスリムは、食事に関する希望を日本語で伝えられるだけでなく、日本食に慣れているため、入院時の食事に関して大きな困難を感じる人は少ないかもしれない。しかし、外国人ムスリムは自国ではハラール食が出てくることが当たり前の環境にあるので、何を除外してほしいかを具体的に日本語で説明するのが困難なことがある。また、せっかく病院側がハラール対応食を提供しても、肉の代わりに出される煮魚などの味や匂い、食感に親しみがなく、食べられないこともある。

新型コロナウイルス感染拡大の状況下では、ホテルや自宅で隔離期間を過ごさなければならないムスリムも多かった。ホテルで提供される弁当や、自治体が配布していた食品はハラール対応ではなかったので、

感染による体調不良よりも、隔離期間中に食べられるものがなくて大変だったと話す人もいた。こうしたなか、あるモスクでは感染して自宅療養をしている信者のために買い物をして食料品などを届けていた。信者だけでなく、近隣の自宅療養中の非ムスリム住民からも希望を聞き、買い物支援を行うことで、地域貢献をしていたモスクもあった。

(3) 女性患者に対する配慮——女性の医師や看護師による対応の必要性など

ムスリムの女性は家族以外の異性の前で身体と髪を隠さなければならない。そのため、女性患者が女性の医師の診療を希望することがある。とくに、来日して間もない場合は、母国で男性医師の診察を受けた経験がないために、〈女性が男性医師の診察を受けること〉に強い抵抗を感じてもおかしくない。

一方、日本には女性医師が少ないという構造的問題があり、女性医師の診察のみを希望する患者のニーズを満たせる環境は整っていない。医師は「応召義務」を負うことが法律で定められている。すなわち、診療に従事する医師・歯科医師は、診察治療の求めがあった場合、正当な事由がなければ診療を拒んではならない。外国人患者に対しても応召義務が適用され、患者の人種・国籍等を理由に診療拒否をしてはならない。ただし、文化や言語の違い等により、「診療行為そのものが著しく困難であるといった事情が認められる場合には」この限りではないとされる(厚生労働省 2019)。これを根拠に、女性医師がいつも対応できるとは限らず、診療行為が困難だという理由で、ムスリムの女性が病院側から他院の受診を勧められる(つまり受診を断られる)ことがある。

同じムスリムでも、患者によっては、内診や経膣分娩は女性の医師・助産師・看護師が対応してくれなければ困るが、帝王切開の手術は男性の医師でもかまわないという人、女性の身体のプライベートな部分の露出を伴わない診療科なら男性医師で問題ないという人もいる。逆に、すべて女性の医師・看護師・スタッフでないと困るという女性もいるし、ごくまれにではあるが男性医師が対応したとして夫が抗議をしてくることもある。

こういった事情もあり、産婦人科に女性医師がいる病院やクリニックに関する情報は、信者同士のネットワークで共有されているようだ。筆者が話を聞いたモスクのいくつかは、女性医師がいる病院に多数の患者が押しかけて病院を困らせてしまわないよう、配慮しながら信者に情報提供をしていた。

(4) 礼拝とお清め――病院内での場所や時間の確保と配慮

義務行為の日々の礼拝は、一畳程度のスペースがあれば可能で、実施する時間に幅があるので、必ずしも診療や検査の妨げになるわけではない。身体動作を伴う日々の礼拝とは別に、クルアーンの一節や預言者とその一門の名、祈禱文を繰り返し唱えるなどの祈りもある。祈りは病からの回復や、心の安寧に効能があるといわれているので、入院中など、自身の病状や予後について不安が大きいときほど必要になるものだろう。モスクのイマーム(導師)が病院を訪問し、病棟の外で患者と会い、回復を祈って詠むこともあるそうだ。

大部屋に入院中のムスリムの患者が深夜や早朝にぶつぶつ言う声がうるさいと同室患者からクレームが入り、個室に移されたという話は、ムスリム・コミュニティで時々耳にするところである。礼拝中だったか、あるいは祈禱を唱えていたのかもしれない。しかし、人がいて迷惑になりそうなときは声を出さずに行えばいいので、これもイスラームの問題というより、患者が日本の文化や入院生活について知らない、あるいは日本人が日常的な宗教実践をする外国人を見ることに慣れていないところに原因があるかもしれない。

礼拝前のお清めで手洗い場が濡れたという苦情も、医療者からよく聞いていた。だが、最近は、医療者の間でもムスリムが一日5回の礼拝をすること、礼拝前に水でお清めをすることについて情報共有がされるようになったのだろう、病室の手洗い場ではなく病棟内の浴室等でお清めを行い、礼拝は病室とは別のスペースで行うよう、患者の入院時に案内がなされることも増えているようだ。

(5) 断食——断食中の服薬や注射、患者や妊婦が断食をする場合の対応など

ラマダーン月に行う断食は、日の出から日没まで一切の飲食を避けることが求められるため、食事や服薬が可能な時間帯が限られる。妊娠中や病をもつ人は断食をする必要がなく、別の機会に代替の断食をすることもできる。この状況で断食をしないムスリムもいるし、断食をしたいと望む人もいる。糖尿病の患者や妊婦などが断食をすることが身体に与える影響に関しては、医学論文も多数出版されている。中にはそうした情報を礼拝前の説教で話すイマームもいる。

新型コロナウイルスに関連したところでは、モスクのイマームが、断食中でも新型コロナウイルスのワクチン接種を行ってよいというファトワーを発行し、信者に情報提供していたところもあった。

(6) 医薬品の選択——豚由来成分・アルコールを含む医薬品や血液製剤の使用に関する情報など

モスクのイマームのところには、信者から医薬品がハラールかどうかの問い合わせが入ることがある。多くの場合、代替薬品がなく、使用が避けられない豚由来成分・アルコールを含む医薬品は「禁じられたもの」とはされないと伝えれば、解決するようだ。乳幼児の予防接種に使われている各種ワクチン、新型

コロナウイルスや肺炎球菌のワクチン接種に関しても、多数派は問題ないとしている。イスラームでは、医薬品や食品のハラール性を問うより、信徒の命を守ることが優先される。

なお、食べた食品や使用した医薬品にハラールではない物質が含まれていたとしても、当人が知らなかったのであれば問題がない。医療者の中には、ムスリム対応を、微量のアレルギー物質が含まれていただけで命にかかわるアレルギー対応のように捉え、使用する医薬品に何が含まれているかすべて確認しなければならないと神経質に考えてしまう人もいるようだ。しかし、医薬品は様々な過程を経て加工され、製造されるので、すべてのハラール性を一医療者が確認するのは不可能である（中田 2020）。また、医療者がよかれと思って豚由来成分を含む薬品について情報を提供しても、代替薬品がなく、知ったからといって何もできることがないのなら、ムスリム本人の心に罪悪感だけが残るという場合もある。それはむしろありがた迷惑の情報提供になりかねない。

新型コロナウイルスに関連したところでは、たとえば、大阪茨木モスクのイマームは、新型コロナウイルスのワクチンはハラールである、手指のアルコール消毒も問題ないというファトワーを口頭で出していた。外国人ムスリムの中には、ワクチン接種に関して自国の報道や外国に住む親族・友人間の情報交換をもとに判断をしている人たちもいて、情報が錯綜しており、信者からの問い合わせを受けての対応だった。

一方、海老名モスク（神奈川県）や大阪イスラミックセンターは、自治体や民間のクリニックと協力し、新型コロナウイルスのワクチン接種会場として場所を開放していた。モスクでのワクチン接種の際は、多言語通訳が提供されたため、普段モスクに通ってきている信者や近くに住む非ムスリムの日本人だけでなく、他県に住むムスリムや非ムスリムの外国人も集まったという（小谷ほか 2022; 桂 2021a）。

(7) 死後のお清めと埋葬——土葬できる墓地の情報や意思表明など

ムスリムの遺体は同性のムスリムによって決まった手順で洗い清められ、土葬されなければならない。火葬は禁じられている(コラム11参照)。一般的には、病院で患者が死亡すると、葬儀社に引き渡される前に、病棟で働く看護師が遺体から点滴等の管を抜き、消毒液や血液、排泄物等を取り除き、目や口を閉じるなどの簡単な死後のケアを行う。親族や友人がいないムスリムが死去した場合、病院側が死後のケアの判断に迷って、モスクに問い合わせをしてくることもあるようだ。

いくつかのモスクは、埋葬前に遺体を水で洗って清めることができる設備・スペースや墓地を持っていて、出身国や宗派にかかわらず、死後のお清めと埋葬の対応をしている。地域の葬儀会社が湯灌洗体室を使用させてくれ、遠方のムスリム墓地まで霊柩車を出してくれる(有料)という話も聞いた。また、モスクの担当者が、自国に遺体を輸送する手続きのために、大使館とやりとりすることや、モスクに集められた喜捨で埋葬の費用を負担することもある。

新型コロナウイルスの感染が拡大し、各国で死者が出たと報道された際には、日本に住むムスリムの間で死後の処置と埋葬に関して不安が広がった。急な呼吸困難等で意識を失って病院に運ばれた場合、自分がムスリムであることを医療者に伝えられないまま死亡してしまい、ややもすると火葬されてしまうかもしれない。そのような信者の不安を受け、モスクでは、日本語で記載された葬儀と埋葬に関する意思表明の書式を信者に紹介し、もしもの時のために信者自身が準備できるように支援していた(図1)。同様の取り組みはいくつかのモスクでみられる。大阪茨木モスクでは「遺言書」に埋葬と葬儀に関する希望を記載する形式をとっている。東京の大塚モスクでは携帯用「ムスリムカード」を発行している。

（8）割礼

男児の割礼は義務行為ないし推奨行為とされ、イスラーム圏で広く行われている。日本にもムスリムの男児の割礼を実施してくれる病院がある。日本で手術をする場合は、医学的必要性がないという理由で自費診療になり、かつ手術可能な年齢を限定している医療機関が多い。そのため、自国に帰省した際に、あ

Masjid Nagoya
ISLAMIC CENTER OF NAGOYA
(Religious organization No 1899-05-005501)
26-7 Honjindori 2 Chome, Nakamura-ku,
Nagoya-shi, Aichi, Japan 453-0011

宗教法人名古屋イスラミックセンター
名古屋モスク　（登録番号 1899-05-005501）
Tel +81-52-486-2380　Fax +81-52-486-2381
E-mail info@nagoyamosque.com

Date__________　　Serial No.__________

STATEMENT REGARDING BURIAL
埋葬に関する意思表明

I, the undersigned, declare my wish for my funeral and burial to be done according to Islamic teachings and I put Nagoya Islamic Center to be solely in charge of making sure this happens.
私の死後は、イスラームの教えに従った葬儀と埋葬が行われることを希望し、
その執行をすべて宗教法人名古屋イスラミックセンターに一任することとし、ここに署名します。

Date of Signature
署名日 __________
Signature
署名 __________ 印

意思表明者の詳細

Name
氏名 __________
Muslim Name
ムスリム名 __________
Date of Birth
生年月日 __________
Nationality
国籍 __________
Sex : Male / Female　Identification (License or Passport Number)
性別： 男 / 女　身分証明番号（免許証・旅券番号など）__________
Contact Means from Mosque : Tel. / E-mail / Not Available
モスクからの連絡： 電話 / メール / 不可 __________

※This document must be filled by the person it is meant for and no one else. Make sure to press the stamp (hanko), make a photocopy and send Masjid Nagoya the original, and keep the copy for your family.
※本書面は必ず自筆で記入押印のうえ原本を名古屋モスクに提出し、そのコピーを家族用に保管してください。

図1　名古屋モスク「埋葬に関する意思表明」

るいは割礼の手術が可能な第三国に渡航して、手術を受ける選択をする家族も少なくないようだ。

モスクでは、国内で割礼ができる医療機関の情報を信者に提供していることもある。新型コロナウイルスの感染拡大により中断していたが、日本人医師がムスリム男児向けの割礼の手術方法について学ぶ海外渡航費用を出して、よりスムーズに国内で割礼が行える環境を作ろうと計画をしていたモスクもあった。

(9) 母子保健――周産期の健康管理、授乳や儀礼など

妊娠期から授乳期は、母親が口にしたものが胎児の栄養となるので、生まれてくる子のためにと、ハラール食品以外を口にしない努力をする妊婦が少なくない。また、妊娠中でも断食をしたいと望む女性もいて、胎児への影響も含め、モスクでの女性の集まりなどで、話題に上ることがある。

出生直後、ムスリムの子には耳元で礼拝の前の呼びかけの一節が唱えられる。これについては、あまり問題になることはない。しかし、出生直後の新生児の口にナツメヤシやハチミツなどの甘いものを含ませる儀礼は、日本の病院では医療者によって制止されることが多い。医療者によれば、ボツリヌス症を避けるため1歳未満の乳児にハチミツを与えてはならないし、わずかな量のナツメヤシの果肉でも喉に詰まらせる可能性があるので、このような行為は避けなければならないということになる。モスクの関係者には、信者の経験談や相談としてこうした情報が入るようだ。

また、日本の粉ミルクメーカーは、ハラール認証を受けた粉ミルク製品を扱っていない。値段の高い輸入品のハラール粉ミルクを購入する人もいるが、そこまでこだわらず、豚由来成分が入っていない、あるいは動物性油脂が含まれない日本製粉ミルクで十分だとする人もいる。モスクの女性の集まりやSNSのグループでは、粉ミルク製品の最新情報などがやりとりされている。

(10) メンタルヘルス

ムスリムにとって、メンタルヘルスの問題は扱うのが非常に難しい。信仰が深ければ、あるいは正しく信仰行為を実践していれば、おのずと心が整い、精神的な問題は解決するものだとされるため、精神疾患に対しては、スティグマが大きいと考えられる。しかし、外国で生まれ来日したムスリムは、母国で迫害を受けたり、戦争や大災害を経験したり、日本に来て慣れない土地でストレスの大きい生活を強いられたりと、メンタルヘルスに悪影響を与える経験をもつ人が少なくない。また、日本人の改宗者も、もともと人間関係の構築が難しかったり、改宗したことで家族や友人との関係性が断絶してしまっていたり、あるいは国際結婚特有の困難にさらされたりして、精神のバランスを崩してしまう人もいる。

日本で精神科や心療内科を受診することも可能だが、希少言語による対応が可能な精神科・心療内科は少なく、受診のハードルは想像以上に高い。また、医療者がイスラームについて、あるいは宗教一般について十分な理解を示してくれるとは限らず、棄教を勧められることもあるという。モスクの関係者は、こうした相談も受けているが、対応には苦慮しているようだ。

おわりに

本章では、保健医療分野において、日本に住むムスリムへの対応がどのように捉えられているか、医療者側から発信された情報を整理し、モスクでの取り組みやモスクに寄せられる相談等を紹介した。

筆者の印象では、医療者の議論は、医療者がイスラームについての知識を増やし、ムスリム対応の指針、ガイドライン、マニュアルを作成して対応という方向になりがちである。限られた時間の中でムスリムの患者の意向を尊重したいと思うがゆえの発想なのだろう。しかし、一つの正しいイスラームの見解や、唯一の正しい対応策というものはなく、同じ宗教を信仰している人であっても一人ひとり異なることを考えれば、マニュアル化はかえってステレオタイプを助長してしまいかねない。

最近の医療者向けのセミナーでは、外国人を多く受け入れている病院のムスリム対応事例の発表で、具体的な対応で悩んだ時に地域のモスクに問い合わせたという話題が出ることがある。ムスリムが集住している地域では、こうしたつながりが、将来的に日本に住むムスリムがより医療を受けやすい環境を作る一歩になるに違いない。ただし、地域にあるモスクがそこに住むムスリムすべての情報をもっているわけではないし、そのモスクの回答がムスリムを代表しているわけでもない。モスクによっては宗派を問わず問い合わせを受けているところもあるが、日本には多数派のムスリムから異端として扱われているムスリムもいて、モスクとは立場を異にしているかもしれない。

したがって、最も確実な対処法を挙げるとすれば、それは、ムスリムだからこうだと決めつけず、ムスリム本人に訊いて確認したうえで、医療機関側が対応可能な方法を説明し、折り合いをつけることだろう。

コラム10

鹿児島マスジド
——地方の外国人散在地域におけるムスリムの居場所

森田豊子

鹿児島で初めてのモスクが、2014年に鹿児島マスジド&イスラム文化センターとして開設した。九州の他県のモスクと同様に大学の近くに位置している。地方都市では最も多い在留資格が留学生であることが多く、留学生を中心としてモスクが設立されることが多いからである。2018年から、エジプト人イマーム（イスラームについて高い知識をもち、信者からの相談を受けたりできる人物）が家族とともにマスジド（アラビア語でモスクを意味する語）に常駐する。長年日本暮らしをしてきた信者の一人は、録音ではなく人の声で礼拝を呼びかけるアザーンを日本で聴くことができてとても感動したという。

鹿児島マスジドは、鹿児島在住のムスリム——卒業後も鹿児島に残った元留学生やビジネスマン——が自分たちも寄付をしつつ、留学生の母国や国内外に広く寄付を募り、集められた寄付金をもとにして、もともと病院だった3階建ての建物を買い取り、改装してできた。行政や地域住民との粘り強い交渉の結果、設立された。その後、福岡マスジドの「支店」という形で宗教法人団体として認可された。それまでの道のりは長く、辛苦に満ちたもので、記録として書き残し、本にして出版すべきだという声も当事者の間ではあるそうだ。

モスクでは毎週金曜日の集団礼拝のほか、断食月（ラマダーン）の日没後に集まって食事をとるイフタールや、断食月明けのお祭り（イード・アル=フィトル）などのムスリムの宗教行事が行われる。県内外の高校や大学からの見学者も受け入れている。筆者もコロナ禍前には授業の一環として毎年、学生を見学に連れて行った。ある時、断食明けのイードを見学できないかと相談したところ、近年は想定外の人数が集まり、見学者を受け入れるような余裕がないと言われた。普段の集団礼拝には多くの人が集まることはまれであるが、断食明けのイードなどでは200人以上のムスリムが集まり、2021年には数回に分けてイード礼拝を行う必要が生じるくらいだったという。普段は鹿児島市外に住んでいて金曜の集団礼拝には来られないムスリムたちが、イードなどの特別な時に仕事を休んで大挙して集まる。

1995年に鹿児島大学に教員として赴任するため来日し、引退後の現在も鹿児島市に在住するエジプト人ムスリムのイブラヒム・ヒッシャム氏は、来日当時は自分たちの家族以外にムスリムは少数の留学生以外には見当たらなかったと言う。その頃から比べれば、隔世の感がある。

地方の外国人住民は散在しているのが一般的だ。大都市圏でみられるように外国人が公営団地などに集住しているわけでも、中華街やコリアンタウン、外国人学校の付近に集まるわけでも、多数の外国人が働く大規模工場があるわけでもない。とくに近年、都市から遠く離れた地方では、ムスリムを含む外国人は少人数で、小規模事業所や農林水産業で仕事をしている。地方で最も数が多い外国人住民は技能実習生など流動性の高い外国人であり、長期滞在者は比較的少ない。

これまで九州の複数の地方自治体では地域活性化のために、ムスリムを含めたインバウンドの外国人を誘致することが検討されてきた。他方、少子高齢化、人口減少が進む地方での住民を増やすための外国人の定住化も近年検討されてきている。2019年からはじまった特定技能制度は、外国人がこれから定住する可能性があることを意味しており、住民人口の増加を考えている地方自治体が外国人住民との多文化共生を真剣に考える時期に来ている。鹿児島を含む九州では、機械化の難しい第一次産業で常に人手不足に悩まされており、外国人技能実習生の増加が著しい。

九州では新鮮で豊富な食材が手に入り、食肉加工なども盛んである。鹿児島にある食肉会社の中には、ハラール肉を製造するためだけの工場を持つ鶏肉加工会社も存在する。他方で鹿児島市内にはハラール食材を扱うレストランは驚くほど少ない。つまり、鹿児島で生産される食肉は鹿児島県外で消費されることが想定され、鹿児島県内でムスリムが食事をすることはあまり想定されていないのではないだろうか。

外国人住民が散在している状況は、地方自治体にとって日本語教育などの社会サービスの実施を難しくする。たとえば鹿児島県内には、日本語指導が必要な児童・生徒のための日本語を指導する学校は、鹿児島市にある1校しかない。一般に小中学校の教育委員会は市や町などの地方自治体単位のため、この学校には鹿児島市内の学校に通っている児童・生徒はかろうじて週に1度通うことはできても、市外に住む児童・生徒は通えない。市外の自治体では外国人児童・生徒の日本語指導は各学校の方針に大きく左右される。

そんななか、鹿児島マスジドは県内に散在しているムスリムに貴重な場を提供している。ここには多様な国からの外国人が集まり、ラマダーン月の日没後に集まって食事をするイフタールも、国ごとに集まって行う日もあれば、すべての国の人が自由に参加できる日も設定されている。その日は非ムスリムの地域住民が参加できたりする。また、モスクの運営を担う実行委員会には、アラブ、パキスタン、バングラデシュ、インドネシア、マレーシアからそれぞれ代表が参加し、重要な取り決めを行っている。ちなみに、この中で、アラブだけは国名ではなく民族名になっている。アラブ人はエジプトやサウジアラビアなど複数の国の多数派の民族である。インタビューの中では、アラブもまたエジプトなどの国ごとで分けることも考えたことがあるが、そうすると、代表者が増えすぎてしまって混乱しそうなので、あえて複数の国に存在するアラブをここで代表者にしていると語られた。

今ではよく知られてきたハラール食については日本人の理解も進み、以前に比べれば現状はずいぶん改善されてきている。しかし、子どもの教育・学校給食のハラール対応や墓地の問題など、今後も住民としてのムスリムが協力して解決すべき問題はたくさんある。この場を中心とした住民同士の交流や協力が続くことを願うばかりである。

第12章

ヨーロッパの「移民問題」から何を学ぶか

石川真作

1 「ヨーロッパ新移民」

筆者の主な研究テーマは、ドイツのトルコ系移民に関する文化人類学的研究である。同時に、現在、大学において「多文化共生」関連の科目を担当している。今回、その立場から、日本と、ドイツあるいはヨーロッパのムスリムの状況を比較して論じてほしいという、非常に難しいお題を賜った。自分の能力を超える挑戦となるが、ドイツのトルコ系移民を中心に、ヨーロッパの経験から学ぶべきことはどのようなことか、考えてみたいと思う。

ドイツのトルコ系移民は、1960年代の戦後復興期に、労働力不足を補うため、外国人労働者として迎え入れられた人々とその子孫が多くを占める。当時のドイツの移民政策は、いわゆるゲストワーカー型であり、あくまで補助労働力としての一時的な滞在が想定されていた。男性の単身者を想定し、3年間の滞在ののち別の者と交代するという「ローテーション」モデルのもと、1951年のイタリアを皮切りに、多くの国と雇用双務協定が結ばれ労働者が受け入れられた。中でも最も多くの労働者を送り込んだのが、1961年に協定を結んだトルコであり、そのほとんどがムスリムであった。

1973年の第一次オイルショックを機に労働者の募集は停止された。それ以前からみられた定住化の傾向は、募集停止に伴い決定的になった。再渡航が難しくなったガストアルバイター（ドイツ語でゲストワーカーを指す）たちは、失業しても国に帰らず、家族を呼び寄せるようになる。こうして、いわゆる「家族再統合」が進行し、定住化すなわち移民化の流れが決定的となった。そもそも、雇用主にとっても仕事に慣れた者をわざわざ解雇して新たな者を呼び寄せる「ローテーション」モデルはあまり使い勝手のいい仕組みではなく、「ゲストワーカー型」の移民政策には矛盾があったといえるだろう。

この当時、ヨーロッパ全体で似たような経緯で移民の流入があり、そうした現象を総称して「ヨーロッパ新移民」と呼んだ。半世紀を経た現在、多くの国で外国人人口1割、子孫を合わせた移民人口2割以上といった状況がみられる。そして、その中の相当数がムスリムである。ヨーロッパは地中海を挟んでイスラーム世界と隣接しており、フランスやイギリスなどは植民地（旧植民地も含む）から、ドイツなどは二国間協定でそれぞれムスリムを迎え入れた。それぞれに移民政策の違いはあれ、移民を安価な労働力とみる考え方は共通していた。その感覚は現在も残っているように見える。

2 ヨーロッパの移民受け入れは失敗だったのか

ドイツあるいはヨーロッパの移民政策は失敗だったという議論がある。その根拠は移民の増加による「社会の不安定化」であり、主たる要因としてムスリム移民によるテロリズムがしばしば挙げられる。すなわち、社会への融和を拒否し独自の世界観を貫こうとするムスリムの移民を受け入れたことで、ヨーロッパの社会は自ら火種を抱え込んでしまった、というわけである。そのような主張は正しいのだろうか。

たとえば、ある経済誌の記事は、イギリスの文筆家ダグラス・マレー（Douglas Murray）による『西洋の自死』を下敷きに、以下のような議論を展開し、日本の外国人労働者受け入れ拡大を批判している（中野2018）。本記事は、ヨーロッパの「文化が変容し、近い将来には、かつて西洋的と見なされてきた文化や価値観が失われてしまうであろう」と主張し、その原因は「大量の移民を積極的かつ急激に受け入れてきたこと」にあると説明する。その結果、「治安は明らかに悪化し、テロが頻発するように」なり、「イスラム系の移民の中には、非イスラム教徒あるいは女性やLGBTに対する差別意識を改めようとしない者たちも少なくな」く、そうした者たちの「蛮行が欧州で頻発するようになってしまった」としている。そして、日本政府が、２０１８年12月の出入国管理及び難民認定法改定により「本格的な移民の受け入れへと、大きく舵を切った」ことを、「日本の指導者たちが欧州の後を追って自死を決意した」ものと断じている。

本記事が下敷きにしている議論には、ポストモダニズムの台頭による価値観の揺らぎに対する保守的近代主義からの反駁や、移民受け入れ推進論に通底する新自由主義的なエリート思考の欺瞞性への批判が含まれており、それらは重要な問題提起として受け止めるべきであろう。しかし、その批判の直接的な契機として挙げられる、移民が異なる価値観を持ち込みヨーロッパの「文化」を破壊し犯罪や貧困を助長しているという状況がある、ということを、単純に「事実」と受け止めてよいのだろうか。ここで「蛮行」と表現されるような、移民がかかわったテロや犯罪的行為がみられることも事実であるが、そこから直ちに移民やムスリムの存在を、「犯罪や暴力の温床」であると断定して議論をスタートするのは、いささか乱暴であろう。

3 「失敗」の本質

ドイツの場合は、１９８０年代から１９９０年代半ばまで保守系の政権が続いたこともあって、外国人労働者は移民とは見なされず、いつかは帰る人たちとして扱われた。１９９９年の国籍法の改定による出生地主義の導入と２００４年の移民法の制定による移民の制度化により、ドイツはようやく自らが移民受け入れ国であるという事実を受け入れた。しかし、それまで移民の社会への統合が進まなかったしわ寄せは、その間に成長した第二世代が被ることとなった（ヨーロッパ各国の事情や政策はそれぞれ異なるが、概ねどこも状況は似たり寄ったりである。詳しくは石川ほか2012を参照されたい）。

トルコ系住民集住地区のカフェでカードに興じる失業中の若者、1992 年頃

そうしたなか、移民による全体社会と交わることのない独自の社会が形成される状況を指して「並行社会」という言葉が使われるようになった。これは、移民集住地区が形成され、その中でのみ交流が行われ、主流社会との接触が限定される状況を表し、とくにトルコ系を中心とするムスリムのセグリゲーション（社会からの分断）を特徴づける用語と理解された。「並行社会」をめぐっては、一般的には移民が社会と融和しないことが原因とされがちだが、貧困や差別などの既存の社会経済的要因によるセグリゲーションと合わせて、階級的構造の問題として考えるべきであると

の指摘がなされている（Nowak 2006; Mualem Sultan 2006）。

たしかに、移民団体や親族ネットワークなどを結節点とした閉鎖的なコミュニティ形成が行われてきたことも事実である。しかし、長期にわたり移民の存在が認識されないなか、自分たちで文化的・宗教的なサービスやインフラ整備を行わざるを得なかった側面があり、こうしたコミュニティはまた居住や雇用においても重要な役割を果たしてきた。

そうした「文化的隔離」よりも深刻であったのは、社会経済的要因によるセグリゲーションであろう。第二、第三世代には、「いつかは帰る存在」と見なされた不安定な状況下で、成長時期や地域によっては教育機会の提供が不十分ななか成長する者もみられた。また、「ガストアルバイター」であった親世代も「帰国神話」に囚われており、移民先での子どもの教育に熱心でない者も多かった。さらに、低賃金労働に固定されてきたことによるロールモデルの偏在といった問題も複合的に作用した。

このことが表面化したのが、２０００年のいわゆる「ＰＩＳＡショック」、すなわち、ＯＥＣＤによる国際的な学生評価プログラム（ＰＩＳＡ）においてドイツの学生の成績が全体に低く、移民の背景をもつ子どもの学力不足がその原因であるとされた出来事である。移民の背景をもつ子どもの進学率の低さは以前から指摘されており、とくにトルコ系移民が日常生活においてトルコ語を使用する割合の高いことがその要因とされた。そのためドイツ語による教育達成に困難が生じ、学歴と資格に重きが置かれるドイツ社会において深刻な雇用不安にさらされることとなった。移民の失業率は一般の2倍程度で推移し、平均収入も低く抑えられ貧困の連鎖がもたらされたのである。このように「並行社会」の問題は「文化」や閉鎖的コミュニティの問題よりむしろ、社会経済的要因や法的・制度的要因などが複合的に関連した、移民の底辺化状況の構造化を示唆するものと理解すべきなのである（ドイツへのトルコ系移民の流入と並行社会の形成、その後の社会的統合の状況については、石川2012を参照)。

一方で、イスラーム過激派によるリクルートに呼応してしまう第二、第三世代が現れる背景には、こうした分断状況や貧困の連鎖がもたらす疎外感や閉塞感、それに伴うやり場のない怒りやフラストレーションがあると指摘されてきた。このように見てくると、移民を受け入れたことそのものが「失敗」なのではなく、そもそも移民を受け入れたつもりなどなかったヨーロッパ諸国が、その認識のまま状況を放置したことが「失敗」であったのではないか。つまり、なし崩しに事を進め、移民を社会に受け入れるための対応を怠ってきたことが「失敗」の本質であると考える(移民の疎外状況については、森2016によるフランスにおける事例を、過激主義やテロ集団に若者などが取り込まれていく状況については、マンスール2016、ブザール2017を参照のこと)。

4 「イスラモフォビア」の問題

ヨーロッパには、イスラームの異質性を強調する考え方が根強くある。たとえば、フランスにおけるいわゆる「スカーフ問題」は、その典型であろう。議論の背景は一様ではないが、2011年のいわゆる「ブルカ禁止法」施行時のサルコジ大統領ら推進派の主張には、イスラーム文化の特色を「家父長制的」「女性蔑視」と捉え女性のヴェール(スカーフ)着用をその抑圧の象徴とし、文化的異質性を強調する側面があった。こうした主張には、イスラーム文化への接触が主流社会への包摂の阻害要因となるという考え方が含まれる。

ドイツでも、近年支持を拡大している極右政党「ドイツのための選択肢(AfD)」が反イスラームを謳い、2014年には「ヨーロッパのイスラーム化に反対する愛国的ヨーロッパ人（PEGIDA）」と名乗る市民運動が全国に拡大した。これらは主に経済的状況の芳しくない旧東ドイツ地域で影響力を拡大してきた。

では、イスラームはどのように「異質」とされるのであろうか。ドイツで2010年に起こった論争から考えてみる。2010年10月のドイツ統一20周年記念式典において、当時のヴルフ大統領は、「キリスト教とユダヤ教に加え、いまやイスラームもドイツに属している」と述べて多様性を尊重した新たな結束を訴えた。ところが、この発言に対して保守派の政治家らが反発し、議会やメディアで追及した。当時のバイエルン州内務大臣は、南ドイツ新聞のインタビューで「私たちの基本的価値観は、明白にキリスト教的、西洋的な伝統に根ざしている。イスラームを私たちの価値秩序に統合することはありえない」と発言した。また、キリスト教民主同盟内務委員会委員長は、ZDFテレビのインタビューで、「イスラームがドイツの一部であるなら、どのイスラームのことなのか、はっきりさせる必要がある。シャリーアもドイツの一部であるのか議論が必要だ。なぜなら、シャリーア抜きでのイスラームはほとんど考えられないからだ」などと述べた。当時のメルケル首相はこれらの主張に対し、「キリスト教およびユダヤ教の伝統が、ドイツを形づくった」「肝心なのは基本法であって、シャリーアではない」と述べて火消しを図り、その文脈において「多文化主義は失敗した」と発言して物議をかもした。

こうした言説は、ムスリムがシャリーアにのみ従い、国家の法をないがしろにするという認識に基づいているものと解釈できる。こうした認識は、ヨーロッパにおいてイスラーム過激派によるテロの拡大、とりわけ2005年のロンドン同時爆破テロが、イギリスで育った「ホームグロウン・テロリスト」によって引き起こされて以来広まったものである。しかし、前述のようにその要因は、ムスリムを含む移民に対する長年の社会的・制度的排除とその結果としての貧困の連鎖に求めるべきである。また、大半のムスリムが移民先国家の法秩序や社会常識の枠内で生活しているのはあたりまえの事実であり、過激派による極端な行動を一般化するべきではない。ここには、文化の問題と治安の問題の混同がある。

フランスの「スカーフ問題」も、本来は「市民の共和国」たるフランスを支える「普遍的原理」を構成する「ライシテ」の原則（宗教の社会的影響を排除し、信教の自由を保障すること。非宗教性原則）に照らして、公立学校におけるスカーフの着用が公共空間に宗教性を持ち込む行為と見なされたことに起因する議論であった。生活世界の慣習を原理原則で極端に縛るこのような議論は、宗教的原理主義と表裏一体の関係をなすようにも見える。このように、いわゆる「文明の衝突」論に代表されるような歴史的文明論の文脈から現実を語ることは、社会経済的な排除構造を追認してしまう問題をはらんでいるのではないだろうか（浪岡 2017）。

5　日本の状況への示唆

ヨーロッパにおいてムスリムは、いわゆるオリエンタリズムの対象として強い他者性を付与されてきた。歴史的には隣接しつつ交わらない外部の他者、文明的他者として認識され、20世紀後半に移民となると、今度は社会の一部と認知されない内部の他者として認識された。ドイツには、南ヨーロッパや東ヨーロッパからの移民も多くいるが、移民問題といえばトルコ人問題＝イスラーム問題と認識されてしまうような状況が長らく続いた。「ライシテ」のフランスにおいては、２０１５年のパリ同時多発テロ事件を経てそのような認識はより先鋭化してしまったように見える。また、イギリスではかつて「多文化主義」が標榜されたが、実情は主流社会へのアクセスの制限につながったとされ、２０００年代にはシティズンシップと社会的統合による見直しが模索された（安達2013）。しかし、その後の保守政権下での移民への反発の高まりと欧州連合からの離脱により、状況は混迷を深めている。こうした状況下でムスリムとして育った新世代にとって、アイデンティティをめぐる葛藤は苛烈なものがあっただろう。そうしたなかで、あえてムスリムとしての自己認識を選び取る若年層も多いことが指摘されている。日本においても類似した状況がみられることは、本書の第Ⅰ部に記された通りである。

一方、日本においては、ヨーロッパの移民問題というとすぐにイスラーム過激派のテロリストのイメージが喚起される傾向があることは指摘した通りである。「イスラーム・テロリストを内部に入れたヨーロッパの移民政策は失敗であり日本はその轍を踏むべきでない」などといった議論は、日本に住むムスリムを苦しめるものに他ならない。ホームグロウン・テロリストが生み出された背景には、構造的排除の問題があることが認識されるべきである。教育へのアクセス不全、貧困の連鎖、それを生み出す社会経済的排除が、そこで育った若者を社会からドロップアウトさせ、極端な場合には過激主義に取り込まれる素地を作り出した。イスラームが社会を分断しテロリストを生み出したのでもなければ、移民を受け入れたことが社会の不安定化を招いたのでもない。移民の統合と社会的包摂への対応を怠ったまま、安価な労働力としてのみ移民を扱ってきたことが、貧困と疎外に苦しむ移民の新世代の一部に社会に背を向けさせてしまったのである。これはイスラームの問題でも移民の問題でもなく、社会の問題である。

本書第Ⅱ部で明示されているように、社会的統合の議論が不在であり、移民を社会の一員として受け入れようという意思がみられないまま、単なる労働力としてのみ見なす考え方が続いている日本の状況は、ヨーロッパがかつて犯した本当の過ちと同じ道を歩んでいるように見える。ドイツにおいて、１９６０年代に外国人労働者の「ローテーション」が試行され、その後も移民と見なされないまま定住化と世代交代が進行した状況は、30年にわたり「外国人労働者」の雇用を続けながら、その存在を否定してきた日本の状況と重なる。むしろ、1990年前後のイランやパキスタンからの外国人労働者雇用にはじまり、「90年体制」のもと日系人を中心に外国人雇用を拡大させ、21世紀に入り労働力不足が極まると「技能実習」の名目で続けてきた「ローテーション」施策を整備強化する一方で、それまで黙認してきた非正規滞在者を排除するという、不安定かつ恣意的な日本の外国人関連施策には、より深刻な人権侵害につながりかねない問題状況がみられる。それは、近年問題化している入管（出入国在留管理庁）による全件収容主義や難民申請者への厳しい対応にも表れている。

その結果、日本生まれの世代にしわ寄せが行きつつあるように見える。2019年に、全体の15％にあたる2万人の外国につながる子どもたちが不就学であるかもしれないという、文部科学省の調査報告が出て話題となったことは、その一端を示している。ドイツをはじめヨーロッパで、長年にわたり学校教育や職業教育の枠外に置かれ、社会の周縁に追いやられてしまった現地育ちの世代が多く生まれたのと、同様のプロセスが静かに進行しているのかもしれないのである。

ヨーロッパではイスラームに歴史的に特別な意味が付与されるが、日本ではそのような状況にはならないのではないかと考える人もいるかもしれない。確かに、ドイツにおける2010年の議論にみられたシャリーアと法治主義の矛盾に関する言説は、ヨーロッパの歴史的経緯あってのイスラーム忌避論の一例であろう。日本ではヨーロッパ的なイスラモフォビアを引き起こすようなイスラーム理解はないのかもしれないが、「イスラームは恐い宗教」というような、無知ゆえの誤解は見受けられる。一時期聞こえていた、日本にはムスリムは少ないからテロの心配はない、などという理解もまったく的外れである。ヨーロッパで生じた移民問題が受け入れる社会の側の対応の問題であるならば、移民の社会的排除という、より普遍的な問題構造は共通であり、そこから生み出されるかもしれない社会への反発はムスリムに特有のものではないのだ。

新たな在留資格「特定技能」を導入した２０１９年の改定入管法施行により、日本は「外国人労働者」受け入れを表立って表明したとされる。しかし、その議論の最中、当時の安倍首相による国会答弁でなされた、「外国人材の活用」であって「移民政策は行わない」とする発言は、外国人労働者を安価な労働力と位置づけたかつてのヨーロッパの「失敗」をそのまま踏襲しようとするもののように聞こえた。一定期間の「実習」後に必ず帰国しなければならず、職場（実習先）の変更も認められない技能実習はもとより、それに接続した制度として策定され、限定された職種への一定期間の「就労」でありながら家族の帯同が認められない特定技能（1号）という仕組みは、かつてのヨーロッパにおけるローテーション型の「ゲストワーカー」施策と同じ発想である。そこには、移民を（そして自国民をも）安価な労働力として「活用」したい新自由主義的思考の陥穽が見える。

スイスの作家マックス・フリッシュ（Max Frisch）は、すでに１９６５年の段階で「我々は労働力を呼んだ、すると人間がやってきた（Wir riefen Arbeitskräfte und es kamen Menschen）」という有名な言葉を残している。人間には生活があり、生活は文化をなす。２０１０年、ドイツのメルケル首相の「多文化主義は失敗した」という発言が話題になったが、彼女が使い「多文化主義」と訳された言葉はMultikulturalismusという正式な単語でなく、Multikultiという短縮された表現であった（この表現の由来や意味づけについては、渡邉・ギルデンハルト2013を参照）。これは、いわば「愛称」であり、首相はそれを「お互い隣り合って仲良く」することと表現した。実際のところ、ドイツにおいて複数言語の公的な使用などといった多文化主義的な政策がとられた事例はほとんどない。その意味では、ここでいう「多文化主義」は、日本の「多文化共生」に類似した、努力目標的な意味合いが強いものであったといえる。つまり、社会的統合や包摂の議論を伴わない「多文化主義」であったがために、社会の分断を促進してしまい、普遍的自由や個人の尊厳も、少数派の文化的承認も、いずれも保証しえなかったのではないか。

「文化」とは生活様式、すなわち人がかかわり合いながら生きていくやり方そのものなのであり、それが一つの社会の中で隣り合って別々に複数存在するということはありえないはずである。であれば、移民の生活はその社会と文化の一部をなす。そして、宗教的多元主義が近代文化の重要な特色であるならば、ヨーロッパであれ日本であれ、イスラームも当該社会の文化の一要素と捉えるのが自然であろう。

コラム11

日本のムスリムと埋葬

岡井宏文／森田豊子

　あなたは故郷を離れ、新天地でできた家族と共に暮らしている。人生の終わりが近づいたとき、あなたはどこに、そしてどのように埋葬されたいと願うだろうか。それは故郷の墓かもしれないし、あなたが新たに建てた墓かもしれない。あなたはそこで誰と共に眠ることを望むだろうか。あるいは墓など必要なく、樹木のそばや海など自然にかえることを望むだろうか。

　このように死は、人生の終局において様々な選択肢を開く。まして国際移動をしている場合、その選択肢は母国、移住先、第三国へと拡大することになる。死は、移民やその家族に対して埋葬地や遺体の処理方法の決定等を通じて様々な選択を迫るのだ。では、その選択にはどのような要因が介在するのだろうか。そこには葬儀や遺体搬送にかかる経済的な負担や母国の治安状況、故郷や新天地への帰属意識や、家族への愛着、宗教や信仰など様々な要因が介在することが知られている（Hunter and Soom Ammann 2017）。宗教や信仰については、信仰上の理由から埋葬地にこだわらないという立場ももちろんあるが、宗教上求められる葬儀・埋葬の方法と移住先の制度条件との折り合いなどが終《つい》の棲《すみ》家《か》を決める要因になる。たとえば（火葬が厭《いと》われるムスリムに限らず）移住先で土葬を希望した場合に実現が容易かどうかが、埋葬地の決定に影響を与えるような場合がこれにあたる。

　このように、様々な要因や条件が絡み合うなかで埋葬地は決定されていく。そのため、ヨーロッパのムスリム移民の状況をみても、フランスでは母国での埋葬が多く、イギリスではイギリスでの埋葬が増加傾向にあるなど、居住する国・自治体によって条件が異なるため、埋葬地選択の傾向にはバリエーションが生じている(Scharbrodt et al. 2018; Ansari 2007)。

翻って、日本のムスリムの状況はどうだろう。関東地方のモスクで行った聞き取りでは、外国出身者の埋葬地は母国か日本、日本出身者の埋葬地は日本が主であった。埋葬地が決まる要因には、家族の要望、母国や日本の家族・場所への愛着、経済的理由、信仰などが挙がった(岡井 2023)。日本での埋葬は、自然な選択肢と見なされているという。主要な生活基盤が日本にある人も多く、家族のそばに眠ることができるからだ。他方、日本に特徴的な条件に、遺体の火葬比率の高さ(および火葬が一般的な葬法であるとの認識)がある。そのため、意図せざる結果として火葬となったケースもあった。聞き取りの結果を過度に一般化することはできないが、こうした事例からは日本のムスリムの死をめぐる傾向や困難の一端を知ることができる。だが、こうした傾向は固定的なものとはいえない。埋葬地選択の傾向は、ムスリム・コミュニティの定着と拡大、世代交代、条件の変化など時間とともに遷移するからだ。

今から20年ほど前、イランの地方でタクシー運転手と話をしていた時のことだ。私(森田)が日本人だと言うと、「日本では人が亡くなると死体を焼くと聞いたことがあるのだが、それは本当なのか?」と問われた。「そうですね、仏教徒だったら火葬するのが普通ですよね」と答えると、彼は頭を抱えて「あぁ、そんなこと家族にも絶対に言えない」などとしばらくショック状態だった。彼の反応から、ムスリムに火葬が与える衝撃の大きさを実感した。

日本には「行旅病人及行旅死亡人取扱法」があり、行旅死亡人については、亡くなった場所の自治体がこの法律に基づき、埋葬ないし火葬を行う。1994年5月に山梨県石和町(現・

笛吹市）でイラン人男性が死亡し、町が同法に則って彼を火葬した。その後身元が判明、ムスリムが火葬されたことに対しイラン大使館は町に電話で抗議し、外務省に書簡を送った（朝日新聞 1994）。記事は「ムスリムは火で焼かれてはいけないことになっている。異国で家族を失った遺族に、これが骨と灰です、というのはつらい」との大使館員の言葉を伝える。当時はまだ国内のムスリムも少なく、理解が進んでいなかったのも無理はなかった。

2021年の日本の火葬率は99・97％であり（荒 2023）、土葬を希望するムスリムが日本で土葬できる墓地を探すのは非常に困難である。2023年3月に鹿児島マスジドで、墓地にまつわるお話を聞いた。墓地を確保するには土地を探し、その所有者が売却を承諾するのに加えて、近隣住民からも了承を得る必要がある。鹿児島マスジドは鹿児島郊外に墓地用の土地を見つけ、所有者から売却の承諾を得た。しかし近隣住民の一人の反対により購入ができなかった。私の母方祖父は鹿児島の人間だが土葬だったので、日本社会がそんなに急激に土葬を受け入れない社会に変わったのかと驚いた。鹿児島生まれのムスリムのお子さんが病死された時も、鹿児島には土葬できる墓所が見つからず、福岡にあるキリスト教徒の墓地に最後に残った1ヵ所を譲ってもらい、やっと埋葬できたそうだ。

2022年には広島県三原市の霊園での土葬受け入れがはじまった。また、2023年5月には大分県でムスリムの墓地設置に関して地元住民との合意が成り、準備が整いつつある（神山・大島 2023）。大分の墓地が完成すれば九州で初となる。墓所の決定には相互理解が欠かせない。そのためには、今後も地道な交流を続けて地域の人々と関係性を深める時間が必要となるだろう。鹿児島で生まれ育った、また幼い頃から暮らしているムスリムの若い世代の成長を見ながら、その日が来るのを待ちわびている。

第13章

日本とカナダの難民認定

――アフマディーヤ・ムスリムのある一家を事例として

嶺崎寛子

はじめに

本章では、イスラームの少数派であり、パキスタンで非ムスリムと見なされて迫害の対象となっているアフマディーヤ・カーディヤーン派（日本語正式名称は日本アハマディア・ムスリム協会。以下、アフマディーヤと表記）のムスリムを事例に、各国の移民政策や難民認定制度と、その運用が彼らのコミュニティ形成や個人の国際移動に具体的にどのように影響を与え、それが移民にどのように体験されているかを、主に日本とカナダを比較して論じる。

移民研究では、祖国を出ざるをえなくなる要因をプッシュ要因、居住国を選択する際の要因をプル要因と呼ぶ。それぞれが複合的に組み合わさり、移民の出国のタイミングや移民先が決定される。一般的には内戦、国家の財政破綻、経済危機、迫害などがプッシュ要因、ビザや在留資格の取得のしやすさ、高賃金、移住先の公用語の習熟度、親族の在住などがプル要因となる。

なお本章では、生命の危機を感じ祖国を逃れる難民と、よりよい暮らしを求めて移動する経済移民を厳密に区別することはしない。アフマディーヤ・ムスリム（以下、信徒と表記）は後述するように難民条約に適合する集団であり、パキスタン在住の場合はとくに、出国すれば難民となる可能性が高いという意味で、潜在的な難民である。信徒の事例に限れば、個々人が移住にあたって難民、移民のどちらの区分を選ぶかは、社会的文脈、つまりは移住先の難民・移民政策に顕著に左右され、移住先の国ごとにその状況は可変的であって、両者を区別することにさしたる意味はないからである。

1970年代から80年代に激化した迫害というプッシュ要因を共有する信徒の国境を越える移民は、70年代から80年代にかけて、とくに後述する1984年第20号政令が出た84年以降に盛んになった。しかし、時期を同じくして各地に移民した彼らの、移住先での定着度やコミュニティ規模は国によって相当に異なる。同時期にパキスタンを出国したアフマディーヤ移民の受け入れをめぐる各国の政策や法解釈の違いは、彼らの人口として表れる。先進国でパキスタン系信徒の移民人口が多いのはカナダ、ドイツ、イギリスである。本章では難民受け入れが際立って少ない日本と、積極的な移民受け入れ政策をとるカナダを事例に（ドイツのトルコ系ムスリム移民については第12章を参照）、政策の違いというマクロと、それが個人にどのように経験されるのかというミクロの両方の視座から、アフマディーヤの移民動向を検討する。

1　アフマディーヤ

（1）アフマディーヤの概要

本節では、アフマディーヤの概要と迫害状況、移住動向をまとめる。

アフマディーヤは19世紀後半に英領インドのパンジャーブ地方で興ったイスラーム・スンナ派系の分派で、開祖ミルザ・グラーム・アハマドを預言者であると同時にブッダやクリシュナの再来でもあるとするなど、シンクレティズム（諸教混淆）的な独特の教義をもつ。ただし五行六信など、信徒の日々の宗教実践は多数派のムスリムとほぼ変わらず（Hussain 2001: 164; 嶺崎 2019）、信徒は自らをムスリムと自認する。もっとも彼らは多数派ムスリムとの違いを認識しており、アフマディーヤ・ムスリムというアイデンティティをもつ。またアフマディーヤの教義としては「誰も憎まずすべての人に愛を（Love for All, Hatred for None）」というスローガンに象徴される平和主義と、為政者に従うべきと説く政教分離の容認の2点が非常に特徴的である。教義は近代以降の国民国家システムと相性が良く、非常に組織化された集団で、グローバルな連携もよく取れている（嶺崎 2017 参照）。

早くから宣教団を世界各地に派遣したことでも知られ、とくに西アフリカで宣教に成功して多くの地元民の信徒を獲得、アメリカではとくに黒人層に浸透した（アメリカの知名度のある信徒として、ジャズ演奏家のユーセフ・ラティーフ、アフマド・ジャマル、ターリブ・ダウド、ダコタ・スタントンらがいる）。

印パ分離独立の際に教団の発祥地がインド領になったため、彼らは集団でパキスタンに移住し、本部をパキスタンに移した。パキスタン国民となることを意識的に選び取ったのである。しかし彼らは、教義の独自性とパキスタンの政治状況により、皮肉にも選び取った国で次第に迫害の対象となった。

１９７４年の第二次憲法改正によってアフマディーヤは制度上ムスリムの地位を喪失、さらに１９８４年第20号政令により、ムスリムと名乗ること、彼らの礼拝所をモスクと呼ぶこと、布教、ムスリムの宗教的感情を害すること、ムスリムと偽装することを禁止され、違反には3年の懲役かつ罰金刑が定められた。彼らが自認に従い、ムスリムとして暮らすことは犯罪とされたのである。具体的には、ムスリムのごく一般的な「アッサラーム・アライクム」という挨拶をすることや、彼らのモスクをモスクと呼び、アザーン（礼拝のよびかけ）を流すことなどがパキスタンでは違法とされる。パキスタンでは宗教統計上も、アフマディーヤはムスリムと見なされず別に項目を立てられているし、パスポート申請の際にすべてのムスリムはアフマディーヤの開祖を「詐欺師」と見なし、信徒は非ムスリムであるとする声明に署名する義務がある。これを拒否するとIDにもアフマディーヤと記されてムスリムとは見なされず、メッカへの巡礼ビザも取得できない。しかし依然としてアフマディーヤが最も多く居住するのはパキスタンである。

信徒が深刻な危険にさらされているのはパキスタンだが、バングラデシュ、インドネシア、ブルキナファソ、アラブ首長国連邦などでも迫害の対象とされる。2016年にはイギリスでアフマディーヤへの初のヘイト殺人が起き（Gidda 2016）、2023年1月にはブルキナファソでアフマディーヤのモスクが襲撃され、9人が殺害された（Atalayar 2023。日本でも2015年に、愛知県で教団に対する中傷ビラが配られた）。バングラデシュ、インドネシア、スリランカ、インド等でも迫害による死者を出している（AMC 2012）。

近年の大きい事件としては、2010年5月のラホールにおけるアフマディーヤのモスクを狙ったテロ事件があり、94人が死亡（Hasim 2014）、100人以上が負傷した。教団によれば、1984年1月から2017年1月までのパキスタンにおける迫害の犠牲者は284人に上る。パキスタンでは、2020年7月から11月にかけて信徒を狙った殺害事件が5件発生、ヒューマンライツ・ウォッチ、アムネスティ・インターナショナル、国際法律家委員会は共同で、加害者に対し適切な法的措置を求める声明を出した（HRW 2020）。教団によれば、2023年現在、犠牲者の数は300人に迫る勢いという。信教の自由を奪われ、人権侵害にさらされ、生命の危険に瀕している。それがパキスタンにおけるアフマディーヤの状況といえよう。

その意味で彼らはまさに「人種、宗教、国籍もしくは特定の社会的集団の構成員であること、または政治的意見を理由に迫害を受けるおそれがあるという十分に理由のある恐怖を有する」という、難民の定義に当てはまる集団である。

教団は前述の1984年第20号政令の影響により、同年に本部をイギリスに移転、最高責任者であるカリフもイギリスに移住（事実上は亡命）した。迫害にさらされる地域からの移民はかつての宗主国、イギリスに約3万人（Sherwood 2016。2016年のイギリスのムスリム総人口は270万人、うち信徒の占める割合は5%）、英語圏のカナダに約4~5万人、ドイツに約4万人居住する。ドイツではヘッセン州、ハンブルク州などに多く住む。教団は2013年にヘッセン州で、州立学校の「宗教科」でイスラームを教える条件を満たす二つの宗教団体の一つとして認められた（山根 2016: 106）。

最も信徒人口が多いのはドイツかカナダで、次にイギリスが続く（人口は先行研究、教団資料、年次大会参加者数などから筆者推定）。一方、日本の信徒数は250~300人と明らかに少なく、日本から別の先進国への再移住も少なくない（日本の信徒の詳細については嶺崎 2013 を参照）。なお、先進国に移民したアフマディーヤはすべての移住先で、ムスリムのなかでも少数派である。

プッシュ要因を同じくするにもかかわらず、日本に信徒が定着しないのはなぜか。言語だけが問題ではない。実際、ドイツ語の習得が必要なドイツには多くの信徒が移民した。最大の理由は、日本の移民や難民の受け入れが少なく、日本への合法的な移住が難しいためと考えられる。他の欧米諸国に比べ難民認定手続きが当事者に保護的なドイツ、移民政策を積極的に推進するうえに、コモンウェルス構成国の一つで同じく構成国であるパキスタンからの移住がしやすいカナダ、1948年の国籍法で英旧植民地の居住者に市民権が与えられ移住が合法だったイギリスに、現在多くの信徒が住むことはその証明であろう。ドイツ、カナダ、イギリスに比べ、日本にはプル要因が相対的に少ないのである。

（2）カナダにおけるアフマディーヤ

カナダでは、1967年に移民法が改正されたことに伴い、1970年代から徐々に信徒のコミュニティが形成された（Hussain 2001: 159）。カナダの教団女性部によれば、教団のカナダ本部設立が1966年、2世の教育部門設立が1974年、最初の年次大会が1977年、トロント北方にカナダ最大のモスク（ベイト・アル＝イスラームモスク）を開堂したのが1992年である。各地に支部があるが、最大人口はトロント、次にモントリオール、オタワと続く（Hussain 2001: 117-118）。なお2008年開堂のカルガリーにある教団のモスク（ベイト・アル＝ヌールモスク）は現在、カナダ最大のモスクである。教団のモスクの地下は体育施設となっており、バスケットボールコートや卓球場などが完備されている。これは、カナダ生まれの2世をモスクに誘うための工夫の一環である。教団はカナダ人への宣教よりはむしろ、イスラームへの正しい理解の普及と、2世信徒の教育に注力する。トロントの衛星都市のミシサガとカルガリーに、教団が運営する認可私立小学校が、トロント近郊に教団の宣教師養成大学（学校として公的に認可済み）と、クルアーン女子学校などがあることがその証左である。

カナダ在住の信徒のうち、難民ビザを持つ者は実は多くない。1970年代に移住した信徒は比較的高学歴の男性が多かった。その後家族を呼び寄せて定着した彼らは家族ともども、難民ではなく移民としてカナダに定着した。80年代以降も、移民として合法に入国する信徒の方が難民申請をする信徒より多い傾向は変わらなかった。

2　難民とは誰か

難民とは誰か。難民とは、国籍国の外にいて、彼らの基本的人権を守る義務を負う国家の保護を受けられない人々を指す。国際法上、国民の基本的人権などの法的保護を担保すべき主体は国家である。しかしその自国の庇護が受けられない人々に、現在の居住国（庇護国）が国際的保護（代替保護）を与えるために、難民制度がある。

1951年7月に「難民の地位に関する条約」が、1967年1月に1951年の条約にあった地理的・時間的制約を取り除いた「難民の地位に関する議定書」が採択された。通常、この二つをあわせて「難民条約」という。UNHCR（国連難民高等弁務官事務所）によれば条約当事国は146ヵ国、議定書当事国は147ヵ国である（UNHCR駐日事務所 n.d.）。以下が条約による難民の一般的定義である。なお難民条約の定義に当てはまると判断された人を条約難民と呼ぶ。この定義には無国籍者も含まれる。

> 人種、宗教、国籍もしくは特定の社会的集団の構成員であること、または政治的意見を理由に迫害を受けるおそれがあるという十分に理由のある恐怖を有するために、国籍国の外にいる者であって、その国籍国の保護を受けることができない者、またはそのような恐怖を有するためにその国籍国の保護を受けることを望まない者、およびこれらの事件の結果として常居所を有していた国の外にいる無国籍者であって、当該常居所を有していた国に帰ることができない者、またはそのような恐怖を有するために当該常居所を有していた国に帰ることを望まない者（UNHCR駐日事務所 2015: 11）

難民は多くの重要な権利および利益、援助、保護措置を付与される資格を持つ一方、滞在国に対して一定の義務を負い、とくに国内法令を守ることが義務づけられている。権利のなかで重要なのは「ノン・ルフールマン原則」（難民条約33条）と31条である。前者は、難民を彼らの生命や自由が脅威にさらされる恐れのある国へ強制的に追放・帰還させることを禁じる。後者は、庇護申請国に不法入国したこと、また不法にいることを理由として難民を罰することを禁じる。なお本章では論じないが、国家の庇護を受けられない人々には国内避難民も含まれる。

ここには、国家の庇護から零《こぼ》れ落ちる人々の保護責任を誰が負うべきか、という国際的かつ道義的な問題がある。自らもユダヤ人として移民経験をもつアーレントは『全体主義の起原』で、無国籍者としてのユダヤ人がいかに国家の庇護から零れ落ちたかを論じた（アーレント 2017）。

3 難民認定の各国比較

（1）G7の難民認定率

外国人の在留や難民認定に関する決定権を持つのは、難民条約の当事国たる国家である。そして、日本の難民認定率が突出して低いことはよく知られている。日本はUNHCRから難民の受け入れ拡大を繰り返し求められてきた。2018年に日本で難民申請したのは1万493人、この年に認定されたのは42人で、認定率は0・3%、人道配慮による在留許可率（ただし難民とは認定されない）は0・5%だった。2018年のG7各国の認定率と人道配慮による在留許可率（（）内が人道配慮による在留許可率を含めた割合）は、カナダ56・4%（56・4%）、アメリカ35・4%（35・4%）、イギリス32・5%（39・1%）、ドイツ23％（43・0％）、フランス19・2％（31・1％）、イタリア6・8％（32・2％）であり（東京弁護士会 2020: 11）、日本の低さが際立つ。２０２２年の難民認定数は２０２人と過去最多だったが、認定率は１・95％と依然として非常に低い（浅倉 2023）。ＵＮＨＣＲの統計によると、21年のドイツの難民認定者は３万８９１８人で認定率は26％（浅倉 2023）、22年のカナダの認定率は68％であった（World data info. 2023）。

関連して、22年のカナダにおける難民申請者の国別の認定率では、パキスタンからの申請の認定率は80・６％であり、平均より高い（World data info. 2023）。22年のパキスタンからの難民申請者数は２６２０人で、申請者数としては7位である（1位から3位はメキシコ、ハイチ、トルコ。Statistica 2023a）。ただし、パキスタンからの難民申請に占める信徒からの難民申請の割合は不明である。

（2）日本の難民認定

そもそも日本の制度設計では、難民申請中の人が生計を立てることが非常に難しい。難民申請中は就労が可能な「特定活動」在留資格により働けるが、国民健康保険には加入できず、国民年金、児童扶養手当、福祉手当などの受給もできない。難民不認定で在留資格を失った場合の仮放免中には就労も認められない。

そして日本の難民認定率が低いのは、日本の難民認定基準の解釈が極めて狭いためである。弁護士の杉本は「ほとんどの難民訴訟において、迫害を受けるおそれがあるというためには迫害の対象となっている集団の構成員であるのみでは足りず、個別に把握されていることが要求される」とまとめる（杉本 2012: 4）。出入国在留管理庁の「難民と認定した事例等について」という毎年出る文書からも、その傾向がはっきりわかる。これを「個別把握論」という。これは日本独自の解釈である（難民支援協会 2022）。この個別把握論が、日本の難民認定が極端に少ない理由の一つといえよう。実際、後述の第4節で述べる信徒の裁判事例でも、個別把握論によって申請が却下された。この裁判では「平メンバーは政府から迫害を受ける可能性が低いとする『平メンバー／リーダー論』」（杉本 2012: 4）も使われた。さらに他の信徒らの複数の難民申請を精査した結果、個別把握論に合致する状況が難民認定に必要だったことが確認できた。

この個別把握論には問題が多い。たとえばこの難民認定の運用では、ユダヤ人であるゆえに迫害され、隠れ家で生活した後に連行され収容所で命を落としたアンネ・フランクは定義から外れる。ユダヤ人全体がターゲットとされたが、10代の彼女個人が狙われたわけではなかったからである。しかし人がその属性によってのみ狙われ、落命することがあることを、彼女が証明している。

前述した2010年のラホールでのモスク襲撃事件は、信徒を狙った無差別テロ事件だった。多数の死者を出したこの事件は、属性を狙った文字通りの無差別テロで、特定個人を狙った事件ではありえない。個別把握論では、この事件の負傷者や犠牲者の家族らも、難民とは認められない。しかし信徒であるだけでいつでもテロに巻き込まれうる、警察の不作為にさらされる、信仰行為によって逮捕されるという状況は、難民認定に十分であろう。

（3）カナダの難民認定

カナダは、1986年にカナダ人民にナンセン難民賞が贈られるなど、人道的で寛容な難民政策で知られる。人道的な難民政策は「カナダをカナダたらしめる」アイデンティティの源泉ともなってきた（大岡 2016: 344）。1969年に難民条約を批准、1978年の移民法改正で初めて「難民受入れによる国際的責務の遂行」が明記された。1985年には連邦最高裁判所が、難民認定申請者も基本的人権を享受すると判断する（古地 2017: 285）など、難民の権利保障に69年以降注力してきたといえよう。2002年の移民・難民保護法以降は条約難民以外の「保護を必要とする者」の受け入れも開始した。２００５年から20年にかけて、難民はカナダで認められた永住者の８～19％程度を占め、22年は17％だった（Statistica 2023b）。世論調査でも人道的な難民政策は高く評価され、難民の積極的な受け入れと、その再スタートを手厚く支援する社会政策は国民レベルで支持されている（大岡 2016: 353）。また、人権国家としてのカナダというイメージはアメリカとの差別化に使われてきた。移民受け入れで社会の活性化を目指すカナダは、そのイメージを高度人材移民に選ばれる魅力ある国のアピールにも十全に役立てている（大岡 2016: 347）。

カナダ政府のウェブサイトによれば、カナダでは難民申請者は、申請中に社会福祉、教育、医療サービス、緊急住宅、法律援助を受けることができ、さらに彼らのほとんどが、健康診断を受ければ労働許可を申請することができる（IRCC 2023）。この点も日本とは大きく異なる。

近年、難民の発生数の増加に対する警戒感が強まっており、世界的に難民の入国の管理強化や、先進国の難民認定の厳格化の傾向がある。２０１６年２月にヨーロッパを目指したシリア難民らが、マケドニアの国境封鎖により立ち往生させられたことが好例である（しかし実は、世界の難民の90％以上は途上国にいる。たとえばトルコはシリアからの難民・避難民３２０万人を、エジプトは21万５０００人の難民を受け入れた［小泉 2019: 6］）。同様にカナダも２０１２年に、難民を「偽難民」と「真正な難民」に分類し、偽難民に対しては就労・就学を認めず、健康保険に加入できないよう法制度を改革した（大岡 2016: 349-353）。

しかしこの政策転換は、集団としてのアフマディーヤにはほとんど影響がなかった。条約難民の定義によく適合する信徒は、カナダでは難民認定率が非常に高い。２０１８年には信徒の申請は国内で最も高い受理率を示し、１５００件の申請のうち97％が認定された（Cowan 2018）。「カナダでは、アフマディーヤの発行するＩＤカードの所有などで信徒であることが証明できさえすれば、難民申請が通る」と、カナダに住む信徒は2020年に断言した。実際そのような状況であることは数字が証明している。その背景には、極端な平和主義のため、彼らが治安上の脅威と見なされないことがある（Cowan 2018）。2012年から彼らを調査してきた筆者も同意見である。よく組織化され、政府に非常に協力的で平和主義的な彼らは、集団として受け入れるリスクがほぼない集団といえよう。

そして高い認定率は、カナダ政府のもつ情報が質量ともに充実していることにも拠る。カナダ政府は本国における信徒らの迫害状況や人権侵害をつぶさに把握している。それはカナダ最大の独立行政裁判所、カナダ移民難民委員会（IRB）による複数のパキスタンのアフマディーヤ関係の調査報告書（PAK101055.E、PAK100056.E、PAK105369.E 参照）の内容の充実ぶりから、明白である。日本とは比べるべくもない。

日本では信徒の本国における迫害状況はほぼ知られておらず、その立証責任は難民申請者にある。迫害状況なども難民申請者が自力で日本語で説明する必要があり、これは大変ハードルが高い。

4　ある一家のこと――パキスタンから日本へ、そして……

筆者が家族ぐるみで親しく行き来していた一家の事例を紹介したい。2013年1月、パキスタンからAさん（1958年生）一家（母親のAさん、次女Bさん、三女Cさん、四女Dさん、長男Eさんの総勢5人）が日本在住の親戚を頼って来日、同年3月に入国管理局にて難民認定申請を行った。当時次女Bさんは24歳、最年少の長男Eさんは16歳だった。申請は2013年11月に一次不認定処分となり、同月にAさん一家は異議申し立てをした。2017年3月にこの異議申し立てが棄却されたため、一家は2018年10月に難民不認定処分に対する取消訴訟を起こしたものの、これも2021年1月に棄却、同年6月、一家はパキスタンに強制送還された。難民認定を求めての日本滞在期間は8年3ヵ月に上った。

Aさんは夫亡き後、アフマディーヤへの迫害が続くパキスタンで一人で子どもを安全に育てる自信がもてず、出国と難民申請を計画した。三女Cさんが教団の本拠地を終点とするバスに乗車した際に、バスを狙った無差別テロ事件に巻き込まれたことも契機になった。家族を守る成人男性がいない一家が迫害にさらされたら何が起こるかわからないという危機感が、Aさんを後押しした（なおこの多分に文化的な理由は日本の裁判所には理解されなかった）。既婚の長女はその夫に託してパキスタンに留め置き、Aさんは未婚の子らを連れ、日本に住むAさんの妹（Fさん）と妹の夫（Gさん）――妹の夫はAさんの夫の弟でもある（つまり兄弟は姉妹とそれぞれ結婚した）――を頼って来日、妹の家に一家で身を寄せた。ベルギー在住の夫の兄弟が他にいたためベルギーも移住先の候補に挙がったが、Aさんは自身の妹と夫の弟夫婦という、最も濃い親族が住むことを理由（＝プル要因）に日本での難民申請を決断した。日本語は移住した時点ではまったくできず、日本の難民政策や難民認定に関する知識も皆無だった（後に「こんなに日本での難民申請が難しいなら別の国に行けばよかった。先進国だから、まさかここまで大変とは思わなかった」とCさんらは溜息混じりに愚痴った）。

2013年4月に、在留資格を「特定活動」とし、在留期間を「6月」とする在留資格変更許可を受ける。この時の在留資格では就労はできなかった。同年10月、在留資格を「特定活動」、在留期間を「6月」とする在留資格変更許可を受け、その後在留資格を「6月」とする在留資格変更許可を5回受けたが、2017年1月末に在留期限が過ぎた。13年10月から17年1月までは就労可能な在留資格を得ていた。この期間には、A、B、C、Dさんは近くの工場で働き、Eさんは叔父のGさんの自営業の手伝いをした。17年1月以降は更新許可が出ず非正規滞在となり、働けなくなって一家の収入は絶たれた。生活費に加えて裁判費用、仮放免の保証金なども嵩《かさ》み、居候先の妹の夫、Gさんとの関係も悪くなった。先が見えないこの時期には、金銭的にも行き詰まり、Aさんの悩みと心労は深かった。

そして学業半ばにして日本に来てその後の教育を受けられなかったEさんには、大学や高校卒業後に日本に来た姉たちとはまた異なる苦労があった。10代半ばでの言語の壁の高い地への移住は、教育の保障という面で非常に不利に働く。日本はカナダやノルウェーと異なり、難民申請者に対する言語プログラムを含む定住支援プログラムが制度化されておらず、体系的に日本語を学ぶ機会が保障されていない（難民認定後の日本語教育プログラムはある）。B、C、Dさんは同居するイトコや職場の人に折々に習う、自治体の日本語講座に通うなどして日本語を学んだ。しかし三人とも日本語能力は限定的で、筆者とはウルドゥー語単語交じりの英語で話していた。

２０１８年10月に提起した取消訴訟を、BさんとCさんは途中で取り下げた。Bさんは見合い結婚がまとまり、移民2世のパキスタン系イギリス人に嫁ぐことが決まった19年4月に訴えを取り下げ、パキスタンに強制送還されたのちすぐに渡英して結婚、今はイギリスで二児の母である。イギリスには配偶者ビザで入国、難民申請はしていない。Cさんも母方祖母の強力な後押しでドバイ在住の母方平行イトコとの結婚が決まり、20年11月に訴えを取り下げ、強制送還後にドバイに渡り、結婚し一児をもうけた。二つの結婚は、先の見えない日本での難民申請に危機感を募らせた日本国外の親戚が、別の選択肢を与えるべく必死になってまとめたものだ。親戚は結婚適齢期の未婚女性の定住地が未定、かつ法的な身分が不安定なことを、将来に響くリスク要因と見なしたのだ。

残ったA、D、Eさんの訴訟は２０２１年1月に棄却された。皮肉なことに、棄却の根拠の一つになったのは二人の結婚だった。二人が訴えを取り下げて強制送還された事実が、パキスタンが安全な証拠とされたのである。彼女たちはパキスタンからは速やかに出国したが、それは日本の裁判所の関知するところではなかった。

Aさんは２０１９年頃から深刻に体調を崩していたが、国民健康保険に入れないため治療を受けられずにいた。10割負担で病院にかかることは不可能で、病状の深刻さにAさん一家はやむなく帰国を決意、21年6月にA、D、Eさんはパキスタンに強制送還された。すぐに現地の病院に行ったものの手の施しようがなく、Aさんは同年7月に他界した。残されたD、Eさんはそれぞれパキスタンで結婚したのち夫婦で出国、Eさんは21年に、Dさんは22年にドイツで難民申請をした。

Cさんと子と夫、夫の母はドバイからカナダに移動し、カナダで22年12月に難民申請を行った。そして一時滞在ビザを取得し、難民申請が認められるのを待った。なおFさん夫婦の長男が移民2世のパキスタン系カナダ人と結婚してカナダに住んでおり（彼は23年にカナダ国籍を取得）、彼がCさん家族をカナダで助けている。彼によれば、Cさん一家は難民申請中にもかかわらず、政府から様々な支援を受けている。一家は月に１７００ドル近い支援金を受給し、政府の紹介でフードバンクとつながり、医療費は無料で、難民申請関連の弁護士費用の援助も受ける。このように、カナダの支援は難民申請者に対しても手厚い。彼は「神のみぞ知ることだが、〔日本で〕伯母〔Aさん〕とその家族がこのような支援を受けていたら、彼女はまだ生きていたかもしれない」と述べた。その後、Cさん一家の難民申請は23年12月に認められた。

Aさんは他界、Bさんはイギリス、Cさんはカナダ、DさんとEさんはドイツと、家族は散り散りになった。うち2人はドイツでまだ難民申請中である。日本の難民申請率がG７の他国並みであったなら、一家は離散することもAさんが欠けることもなく、日本で今も暮らしていたかもしれない。あるいは初めからカナダやドイツ、ベルギーで難民申請をしていたらとっくに難民認定されて、もっと早くに生活基盤が整った可能性が高い。

難民政策はこのように一人ひとりの人生を左右する。B、CさんとはSNSで今でも連絡を取っている。D、Eさんは結婚の経緯にも、ドイツにたどり着くまでにもそれぞれ別の長いドラマがあり、生活もまだ安定しているとは言いがたい。Eさんは一児の父となり、その後離婚した。

彼女らは今、日本での8年をどう思っているのだろうか。母親が医療にかかれず病を悪化させて死去したことを。日本で働いたり、働けずに居候先で肩身の狭い思いをしたり、イトコ（Fさんの娘二人）たちと共に住んで、女性皆でパキスタンドラマに夢中になったりした日々を。Fさんの娘二人とB、C、DさんはA、Fさん姉妹のことを日常的に「お母さんたち」と呼んでいた。お母さんたち！ その印象深い用法は、拡大家族の可能性と面白さを筆者に教えてくれた。

裁縫が得意で思慮深く、控えめで理知的で、一家の精神的な大黒柱だったBさん、語学のセンスがあり料理が好きで、周りに気を遣うのが習い性のCさん、ともかく子ども好きで明るくておしゃれに余念のないDさん。彼女らの8年をつぶさに見た筆者には、環境と機会さえあったなら、彼女らは日本社会に彼女らなりに適応し、貢献しつつ生きていけたという確信がある。しかしそれは日本の難民政策により、叶わなかった。イギリス、カナダ、ドイツで、彼女たちが次の人生を切り開けることを今はただ、祈るばかりである。

おわりに

本章で取り上げたアフマディーヤには、条約難民に適合し、かつ極端な平和主義という教義上の特徴から移住先の国家へのリスクが低いと見なされてきたため、カナダ、ドイツ、イギリス、オーストラリアなどで難民として受け入れられてきた歴史と実績がある。しかし日本では、日本独自の難民認定の個別把握論ゆえに、信徒の難民申請の認定率は先進諸国と比べ明らかに低い状況が続く。

その影響は各国の信徒のコミュニティ規模から明らかである。同時期に様々な地域に移住した彼らのコミュニティ規模は、日本（や韓国）では極端に小さい。その影響は日本在住の信徒、とくに2世女性に顕著である。信徒同士の結婚と夫方居住を原則とするため、日本で配偶者を見つけることが難しく、日本で育った彼女たちの多くが、結婚によって離日する（嶺崎 2018 および本シリーズ第2巻所収の嶺崎 2020 参照）。日本で育ってイギリス、アメリカ、スイス、ガーナなどへと嫁ぐ彼女たちの人生を世界規模にしている背景には、日本の移民・難民政策がある。「たけのこの里をお土産にいつか、ガーナに私を訪ねてきてほしい。日本語でお喋りしたい」と筆者に親を通じてねだった日本育ちの信徒に、筆者はまだ会えていない。

難民申請を却下される人々は、数字ではない。その数字一つひとつは、それぞれの人生を賭けてそこにたどり着いた、血の通った人間なのだ。制度に翻弄される人々への想像力と、少しでも世界を良くしようとする志と現実との落としどころを真摯に追求する姿勢が、今私たちに求められている気がしてならない。

謝辞　日本およびカナダの信徒の皆さまと女性部の皆さま、そしてとくにAさん、Fさんご一家に深く感謝します。草稿に貴重なコメントを下さった伊藤弘子先生に記して謝意を表します。本調査は科研費26770291により可能となりました。

特論

アフガニスタン女性からのSOSを読み解く

小川玲子

2021年8月23日の夜、突然、アフガニスタン人と名乗る女性からSNSに着信があった。アフガニスタンでイスラーム主義勢力ターリバーンが首都カブールに侵攻し、政権が崩壊した1週間後のことである。千葉県で暮らす彼女の姉夫婦から筆者の連絡先を聞いたSさんは、見ず知らずの筆者にいきなりターリバーンによる政変後の絶望を英語で切々と訴えてきた。21歳のSさんは、歴史的に迫害を受けてきたシーア派のハザラ人であり、恐怖に怯えていた。ターリバーンによる政変以降は外出することもできず、家宅捜索を怖れ、「自分の人生は終わった」と電話越しに泣きはじめた。「ターリバーンが来たら凌辱されるか殺される。自分の人生を切り開くためにリスクがあっても国を脱出したい」と訴えるSさんの声には絶望と固い決意が入り混じっていた。Sさんは日本の大学でMBAを取得し、将来はアフガニスタン女性の雇用を創出するようなビジネスをやりたいという希望をもっており、日本への退避を強く希望していた。

アフガニスタンの歴史は大国に翻弄され続けてきたが、その中でもアフガニスタン女性は政治的な含意をもって表象されてきた。アメリカのアフガニスタンに対する介入は1979年のソ連軍のアフガニスタン侵攻に対する対抗策として、ムジャーヒディーンと呼ばれる戦士たちをパキスタンで支援してきたことにさかのぼる。しかし、1991年にソ連が崩壊するとアメリカはムジャーヒディーンに対する援助を引き上げ、アフガニスタンでは内戦がはじまり、1996年にはイスラーム主義勢力のターリバーンが政権を掌握する。そして、2001年に9・11同時多発テロが起きると、テロリストには一人のアフガニスタン人も含まれていなかったにもかかわらず、アメリカはアフガニスタンがテロを首謀したアルカイダをかくまっているとして攻撃を開始する。

この戦争を正当化するためにブッシュ政権によって使われたレトリックが「アフガニスタン女性の解放」であった。ブッシュ大統領は「女性は自宅に監禁され、基本的な医療や教育へのアクセスも拒否されている」と演説を行い、アフガニスタンへの侵攻を正当化した（US Department of State 2001）。アメリカのフェミニストの一部も「善良な救世主であるアメリカ」によってターリバーンによる抑圧と差別からアフガニスタン人女性を解放するキャンペーンを展開し、戦争に口実を与えた。アフガニスタン女性はアメリカの国益に合致した帝国主義的フェミニズムによって、「遅れた他者」として構築されていく（Russo 2006）。帝国主義的フェミニズムは多様なアフガニスタン女性の経験を一枚岩的にイスラームと結びつけることで、暴力から自由でいられる自分たちという想像上の世界を獲得し、安心感を得ることができるのである。

アフガニスタン女性に対する差別や抑圧の原因は、複雑で重層的であり、ターリバーンによる抑圧のみではない。清末（2014）は、伝統的な家父長規範、ソ連軍の侵攻と親ソ政権、ムジャーヒディーンによるイスラーム主義、ターリバーンによる政策、国際社会による経済制裁、北部同盟や諸軍閥による暴力などが女性に対する暴力に対して影響を与えているが、その原因が不問にされたまま復興が推進されたと指摘する。

2001年から開始されるアフガニスタンの復興はアメリカが主導し、日本を含めて50ヵ国以上が参加し、女子教育はその中の一つの柱となっていった。日本政府は2016年から2018年の間、アフガニスタンに対する世界4位のドナーであり、累計で7000億円規模の援助を行ってきた。女子教育については五つの女子大学（お茶の水女子大学、奈良女子大学、東京女子大学、日本女子大学、津田塾大学）がコンソーシアムを結成し、女性指導者の育成を行うとともに、政府の奨学金を通じて多くの留学生を受け入れてきた（本シリーズ第3巻『教育とエンパワーメント』コラム7参照）。日本もアメリカによって方向づけられたジェンダー平等の達成という目的に向かって、アフガニスタンの復興支援に大きく関与してきたのである。

その結果、過去20年間にアフガニスタンの女子教育は大きな発展を遂げてきた。2001年に就学していた女子は10万人以下だったが、2019年には350万人に増加し、高等教育を受けた女性も2007年の5000人から2018年には9万人に急増し、女性の識字率は大きく改善している（UNICEF 2022）。

しかし2021年8月15日、アメリカ軍の撤退期限を前に、ターリバーンがカブールに侵攻、アシュラフ・ガニ大統領は国外脱出し、あっという間に政権は崩壊した。恐怖が街を支配するなか、日本とつながりのある元留学生やNGO職員、在日アフガニスタン人家族など数多くの退避要請が日本の関係者に寄せられた。Sさんもそのように退避を要請してきたアフガニスタン人の一人だった。

そこで、行政書士やNPOとともにSさん家族を退避させるプロジェクトを開始した。退避を希望していたのはSさんと2人の姉と姉の夫と子どもたち、そしてSさん姉妹の母と千葉に住む姉の義母の総勢8名であった。千葉で暮らすSさんの義兄は「経営・管理」の在留資格を持ち、会社を経営していた。ターリバーンによる政変以降、外務省に退避支援の窓口が設置されたため、9月上旬には親族訪問の短期滞在のビザ申請の書類を作成してカブールに送付し、外務省からの許可が下りるのを待った。すでに在アフガニスタン日本大使館は閉鎖されており、近隣国に移動して日本のビザを取得するほかなかった。10月にはシーア派のモスクに対する自爆テロが続き、経済制裁の影響で銀行からの預金の引き出しには制限がかかっており、冬も近づいていたことから全員が焦燥感をもっていた。

しかし、10月下旬になって日本の外務省から、アフガニスタン人には短期滞在ビザは発給しないので、「就労」か「留学」の在留資格を取得するように伝えられた。すでに隣国へ移動する準備をしていたSさん家族にとっては青天の霹靂であり、電話の向こうからも深い絶望が伝わってきた。日本語ができないアフガニスタンの人々にとって「就労」の在留資格を取得することはハードルが高く、海外から日本語専門学校に入学するためには最低12年間の教育が必要であるため、全員が入学資格を持っていたわけでも、入学を希望していたわけでもない。また、50代以上の母親2名は就労にも留学にも当てはまらず、該当する在留資格がなかった。千葉の姉夫婦も繰り返し「お金のことは心配ない。自分たちが面倒を見るから」と強調したものの、外務省は「就労」か「留学」の在留資格を取得するようにとの一点張りであった。

日本への来日が遠のいたSさん家族の一部は、11月にSさんの兄が暮らすドバイへと移動した。Sさんは12年の教育を終えていたため、日本語専門学校の奨学金を紹介したが、ほどなくしてドバイで暮らすSさんの兄から連絡があり、Sさんを一人で日本に行かせることはできないため、日本への留学はできないと伝えられた。それから数ヵ月後、ドバイのSさんから結婚式の招待状が届いた。金色の装飾が施された純白の招待状を見ながらSさんに「幸せなの?」と尋ねると、「幸せよ」という答えが落ち着いた声で返ってきた。夫となる人も仕事の関係で日本に行くことがあるので、いつか日本で暮らすことができるかもしれないと言って、後日、凛とした様子でたたずむ結婚式の写真を送付してきてくれた。

高等教育への進学を希望していたSさんは、間違いなく国際社会による過去20年間の女子教育支援の成果であり、時代の申し子である。Sさんは英語を学び、ITを駆使して家族を「安全な」日本へと退避させようと懸命に尽力した。極度の緊張状態の中で見ず知らずの私に連絡し、関係者を突き動かしていったSさんは、自らの努力によって自分と家族の人生を必死で切り開こうとしていた。Sさんの希望が叶わなかったのは、「ムスリム女性」の慣習に縛られていたからではない。それは、私たちの世界との関係性という文脈の中で捉えられる必要がある。

第一に、国際社会によるアフガニスタン復興のためのアジェンダの中で推進されてきた女子教育であるが、政変によってアフガニスタンのすべての女性の教育の機会と人生が奪われた時には、女性の権利や女子教育に対してかかわってきた関係者は沈黙し、難民としての受け入れも拒否した。難民は国家の領域内に入らない限り難民認定申請を行うことができない。つまり、Sさんは家族がいる日本では難民申請をすることは許されない状況で、結婚という選択をしていったのである。

第二に、日本の在留資格の「家族滞在」は配偶者と子しか認めていないことが挙げられる。Sさんの8名家族による移動には、高齢の母親も含まれており、定型化された家族形態には該当しなかったことから、ビザを取得することができなかった。そこには男性である世帯主とその家族という、男性稼ぎ手モデルを基盤としたジェンダー化された日本の在留資格のあり方が照らし出されており、家族のあり方は世代や地域によって大きく異なることは反映されていない。

第三に、日本政府がアフガニスタン人に対しては短期滞在ビザの発給を拒んだことである。政府はウクライナ避難民に対しては短期滞在ビザを発給し、高齢家族や親族や身元保証人がいない人の呼び寄せも可能にした。しかしアフガニスタン人については就労か留学の在留資格の申請を求めたため、Sさん家族の移動は不可能となった。UNHCR（2021）はアフガニスタン人が移動先で定着するためには家族が鍵となることから、受け入れ国にはできる限り柔軟に対応するように求めているが、緊急事態においても特別な措置がとられることはなかった。

女性の権利が問題となる場所はいつも「（先進国以外の）ここではないどこか」であると、エジプトをフィールドとし、パレスチナ人を父にもつアメリカの人類学者、ライラ・アブー＝ルゴドは言う（アブー＝ルゴド 2018: 79）。アフガニスタンの女性の権利とジェンダー平等は国際社会が掲げる普遍的な価値として、ターリバーンに対する西側の支配と優位性を正当化したが、政変後の対応はそれが欺瞞であったことをあぶりだした。さらに、退避に関してはウクライナ避難民との間に差異を設けることで、日本の国境管理が人種化されていることを浮かび上がらせた（小川 2023）。

アフガニスタン女性たちは、留学生として来日した時には日本の国際貢献を対外的にアピールする材料とされたが、帰国して迫害に遭った時には何ら手が差し伸べられることはなかった。ジェンダー平等が普遍的な価値であるとすれば、留学生というカテゴリーが難民へとシフトしたとしても、その姿勢に変化はないはずである。Sさんの経験はジェンダー平等を実現するという日本政府のコミットメントが「ここではないどこか」においてのみ有効なリップサービスであったことをさらけだしている。

countries-with-the-10-largest-christian-populations-and-the-10-largest-muslim-populations/（最終閲覧日 2023 年 8 月 30 日）

Philippine Statistics Authority. 2023. "Religious Affiliation in the Philippines (2020 Census of Population and Housing)." https://psa.gov.ph/content/religious-affiliation-philippines-2020-census-population-and-housing（最終閲覧日 2023 年 8 月 25 日）

Russo, Anne. 2006. "The Feminist Majority Foundation's Campaign to Stop Gender Apartheid: The Intersections of Feminism and Imperialism in the United States," *International Feminist Journal of Politics*, Vol. 8 (4): 557-580.doi/org/10.1080/14616740600945149

Sakurai, Keiko. 2008. "Muslims in Contemporary Japan," *Asia Policy*, 5: 69-87.

Scharbrodt, Oliver, Samim Akgönül, Ahmet Alibašić, Jørgen S. Nielsen, and Egdunas Racius (eds.). 2018. *Yearbook of Muslims in Europe*, Volume 10. Leiden:Brill.

Sherwood, Harriet. 2016. "'It's a Beautiful Thing': Ahmadi Muslims find Strength at UK Gathering," *The Guardian*.（2016年8月12日付記事）https://www.theguardian.com/world/2016/aug/12/ahmadi-ahmadiyya-muslims-islam-jalsa-salana-hampshire（最終閲覧日 2023 年 10 月 1 日）

Statistica. 2023a. "Leading origin countries of persons claiming refugee status in Canada in 2022." https://www.statista.com/statistics/549366/top-10-origin-countries-of-refugee-claimants-in-canada/（最終閲覧日 2023 年 10 月 1 日）

———. 2023b. "Share of refugees among all permanent residents admitted in Canada from 2005 to 2022." https://www.statista.com/statistics/549585/share-of-refugees-among-permanent-residents-in-canada/（最終閲覧日 2023 年 10 月 1 日）

Tamura, Mari, Hitomu Kotani, Yusuke Katsura, and Hirofumi Okai. 2022. "Mosque as a COVID-19 vaccination site in collaboration with a private clinic: A short report from Osaka, Japan," *Progress in Disaster Science*, 16, 100263-100263.

UNHCR. 2020. "75,000 children in Iran to gain nationality under new law", https://www.unhcr.org/news/briefing-notes/75000-children-iran-gain-nationality-under-new-law（最終閲覧日 2023 年 8 月 25 日）

———. 2021. "UNHCR calls on states to expedite family reunification procedures for Afghan refugees," https://www.unhcr.org/news/briefing-notes/unhcr-calls-states-expedite-family-reunification-procedures-afghan-refugees（最終閲覧日 2023 年 4 月 30 日）

UNICEF. 2022. "AFGHANISTAN: Education Sector Transitional Framework," https://reliefweb.int/report/afghanistan/afghanistan-education-sector-transitional-framework-february-2022（最終閲覧日 2023 年 5 月 10 日）

US Department of State. 2001. "Report on the Taliban's War Against Women," https://2001-2009.state.gov/g/drl/rls/6185.htm（最終閲覧日 2023 年 5 月 10 日）

World data info. 2023. "Asylum applications and refugees in Canada." https://www.worlddata.info/america/canada/asylum.php#:~:text=94%2C246%20asylum%20applications%20by%20refugees,of%20them%20were%20answered%20positively.（最終閲覧日 2023 年 10 月 1 日）

World Religion Database. n.d. https://www.worldreligiondatabase.org/（最終閲覧日 2023 年 8 月 30 日）

and Rituals in Europe. London: Routledge.
Hussain, Amir. 2001. The Canadian Face of Islam: Muslim Communities in Toronto.（博士学位論文）University of Toronto.
Immigration and Refugee Board in Canada. 2005. PAK100056.E https://www.ecoi.net/en/document/1017889.html（最終閲覧日 2023 年 10 月 1 日）
———. 2006. PAK101055.E https://irb.gc.ca/en/country-information/rir/Pages/index.aspx?doc=449941（最終閲覧日 2023 年 10 月 1 日）
———. 2016. PAK105369.E https://irb.gc.ca/en/country-information/rir/Pages/index.aspx?doc=456309&pls=1（最終閲覧日 2023 年 10 月 1 日）
Immigration, Refugees and Citizenship Canada（IRCC, 移民・難民・市民権省）"Claiming asylum in Canada–what happens?" https://www.canada.ca/en/immigration-refugees-citizenship/news/2017/03/claiming_asylum_incanadawhathappens.html（最終閲覧日 2023 年 10 月 1 日）
Jeldtoft, Nadia. 2011. "Lived Islam: Religious identity with 'non-organized' Muslim minorities," *Ethnic and Racial Studies*, 34(7):1134-1151.
Jeldtoft, Nadia and Jørgen Nielsen (eds.). 2012. *Methods and Contexts in the Study of Muslim Minorities: Visible and Invisible Muslims*, London: Routledge.
Kobe Muslim Mosque. 1936. *The Kobe Muslim Mosque Report, 1935–6*. Kobe.
Kojima, Hiroshi. 2006. "Variations in Demographic Characteristics of Foreign 'Muslim' Population in Japan: A Preliminary Estimation," *Japanese Journal of Population*, 4(1):115-130.
McGuire, Meredith. 2008. *Lived Religion: Faith and Practice in Everyday Life*, New York: Oxford University Press.
Mihara, Reiko. 2022. "Schools for Muslims in Japan: A Comparative Study of School Accreditation with Reference to Cases in the Netherlands and England." *SocArXiv*. December 1. doi:10.31235/osf.io/e8f6s.
Mualem Sultan, Marie. 2006. *Migranten in Deutschland: eine kritische Analyse der Debatte um die Parallelgesellschaft*. Grin.
Nowak, Jürgen. 2006. *Leitkultur und Parallel Geselschaft: Argumente wider einen deutschen Mythos*. Frankfurt a.M.: Brandes + Apsel.
Numata, Sayoko. 2012. "Fieldwork Note on Tatar Migrants from the Far East to the USA: For Reviews of Islam Policy in Prewar and Wartime Japan," *Annals of Japan Association for Middle East Studies*, 28 (2): 127-144.
Office of the Registrar General & Census Commissioner, India (ORGI). 2011. "Primary Census Abstract by Religion." https://censusindia.gov.in/census.website/data/census-tables. RL-0000（最終閲覧日 2023 年 8 月 25 日）
Okai, Hirofumi and Norihito Takahashi. 2023. "Conflict and coexistence among minorities within minority religions: a case study of Tablighi Jama'at in Japan," *Religion, State & Society*, 51(3):267-282.
Pakistan Bureau of Statistics. 2023. "POPULATION BY RELIGION." https://www.pbs.gov.pk/sites/default/files/tables/population/POPULATION%20BY%20RELIGION.pdf（最終閲覧日 2023 年 8 月 25 日）
Pew Research Center. 2019. "The countries with the 10 largest Christian populations and the 10 largest Muslim populations." https://www.pewresearch.org/fact-tank/2019/04/01/the-

York: Oxford University Press.

Ansari, Humayun. 2007. "Burying the Dead: Making Muslim Space in Britain." *Historical Research*, 80 (210): 545-566.

Asylum Research Center. 2018. *Pakistan: Country Report*.

Atalayar. 2023. "Terrorists Attack a Mosque and Kill Nine Muslim Ahmadis in Cold Blood in Burkina Faso" 2023 年 1 月 14 日付記事 https://www.atalayar.com/en/articulo/society/terrorists-attack-mosque-and-kill-nine-muslim-ahmadis-cold-blood-burkina-faso/20230113124515159771.html#:~:text=They%20separated%20nine%20elderly%20men,they%20returned%20inside%20the%20mosque（最終閲覧日 2023 年 10 月 1 日）

Bangladesh Bureau of Statistics. 2022. *Population and Housing Census 2022*. https://bbs.portal.gov.bd/sites/default/files/files/bbs.portal.gov.bd/page/b343a8b4_956b_45ca_872f_4cf9b2f1a6e0/2023-09-27-09-50-a3672cdf61961a45347ab8660a3109b6.pdf

Badan Pusat Statistik（インドネシア統計局）n.d. "Upah Minimum Regional/Propinsi (Rupiah), 2002-2004." https://www.bps.go.id/indicator/19/220/6/upah-minimum-regional-propinsi.html（最終閲覧日 2023 年 10 月 2 日）

Breton, Raymond. 1964. "Institutional Completeness of Ethnic Communities and the Personal Relations of Immigrants," *American Journal of Sociology*, 70(2):193-205.

Calhoun, Craig. 1991. "Indirect relationships and imagined communities: large scale social integration and the transformation of everyday life," In Bourdieu, Pierre and James Samuel Coleman (eds.). *Social Theory for a Changing Society*, Boulder, CO: Westview Press, 95-120.

Cowan, Micki. 2018. "'No other option but to escape': Ahmadi Muslims, including survivor of mosque attack, find safety in Sask." *CBC News*, 2018 年 2 月 7 日付記事 https://www.cbc.ca/news/canada/saskatchewan/sask-asylum-seekers-religious-persecution-1.4519348（最終閲覧日 2024 年 1 月 13 日）

Department of Census and Statistics Sri Lanka. 2012. "Census of Population and Housing – 2012." http://www.statistics.gov.lk/pophousat/cph2011/pages/activities/Reports/District/Colombo/A4.pdf（最終閲覧日 2023 年 8 月 25 日）

Dündar, Ali. Merthan. 2014. "Tatar mı, Türk mü, Türk-Tatar mı?: İki Dünya Savaşı Arası Dönemde Doğu Asya'da Türk-Tatarların Kimlik Sorunu Üstüne," *Türkiye Sosyal Araştırmalar Dergisi*, 18(1): 167-174.

Gidda, Mirren. 2016. "Glasgow Shopkeeper Murder: Britain's Ahmadis Are Living in Fear." *Newsweek Magazine* 2016 年 4 月 26 日付記事 https://www.newsweek.com/ahmadis-asad-shah-glasgow-shopkeeper-tanveer-ahmed-452569（最終閲覧日 2023 年 10 月 1 日）

Hasim, Asad. 2014. "Pakistan's Ahmadiyya: An 'absence of justice'," *Al Jazeera* 2014 年 8 月 4 日付記事 https://www.aljazeera.com/features/2014/8/7/pakistans-ahmadiyya-an-absence-of-justice?fbclid=IwAR32DGIEQAAF7eRJEtGX8i2aj7mkiEDSpFvJY1bstTSF1k9H6flRF8OX4rI#:~:text=Since%201984%2C%20245%20Ahmadis%20have,another%2012%20have%20been%20assaulted（最終閲覧日 2023 年 10 月 1 日）

Human Rights Watch (HRW). 2020. "Pakistan: Surge in Targeted Killings of Ahmadis," 2020 年 11 月 26 日付プレスリリース https://www.hrw.org/news/2020/11/26/pakistan-surge-targeted-killings-ahmadis（最終閲覧日 2023 年 10 月 1 日）

Hunter, Alistair, and Eva Soom Ammann (eds.). 2017. *Final Journeys: Migrant End-of-life Care*

たちを取り戻すために』晶文社。
弥栄睦子 2017「ムスリムの人も気軽に訪れ、ともに暮らせる街づくりにむけた研究」多文化共生研究会報告書、23-50 頁。
三木英編 2017『異教のニューカマーたち —— 日本における移民と宗教』森話社。
三木英・櫻井義秀編 2012『日本に生きる移民たちの宗教生活 —— ニューカマーのもたらす宗教多元化』ミネルヴァ書房。
三沢伸生 2016「在日タタール人 —— 転遷の歴史」小松久男編著『テュルクを知るための 61 章』明石書店、343-347 頁。
水越紀子 2003「在日フィリピン人女性とフェミニズム ——『語られる』日本人を解釈する」『人権問題研究』3、53-65 頁。
嶺崎寛子 2013「ディアスポラの信仰者 —— 在日アフマディーヤ・ムスリムにみるグローバル状況下のアイデンティティ」『文化人類学』78(2)、204-224 頁。
——— 2017「グローバル化を体現する宗教共同体 —— イスラーム、アフマディーヤ教団」『現代宗教』2017、127-152 頁。
——— 2018「ローカルをグローバルに生きる —— アフマディーヤ・ムスリムの結婚と国際移動」『社会人類学年報』44、79-109 頁。
——— 2019「ムスリムとは誰か —— ムスリムの周縁をめぐる試論」『お茶の水史学』62、245-258 頁。
——— 2020「国際移動を生きる女性たち —— 越境するアフマディーヤの宗教運動」長沢栄治監修、鷹木恵子編著『越境する社会運動』(イスラーム・ジェンダー・スタディーズ 2)明石書店、160-172 頁。
森千香子 2016『排除と抵抗の郊外 —— フランス〈移民〉集住地域の形成と変容』東京大学出版会。
山口昭彦編著 2019『クルド人を知るための 55 章』明石書店。
山口裕子 2019「ハラールの現代 —— 食に関する認証制度と実践から」『文化人類学』83(4)、554-571 頁。
山根絵美 2016「ドイツにおけるイスラーム宗教教育の展開とその社会的背景に関する一考察」『大阪大学教育学年報』21、101-115 頁。
吉田幸雄 2022「トルコ人、交流望んでます　海部・津島地域で住民登録増加中」中日新聞(2022 年 11 月 19 日ネット版配信)https://www.chunichi.co.jp/article/585290(最終閲覧日 2023 年 5 月 9 日)
吉村真子 1993「日本におけるタイ人出稼ぎ女性」『社會勞働研究』40(1-2)、222-178 頁。
渡邉紗代・ギルデンハルト、ベティーナ 2013「『ムルティクルティ』: ドイツにおける多文化主義の諸相」『言語文化』15(4)、391-419 頁。

〈外国語〉

Ahmadiyya Muslim Community (AMC). 2012. "List of Martyres." https://www.thepersecution.org/facts/martyred.html?fbclid=IwAR0bXm-9jm3l3SqnKHvZbFl7U5lNx0Pm75gQDlWr1-a0FCKv4PJXMvLbu_U(最終閲覧日 2023 年 10 月 1 日)
Allievi, Stefano. 2005. "How the Immigrant has Become Muslim Public Debates on Islam in Europe," *Revue Européenne Des Migrations Internationales*, 21(2):135-163.
Ammerman, Nancy (ed.). 2007. *Everyday Religion: Observing Modern Religious Lives*. New

https://yomi.tokyo/agate/qiufenbbspink/pub/1241847425/1-/a（最終閲覧日 2023 年 10 月 2 日）
平岡春人・田内康介 2022「トルコ国籍のクルド人、初めての難民認定 『私以外の人にも希望に』」朝日新聞デジタル（2022 年 8 月 9 日付記事）https://digital.asahi.com/articles/ASQ895H5VQ89UTIL01L.html（最終閲覧日 2023 年 5 月 9 日）
平田篤央 2019「公園を埋め、そして消えたイラン人 あの波は日本に何をもたらしたのか」The Asahi Shinbun GLOBE+（2019 年 6 月 10 日公開）https://globe.asahi.com/article/12434499（最終閲覧日 2023 年 5 月 8 日）
平野雄吾 2019「分断と暴力の外国人政策 ── 入管収容施設の実態」『現代思想』47(5)（特集：新移民時代）、8-17 頁。
廣岡裕一 2005「旅行業法の変遷 ── 旅行業法に改題後の 1982 年と 1995 年の改正」『政策科学』13(1)、107-118 頁。
広島弁護士実務研究会編 2020『もし関係者の中に外国人がいたら ── そんなときどうする 法律相談 Q&A』第一法規。
深見奈緒子 2013『イスラーム建築の世界史』岩波書店。
福田友子 2007「トランスナショナルな企業家たち ── パキスタン人の中古車輸出業」樋口直人・稲葉奈々子・丹野清人・福田友子・岡井宏文『国境を越える ── 滞日ムスリム移民の社会学』青弓社、142-177 頁。
──── 2012a『トランスナショナルなパキスタン人移民の社会的世界 ── 移住労働者から移民企業家へ』福村出版。
──── 2012b「千葉県内のモスク設立とムスリム移民」房総日本語ボランティアネットワーク編『千葉における多文化共生のまちづくり』エイデル研究所、46-53 頁。
──── 2020「南アジアの中古品貿易業 ── アフガニスタン人移民企業家のトランスナショナルな移動」松尾昌樹・森千香子編『移民現象の新展開』〈グローバル関係学 6〉岩波書店、184-204 頁。
福田友子・浅妻裕・佐々木創 2021「スリランカにおける自動車リユース市場の現状と課題」『千葉大学国際教養学紀要』5、85-106 頁。
福田義昭 2008「神戸モスク建立前史 ── 昭和戦前・戦中期における在神ムスリム・コミュニティの形成」『日本・イスラーム関係のデータベース構築 ── 戦前期回教研究から中東イスラーム地域研究への展開』（平成 17 年度～平成 19 年度科学研究費補助金基盤研究（A）研究成果報告書、研究代表者：臼杵陽、課題番号 20320095）、23-62 頁。
──── 2020『昭和文学のなかの在日ムスリム』（ACRI Research Paper Series 16）東洋大学アジア文化研究所。
ブザール、ドゥニア（児玉しおり訳）2017『家族をテロリストにしないために ── イスラム系セクト感化防止センターの証言』白水社。
二見茜 2019「当たり前が通じない？ 外国人と日本人の文化や習慣の違い」『チャイルドヘルス』22(12)（特集：外国人の子どもの診療～今からでも間に合う！）36-40 頁。
法務省「国籍別帰化許可者数」https://www.moj.go.jp/content/001392230.pdf（最終閲覧日 2023 年 8 月 25 日）
松井理恵 2017「滞日ムスリム児童の教育支援に関する研究 ── 東広島市 A 小学校での調査から」平成 29 年度 東広島地域課題研究懸賞論文。
松長昭 2009『在日タタール人 ── 歴史に翻弄されたイスラーム教徒たち』東洋書店。
マンスール、アフマド（高本教之ほか訳）2016『アラー世代 ── イスラム過激派から若者

塚田穂高 2021「『宗教 2 世』問題　信者だけの話ではない」朝日新聞 2021 年 7 月 14 日。
塚田穂高・鈴木エイト・藤倉善郎 2023『だから知ってほしい「宗教2世」問題』筑摩書房。
デュンダル、メルトハン 2012「私は夢も日本語で見ていた —— トルコ・タタール移民の活動」塩川伸明・小松久男・沼野充義編『ユーラシア世界 2　ディアスポラ論』東京大学出版会、205-228 頁。
東京弁護士会 2020「退去強制令書による収容に期限の上限を設けるとともに、人権条約に適合する方法で出国が困難な外国人の問題の解消を図ること等を求める意見書」https://www.toben.or.jp/message/pdf/200114ikensho.pdf（最終閲覧日 2023 年 12 月 22 日）
富沢寿勇 2019「ハラール産業と監査文化研究」『文化人類学』83(2)、613-630 頁。
中田雄一郎 2020「OTC 医薬品のハラール性調査 —— 訪日イスラム教徒への OTC 医薬品のハラール情報提供」『大阪大谷大学紀要』54、41-55 頁。
中野剛志 2018「移民という『自死を選んだ』欧州から学ぶこと ——『リベラリズムによる全体主義』がやってくる」東洋経済オンライン（2018 年 12 月 14 日公開）https://toyokeizai.net/articles/-/254395（最終閲覧日 2023 年 4 月 19 日）
ナディ 2019『ふるさとって呼んでもいいですか —— 6 歳で「移民」になった私の物語』大月書店。
浪岡新太郎 2017「フランス共和国における〈ムスリム女性〉の解放 —— 政府統合高等審議会（Haut Conseil à l'Intégration: HCI）におけるライシテの語り」『明治学院大学国際学研究』50、39-62 頁。
難民支援協会 2022「日本の難民認定はなぜ少ないか？ —— 制度面の課題から」https://www.refugee.or.jp/refugee/japan_recog/（最終閲覧日 2023 年 11 月 9 日）
西谷祐子 2021「渉外家事事件 判例評釈（95）ミャンマーイスラム法上のタラーク離婚の反公序性と離婚判決（東京家判平成 31 年 1 月 17 日）」『戸籍時報』818 号、25-31 頁。
西山毅 1994『東京のキャバブのけむり』ポット出版。
日本病院会国際医療推進委員会 2015『平成 27 年度「医療の国際展開に関する現状調査」結果報告書［抜粋］』https://www.hospital.or.jp/pdf/06_20151028_01.pdf（最終閲覧日 2023 年 9 月 3 日）
入管協会 1996『国際人流』第 112 号。
入国管理局 2009「在留特別許可に係るガイドラインの見直しについて（2009 年 7 月）」https://www.moj.go.jp/isa/publications/materials/nyukan_nyukan85.html（最終閲覧日 2023 年 5 月 8 日）
沼田彩誉子 2020「極東生まれタタール移民 2 世の帰属意識 ——『テュルク・ムスリムの国トルコ』は唯一の『故郷』なのか」早稲田大学大学院人間科学研究科博士論文。
萩原弘子 1997「『違い』の論じ方 ——『ジェンダーと階級と人種』という問題」『現代思想』25(13)、50-58 頁。
服部美奈 2009「ムスリムを育てる自助教育 —— 名古屋市における児童教育の実践と葛藤」奥島美夏編著『日本のインドネシア人社会 —— 国際移動と共生の課題』明石書店、215-232 頁。
樋口直人 2007「序章　滞日ムスリム移民の軌跡をめぐる問い」樋口直人・稲葉奈々子・丹野清人・福田友子・岡井宏文『国境を越える —— 滞日ムスリム移民の社会学』青弓社、11-23 頁。
暇つぶし 2ch 2009「【絶滅】インドネシアパブ【寸前】」2009 年 5 月 22 日書き込み

出入国在留管理庁 2021「現行入管法上の問題点（令和 3 年 12 月）」https://www.moj.go.jp/isa/content/ 001361884.pdf（最終閲覧日 2023 年 5 月 9 日）
――― 編 2022『2022 年版　出入国在留管理』出入国在留管理庁。
――― 2023a「在留外国人統計（旧登録外国人統計）統計表（2022 年 12 月現在）」https://www.moj.go.jp/isa/policies/statistics/toukei_ichiran_touroku.html（最終閲覧日 2023 年 12 月 4 日）
――― 2023b「令和 4 年末現在における在留外国人数について」https://www.moj.go.jp/isa/publications/press/13_00033.html#（最終閲覧日 2023 年 8 月 25 日）
――― n.d.「入管政策・統計」https://www.moj.go.jp/isa/policies/index.html（最終閲覧日 2023 年 8 月 31 日）
――― n.d.「『改善策の取組状況』及び『現行入管法上の問題点』について」https://www.moj.go.jp/isa/publications/materials/05_00016.html（最終閲覧日 2023 年 5 月 9 日）
――― n.d.「就労制限の対象となる難民認定申請者について」https://www.moj.go.jp/isa/applications/procedures/nanmin_nintei_shinsei_00001.html（2023 年 5 月 9 日最終閲覧）
白波瀬達也 2016「多文化共生の担い手としてのカトリック ―― 移民支援の重層性に着目して」関西学院大学キリスト教と文化研究センター編『現代文化とキリスト教』キリスト新聞社、99-133 頁。
杉本大輔 2012「日本における難民訴訟の成果と課題」『難民研究ジャーナル』2、51-60 頁。
高橋典史 2015「現代日本の『多文化共生』と宗教 ―― 今後に向けた研究動向の検討」『東洋大学社会学部紀要』52(2)、73-85 頁。
高橋典史・白波瀬達也・星野壮編著 2018『現代日本の宗教と多文化共生 ―― 移民と地域社会の関係性を探る』明石書店。
多田望・長田真里・村上愛・申美穂 2021『国際私法』有斐閣ストゥディア。
鑪幹八郎 1990『アイデンティティの心理学』講談社現代新書。
店田廣文 2013「日本に増え続けるモスク　高まるイスラム教の存在感」『エコノミスト』91(42)、42-44 頁。
――― 2015『日本のモスク ―― 滞日ムスリムの社会的活動』山川出版社。
――― 2018「日本人ムスリムとは誰のことか ―― 日本におけるイスラーム教徒（ムスリム）人口の現在」『社会学年誌』59、109-128 頁。
――― 2019a「資料：世界と日本のムスリム人口 2018 年」『人間科学研究』32(2)、253-262 頁。
――― 2019b「地方自治体におけるムスリム住民に対する『多文化共生』施策の現状」『人間科学研究』32(2)、225-234 頁。
――― 2021『世界と日本のムスリム人口　2019･2020 年』多民族・多世代社会研究所。
店田廣文・岡井宏文 2015「日本のイスラーム ―― ムスリム・コミュニティの現状と課題」『宗務時報』119、1-22 頁。
店田廣文ほか 2006『在日ムスリム調査 ―― モスク調査の記録』早稲田大学人間科学学術院アジア社会論研究室、114 頁。
千葉県 2015「立法事実説明資料（千葉県特定自動車部品のヤード内保管等の適正化に関する条例）」https://www.pref.chiba.lg.jp/haishi/yard/documents/rippou-jijitsu.pdf（最終閲覧日 2023 年 12 月 4 日）
――― 2023「千葉県の在留外国人数（令和 4 年 12 月現在）」https://www.pref.chiba.lg.jp/kokusai/toukeidata/kokusai/gaikokujinsuu.html（最終閲覧日 2023 年 12 月 4 日）

外国人対策について』の取りまとめについて」https://www.mhlw.go.jp/houdou/2002/03/h0306-5.html（最終閲覧日 2023 年 5 月 8 日）
——— 2019「応招義務をはじめとした診察治療の求めに対する適切な対応の在り方等について」https://www.mhlw.go.jp/content/10800000/000581246.pdf（最終閲覧日 2023 年 9 月 3 日）
——— 2023「令和 4 年度　医療機関における外国人患者の受入に係る実態調査結果報告書」https://www.mhlw.go.jp/stf/newpage_33994.html（最終閲覧日 2023 年 9 月 3 日）
国土交通省観光庁 2018「『訪日ムスリム旅行者対応のためのアクション・プラン』の策定」https://www.mlit.go.jp/kankocho/news08_000244.html（最終閲覧日 2023 年 5 月 22 日）
——— 2023「訪日外国人旅行社数・出国日本人数」https://www.mlit.go.jp/kankocho/siryou/toukei/in_out.html（最終閲覧日 2023 年 9 月 3 日）
国土交通省観光庁観光戦略課観光統計調査室 2020『訪日外国人の消費動向 —— 訪日外国人消費動向調査結果及び分析　2019 年 10-12 月期報告書』国土交通省観光庁 https://www.mlit.go.jp/kankocho/siryou/toukei/content/001345782.pdf
小谷仁務・岡井宏文・田村まり 2022「新型コロナウイルスワクチン接種会場としてのモスク：神奈川県海老名市の誰一人取り残さない取り組み」『土木計画学研究発表会・講演集』65、1-11 頁。
古地順一郎 2017「『ポイント制』の導入と難民受け入れ策 —— 国益と人道主義のはざまで」細川道久編著『カナダの歴史を知るための 50 章』明石書店、280-285 頁。
駒井洋 1999『日本の外国人移民』明石書店。
小村明子 2015『日本とイスラームが出会うとき　その歴史と可能性』現代書館。
コリンズ、パトリシア・ヒル／スルマ・ビルゲ（下地ローレンス吉孝監訳、小原理乃訳）2021『インターセクショナリティ』人文書院。
最高裁判所 1993『家庭裁判所月報』45(3)、67 頁。
——— 2007『家庭裁判所月報』59(12)、106 頁。
齋藤百合子 2006「人身売買被害者とは誰か —— 日本政府の『人身取引』対策における被害者認知に関する課題」『アジア太平洋レビュー』3、67-76 頁。
在留外国人統計（旧登録外国人統計）国籍・地域別在留資格（在留目的）別　在留外国人（表番号 21-12-01-1）https://www.e-stat.go.jp/stat-search/files?page=1&layout=datalist&toukei=00250012&tstat=000001018034&cycle=1&year=20210&month=24101212&tclass1=000001060399（最終閲覧日 2023 年 8 月 25 日）
桜井啓子 2003『日本のムスリム社会』筑摩書房。
——— 2012「ヴェイル、長衣、帳：現代イランの公的空間と女性」『イスラーム地域研究ジャーナル』4、59-63 頁。
佐々木てる 2004「ネイションと国籍制度 —— 戦後日本の国籍制度にみるナショナル・イメージ」『社会学ジャーナル』29、219-232 頁。
佐藤敬 1952「古都で聞く『買物ブギ』“故郷日本”を懐しむ人々トルコ紀行」『朝日新聞』1952 年 6 月 16 日、夕刊 2 面。
——— 1979『遥かなる時間の抽象』アドバンス大分。
佐藤兼永 2015『日本の中でイスラム教を信じる』文藝春秋。
下地ローレンス吉孝 2018『「混血」と「日本人」—— ハーフ・ダブル・ミックスの社会史』青土社。

mofaj/press/release/22/12/1217_05.html（最終閲覧日 2023 年 9 月 3 日）
――― 2022a「インドネシア共和国基礎データ（令和 4 年 7 月 11 日）」https://www.mofa.go.jp/mofaj/area/indonesia/data.html（最終閲覧日 2023 年 8 月 30 日）
――― 2022b「シリア・アラブ共和国基礎データ（令和 4 年 12 月 22 日）」https://www.mofa.go.jp/mofaj/area/syria/data.html（最終閲覧日 2023 年 8 月 30 日）
桂悠介 2021a「協働の場としてのモスク、イスラミックセンター －新型コロナウィルスへの対応－」『M ネット』218、32-33 頁。
――― 2021b「日本におけるイスラームへの改宗プロセスの分類 ――『結婚』に還元されない諸経験に着目して」『宗教と社会』27、65-80 頁。
家庭の法と裁判研究会編 2019『家庭の法と裁判』22 号。
神山恵・大島透 2023「ムスリム土葬墓地　地元住民と設置条件で合意　大分・別府」毎日新聞 2023 年 5 月 9 日、https://mainichi.jp/articles/20230509/k00/00m/040/226000c（最終閲覧日 2023 年 11 月 5 日）
鴨澤巌 1983「在日タタール人についての記録 2」『法政大学文学部紀要』29、223-302 頁。
川添裕子 2015「グローバル時代のハラールと化粧に対するモロッコの人々の意識と行動」『コスメトロジー研究報告』23、140-147 頁。
観光戦略実行促進タスクフォース 2018「訪日ムスリム旅行者対応のためのアクション・プラン」首相官邸、観光庁 https://www.mlit.go.jp/common/001235639.pdf
技能実習制度及び特定技能制度の在り方に関する有識者会議 2023『中間報告書』https://www.moj.go.jp/isa/content/001395635.pdf（最終閲覧日 2023 年 9 月 29 日）
清末愛砂 2014「『対テロ』戦争と女性の均質化 ―― アフガニスタンにみる〈女性解放〉という陥穽」『ジェンダーと法』11、80-92 頁。
工藤正子 2008『越境の人類学 ―― 在日パキスタン人ムスリム移民の妻たち』東京大学出版会。
――― 2016「差異の交渉とアイデンティティの構築 ―― 日本とパキスタンの国境を越える子どもたち」川島浩平・竹沢泰子編『人種神話を解体する 3 ――「血」の政治学を越えて』東京大学出版会、303-331 頁。
――― 2021「トランスナショナルな家族の生成と再編 ―― 日本人女性とパキスタン人男性の国際結婚夫婦と子どもたちの事例から」『移民政策研究』13、9-26 頁。
久保康之 2001「『エンターテイナー』 ―― 日本にいるインドネシア人女性の実態」『Indonesia Alternative Information』34、6-7 頁。
クレシサラ好美（奥田敦監修）2017『ハラールとハラール認証 ―― ムスリマの視点から実情と課題を語る』慶應義塾大学湘南藤沢学会。
クレシサラ好美 2021a「名古屋におけるムスリムコミュニティの様相 ―― モスクの活動および日本人女性による自主活動の展開」『グローバル・コンサーン』3、244-264 頁。
――― 2021b「日本に暮らすムスリム第二世代 ―― 当事者の語りから見える葛藤の様相」『KEIO SFC JOURNAL』21(1)、154-176 頁。
――― 2022「日本に暮らすムスリム第二世代 ―― 学校教育現場における実態の検証」『白山人類学』24、131-154 頁。
小泉康一 2019「難民・強制移動研究とは何か」小泉康一編『「難民」をどう捉えるか ―― 難民・強制移動研究の理論と方法』慶應義塾大学出版会、3-34 頁。
厚生労働省 2002「警察庁、法務省及び厚生労働省の三省庁の合意に基づく『不法就労等

平』言語文化教育研究会 2013 年度研究集会大会「実践研究の新しい地平」発表予稿集、109-114 頁。
伊藤弘子 2020「定着後の在留外国人に関する法的問題：入管法と国際私法の観点から」『アジア法研究』159-174 頁。
伊藤弘子・望月彬史・青木有加 2023『Q&A フィリピン家事事件の実務 ―― 婚姻・離婚・出生・認知・縁組・親権・養育費・死亡・相続・国籍・戸籍・在留資格』日本加除出版。
稲葉奈々子 2007「親族集団から個人へ ―― 現代の遊牧民・トルコ系シャーサバンの日本出稼ぎ」樋口直人・稲葉奈々子・丹野清人・福田友子・岡井宏文『国境を越える ―― 滞日ムスリム移民の社会学』青弓社、27-59 頁。
伊豫谷登士翁 2014a「移動のなかに住まう」伊豫谷登士翁・平田由美編『「帰郷」の物語／「移動」の語り ―― 戦後日本におけるポストコロニアルの想像力』平凡社、5-26 頁。
――― 2014b「移動経験の創りだす場 ―― 東京島とトウキョウ島から『移民研究』を読み解く」伊豫谷登士翁・平田由美編『「帰郷」の物語／「移動」の語り ―― 戦後日本におけるポストコロニアルの想像力』平凡社、293-327 頁。
宇高雄志 2017『神戸モスク ―― 建築と街と人』東方出版。
大岡栄美 2016「『安全』かつ『効率的』管理に向かうカナダの難民庇護政策 ―― ハーパー保守党政権による境界再編に関する一考察」『法學研究：法律・政治・社会』89 (2)、343-370 頁。
大滝哲彰・高井里佳子 2023「『日本人のイスラム教徒』が増える理由　国内のモスクは 20 年で 7 倍」朝日新聞デジタル（2023 年 5 月 6 日公開）https://www.asahi.com/articles/ASR4X5215R2GPTIL002.html（最終閲覧日 2023 年 9 月 3 日）
大場卓 2021「床の間からミフラーブへ ―― 日本のモスク建設にみる在来建築との折衝」東京大学大学院工学研究科修士学位論文（未公刊）。
大橋充人 2021『在日ムスリムの声を聴く ―― 本当に必要な“配慮”とは何か』晃洋書房。
岡真理 2000『彼女の「正しい」名前とは何か ―― 第三世界フェミニズムの思想』青土社。
岡井宏文 2007「イスラームネットワークの誕生 ―― モスクの設立とイスラーム活動」樋口直人・稲葉奈々子・丹野清人・福田友子・岡井宏文『国境を越える ―― 滞日ムスリム移民の社会学』青弓社、178-209 頁。
――― 2009「滞日ムスリムによる宗教的基盤の獲得と変容 ―― モスク設立活動を中心に」『人間科学研究』22(1)、15-31 頁。
――― 2018a「日本とイスラーム ―― モスクから見る日本のムスリム・コミュニティ」小杉泰・黒田賢治・二ツ山達朗編『大学生・社会人のためのイスラーム講座』ナカニシヤ出版、22-38 頁。
――― 2018b「ムスリム・コミュニティと地域社会 ―― イスラーム団体の活動から『多文化共生』を再考する」高橋典史・白波瀬達也・星野壮編著『現代日本の宗教と多文化共生 ―― 移民と地域社会の関係性を探る』明石書店、181-203 頁。
――― 2023「老いと死と向き合う ―― 日本のモスクにおける死の引き受けと埋葬に関する予備的考察」『移民研究年報』29、43-55 頁。
小川玲子 2023「アフガニスタン人の退避と人種化された国境管理」『移民政策研究』15、10-27 頁。
外務省 2010「報道発表　医療滞在ビザの創設」（2010 年 12 月 17 日）https://www.mofa.go.jp/

参考文献

〈日本語〉

A.P.F.S.（Asian People's Friendship Society）編 2002『子どもたちにアムネスティを —— 在留特別許可取得一斉行動の記録』現代人文社。

SYM a「むすりむ Tube」https://www.youtube.com/channel/UCI7MR44iAlSTXyP5gqbpzKg（最終閲覧日 2023 年 8 月 31 日）

——— b「ヤングむすりむチャンネル」https://www.youtube.com/@YoungMuslimChannel（最終閲覧日 2023 年 8 月 31 日）

UNHCR 駐日事務所 2015『難民認定基準ハンドブック —— 難民の地位の認定の基準及び手続に関する手引き（改訂版）』国連難民高等弁務官（UNHCR）駐日事務所。

——— n.d.「1951 年の条約及び 1967 年の議定書の当事国一覧表」https://www.unhcr.org/jp/treaty_1951_1967_participant（最終閲覧日 2023 年 12 月 22 日）

アーレント、ハンナ（大久保和郎・大島通義・大島かおり訳）2017『新版　全体主義の起原』1 ～ 3、みすず書房。

浅倉拓也 2023「（記者解説）入管法改正審議大詰め 「難民鎖国」認定審査に独立機関を」『朝日新聞』2023 年 5 月 29 日朝刊。

『アサヒグラフ』1938 年 5 月 11 日通常号 757 号「日本を母として —— 東京の回教徒小学校」14-15 頁。

朝日新聞 1994「身元不明イラン人火葬後『イスラム教徒焼くな』と大使館抗議　石和」1994 年 5 月 13 日夕刊。

安達智史 2013『リベラル・ナショナリズムと多文化主義 —— イギリスの社会統合とムスリム』勁草書房。

——— 2017「『日々生きられる宗教』としてのイスラーム —— 日本人ムスリム女性の事例から」『社会学研究』100、181-205 頁。

アブー＝ルゴド、ライラ（鳥山純子・嶺崎寛子訳）2018『ムスリム女性に救援は必要か』書肆心水。

荒ちひろ 2023「なぜここまで広がった？　世界一の『火葬大国』ニッポン　時代とともに担い手にも変化」朝日新聞 GLOBE+ 2023 年 2 月 28 日 https://globe.asahi.com/article/14849369（2023 年 11 月 5 日最終閲覧）

池田緑 2016「ポジショナリティ・ポリティクス序説」『法學研究：法律・政治・社会』89(2)、317-341 頁。

石川真作 2012『ドイツ在住トルコ系移民の文化と地域社会 —— 社会的統合に関する文化人類学的研究』立教大学出版会。

石川真作・渋谷努・山本須美子編 2012『周縁から照射する EU 社会 —— 移民・マイノリティとシティズンシップの人類学』世界思想社。

市嶋典子 2013「在日ムスリム留学生の宗教的葛藤と留学生支援」『実践研究の新しい地

Contents

深見奈緒子（ふかみ・なおこ）［コラム5］
日本学術振興会カイロ研究連絡センター センター長
専攻：イスラーム建築史、都市史
主な著作：『世界の美しいモスク』（エクスナレッジ、2016年）、『イスラーム建築の世界史』（岩波書店、2013年）、『世界のイスラーム建築』（講談社現代新書、2005年）。

福田友子（ふくだ・ともこ）［コラム4］
千葉大学大学院国際学術研究院 准教授
専攻：国際社会学・移民研究
主な著作："Used Vehicles and Auto Parts Trade in New Zealand and Pacific Island Countries" (Kojima Michikazu and Sakata Shozo (eds.), *International Trade of Secondhand Goods*, Palgrave Macmillan, 2021)、「南アジアの中古品貿易業 ── アフガニスタン人移民企業家のトランスナショナルな移動」（松尾昌樹・森千香子編『移民現象の新展開』岩波書店、2020年）、『トランスナショナルなパキスタン人移民の社会的世界 ── 移住労働者から移民企業家へ』（福村出版、2012年）。

細谷幸子（ほそや・さちこ）［第11章］
国際医療福祉大学成田看護学部 教授
専攻：イラン地域研究・公衆衛生看護学
主な著作：「イランにおけるろう・難聴者の就労状況 ── エスファハーン州ろう者家族協会での質問紙調査 から」（森壮也編著『中東のなかの「障害と開発」』第5章、日本貿易振興機構アジア経済研究所、2023年）、「イトコ婚と遺伝病」（長沢栄治監修、森田豊子・小野仁美編著『結婚と離婚』〈イスラーム・ジェンダー・スタディーズ1〉明石書店、2019年）、「偏見を笑う」（長沢栄治監修、鳥山純子編著『フィールド経験からの語り』〈イスラーム・ジェンダー・スタディーズ4〉明石書店、2021年）。

三沢伸生（みさわ・のぶお）［コラム8］
東洋大学社会学部 教授・アジア文化研究所 所長
専攻：日本とイスラーム世界の関係史
主な著作："The First Japanese Muslim, Shôtarô NODA (1868-1904)" (Göknur AKÇADAĞとの共著、*Annals of Japan Association for Middle East Studies*, 23-1, 2007), *Türk-Japon ticaret ilişkileri* (İstanbul Ticaret Odası, 2011), *Verification for the achievements of a Japanese merchant in Istanbul* (Institute of Asian, African, and Middle Eastern Studies, Sophia University, 2017).

嶺崎寛子［はじめに、第13章］
編著者紹介を参照。

森田豊子（もりた・とよこ）［第8章、コラム10、コラム11］
横浜市立大学 客員研究員
専攻：イラン地域研究
主な著作：『結婚と離婚』〈イスラーム・ジェンダー・スタディーズ1〉（小野仁美との共編著、長沢栄治監修、明石書店、2019年）、「変わりゆく家族のかたち ── 現代イランの場合」（長沢栄治監修、竹村和朗編著『うつりゆく家族』〈イスラーム・ジェンダー・スタディーズ6〉明石書店、2023年）、「現代イランの学校教育における宗教実践 ── イラン革命後の変化と現在」（高尾賢一郎・後藤絵美・小柳敦史編著『宗教と風紀 ──〈聖なる規範〉から読み解く現代』岩波書店、2021年）。

沈　雨香（しん・うひゃん）［第 5 章］
早稲田大学国際教養学部 助教
専門：教育社会学、高等教育
主な著作：“What is Higher Education for?: Educational Aspirations and Career Prospects of Women in the Arab Gulf”（早稲田大学大学院教育学研究科博士論文、2020 年、未公刊)、「高等教育のグローバル化は大学生の国際意識を変えるのか？ ── 国際交流の教育効果と地域偏在する国際観」（山本桃子・木村康彦と共著『IDE 現代の高等教育』607、2019 年）。

武田沙南（たけだ・さな）［コラム 3］
東北学院大学経済学部卒業
主な著作：「日本の化粧品市場におけるハラールマークの実効性 ── 東北在住ムスリムへの調査から見えたもの」（卒業論文、2021 年）。

西川　慧（にしかわ・けい）［コラム 7］
石巻専修大学人間学部 准教授
専攻：文化人類学 東南アジア地域研究
主な著作：「供犠の価値は計り得るか？ ── インドネシア西スマトラ州における家畜の商品的価値と供犠」（『文化人類学』88(1)、2023 年)、「ほろ苦さを求めて ── インドネシア西スマトラ州のガンビール・ブームから読み解くビンロウのグローバリゼーションズ」（大坪玲子・谷憲一編『嗜好品から見える社会』春風社、2022 年)、「統合と分離のあいだで ── 西スマトラ州海岸部における親族と社会関係をめぐって」（『東南アジア─歴史と文化─』50、2021 年）。

温井立央（ぬくい・たつひろ）［コラム 6］
「在日クルド人と共に（HEVAL)」代表理事
在日クルド人を対象にした日本語教室や医療に関する相談、相互理解のためのイベント活動などを行っている。埼玉県蕨市在住。

沼田彩誉子（ぬまた・さよこ）［第 10 章］
東京外国語大学アジア・アフリカ言語文化研究所 ジュニア・フェロー
専攻：オーラルヒストリー・移民研究
主な著作：「極東生まれのタタール移民 2 世の移住経験 ──『テュルク・ムスリムの国』トルコへの適応過程における『経由地』極東の役割」（『日本オーラル・ヒストリー研究』15、2019 年)、「タタール移民第 2 世代のコネクティビティ ── トルコ移住の語りと日本人調査者の立場性」（黒木英充編『移民・難民のコネクティビティ』〈イスラームからつなぐ 4〉東京大学出版会、2024 年予定）など。

パイン・ゼイイエトゥン［コラム 2］
会社役員、愛知東邦大学経営学部（執筆時）
SYM 名古屋モスクで企画および広報、動画「ヤングむすりむチャンネル」（https://www.youtube.com/@YoungMuslimChannel）の編集を務める。

工藤正子（くどう・まさこ）［第3章］
桜美林大学リベラルアーツ学群 教授
専攻：文化人類学
主な著作：『越境の人類学 ―― 在日パキスタン人ムスリム移民の妻たち』（東京大学出版会、2008年）、「トランスナショナルな家族の生成と再編：日本人女性とパキスタン人男性の国際結婚夫婦と子どもたちの事例から」（『移民政策研究』13、2021年）、"Negotiating Citizenship and Reforging Muslim Identities: The Case of Young Women of Japanese-Pakistani Parentage" (*Citizenship Studies*, 25(7), 2021).

クレシ明留（クレシ・あきーる）［コラム2］
慶應義塾大学総合政策学部4年
日本に暮らすムスリム子弟への古典アラビア語教育活動に取り組む。
主な著作：「名古屋モスクと私」（『建築ジャーナル』1333号、2022年）、「今年のラマダーン」（『アル・イスラーム』210号、2021年）、「むすりむ Tube」（https://www.youtube.com/@JPNmuslim）。

クレシ サラ好美（クレシ・サラ よしみ）［第2章］
早稲田大学人間総合研究センター 招聘研究員、宗教法人名古屋イスラミックセンター 渉外担当理事
専攻：ムスリム第二世代研究
主な著作：「日本に暮らすムスリム第二世代 ―― 学校教育現場における実態の検証」（『白山人類学』24、2022年）、「日本に暮らすムスリム第二世代 ―― 当事者の語りから見える葛藤の様相」（『KEIO SFC JOURNAL』21(1)、2021年）、「名古屋におけるムスリムコミュニティの様相 ―― モスクの活動および日本人女性による自主活動の展開」（『グローバル・コンサーン』3、2021年）。

佐伯奈津子（さえき・なつこ）［第9章］
名古屋学院大学国際文化学部 准教授
専攻：インドネシア地域研究、平和研究
主な著作：「インドネシア・アチェ州のイスラーム刑法と人権」（鹿毛敏夫編『交錯する宗教と民族 ―― 交流と衝突の比較史』勉誠出版、2021年）、「援助は貧困削減に有効なのか」（日本平和学会編『平和をめぐる14の論点 ―― 平和研究が問い続けること』法律文化社、2018年）、「開発と紛争：インドネシア・アチェ ODA 事業における土地収用と住民の周縁化」（甲斐田万智子・佐竹眞明・長津一史・幡谷則子編著『小さな民のグローバル学 ―― 共生の思想と実践をもとめて』上智大学出版、2016年）。

佐藤兼永（さとう・けんえい）［第1章］
写真家
日本のムスリムやフィリピン人と日本人の間に生まれた子どもたちなど、日本社会の境界に生きる人々の取材を続けている。主な関心は日本社会とマイノリティの関わりやマイノリティ自身のアイデンティティ、マイノリティ家族内のダイナミズムなど。
主な著作：『日本の中でイスラム教を信じる』（文藝春秋、2015年）。

大場　卓（おおば・すぐる）［コラム 5］
会社員、東京大学大学院工学系研究科建築学専攻修士課程修了
専攻：建築学（建築史、建築設計）
主な著作：「床の間からミフラーブへ —— 日本のモスク建設にみる在来建築との折衝」（東京大学大学院工学研究科修士学位論文、2021 年、未公刊）、"Praying to the Tokonoma"（*TOO MUCH Magazine of Romantic Geography*, Issue 9（THE SACRED）, 2022 年）、「宗教施設、建築（東南アジア）」（イスラーム文化事典編集委員会『イスラーム文化事典』丸善出版、2023 年）。

岡井宏文（おかい・ひろふみ）［第 6 章、コラム 11］
京都産業大学現代社会学部 准教授
専攻：社会学
主な著作：「老いと死と向き合う —— 日本のモスクにおける死の引き受けと埋葬に関する予備的考察」（『移民研究年報』29、2023 年）、"Conflict and coexistence among minorities within minority religions: a case study of Tablighi Jama'at in Japan"（Norihito Takahashi との共著、*Religion, State and Society*, 51(3), 2023）,「瀬戸内から世界に広がるつながり —— ある日本人ムスリムの足跡をたどる」（黒木英充・後藤絵美編『イスラーム信頼学へのいざない』東京大学出版会、2023 年）。

小川玲子（おがわ・れいこ）［特論］
千葉大学社会科学研究院 教授
専攻：社会学、移民研究
主な著作：「アフガニスタン人の退避と人種化された国境管理」（『移民政策研究』15、2023 年）、「アフガニスタン人の退避と定住化の課題 —— 留学生と日本大使館職員から見た日本の受け入れについて」（『異文化コミュニケーション』26、2023 年）、「社会で難民を受け入れるということ —— アフガニスタンから逃れてきた人たち」（森恭子・南野奈津子編著『いっしょに考える難民の支援 —— 日本に暮らす「隣人」と出会う』明石書店、2023 年）。

小野仁美（おの・ひとみ）［コラム 1］
東京大学大学院人文社会系研究科 助教
専攻：イスラーム法、ジェンダー史
主な著作：『イスラーム法の子ども観 —— ジェンダーの視点でみる子育てと家族』（慶應義塾大学出版会、2019 年）、『結婚と離婚』〈イスラーム・ジェンダー・スタディーズ 1〉（森田豊子との共編著、長沢栄治監修、明石書店、2019 年）、『「社会」はどう作られるか？ —— 家族・制度・文化』〈〈ひと〉から問うジェンダーの世界史 2〉（姫岡とし子・久留島典子と共編著、大阪大学出版会、2023 年）。

カン夢咲（カン・むーさ）［コラム 2］
会社員、愛知東邦大学経営学部卒業。SYM 名古屋モスクで取りまとめ役を務める。

アズミ・ムクリサフ（AZMI Mukhlisah）［第 4 章］
名古屋大学大学院教育発達科学研究科 博士後期課程
専攻：教育人類学、比較教育学
主な著作：「インドネシアのイスラーム系私立学校“Integrated Islamic School”における知の融合：宗教知と一般知の二分法の克服」（『比較教育学研究』第 62 号、2021 年）、「インドネシアのイスラーム系私立学校 Integrated Islamic School における一般知と宗教知の融合：一般教科の教科書にみられる宗教知の内容と付与形態に着目して」（『アジア教育』第 17 巻、2023 年）、「日本のイスラーム保育園における多文化保育の実践：保育者と保護者への聞き取り調査から」（エル・アマンダ・デ・ユリ A・S、アユ・アズハリヤ、内田直義、神内陽子、千田沙也加との共著、『国際幼児教育研究』第 28 巻、2021 年）。

石川真作（いしかわ・しんさく）［コラム 3、第 12 章］
東北学院大学地域総合学部政策デザイン学科 教授
専攻：文化人類学、移民研究
主な著作：“Social Integration and the Changing State of Ethnicity and Culture: The Case of Turkish Immigrants in Turkey”（Fumiko Sawae (ed.), *Muslims in the Globalizing World: Some Reflections on Japan*, [SIAS Working Paper Series 38], 2022）,「戦略としてのトランスナショナリズムとジェンダー ―― ヨーロッパとトルコにおけるアレヴィーの事例から」（長沢栄治監修、鷹木恵子編『越境する社会運動』〈イスラーム・ジェンダー・シリーズ 2〉明石書店、2020 年）、『ドイツ在住トルコ系移民の文化と地域社会 ―― 社会的統合に関する文化人類学的研究』（立教大学出版会、2012 年）。

磯貝真澄（いそがい・ますみ）［コラム 9］
千葉大学大学院人文科学研究院 准教授／東北大学東北アジア研究センター 准教授（クロスアポイントメント）
専攻：中央ユーラシア近現代史
主な著作：『帝国ロシアとムスリムの法』（磯貝健一との共編著、昭和堂、2022 年）、『中央ユーラシアの女性・結婚・家庭 ―― 歴史から現在をみる』〈アジア環太平洋研究叢書 6〉（帯谷知可との共編著、国際書院、2023 年）、「ソ連初期のムスリム知識人による自己語り ―― 1928 年のハサンアター・ガベシーの自伝的回想を読む」（野田仁編『近代中央ユーラシアにおける歴史叙述と過去の参照』東京外国語大学アジア・アフリカ言語文化研究所、2023 年）。

伊藤弘子（いとう・ひろこ）［第 7 章］
室蘭工業大学理工学基礎教育センター 教授
専攻：国際私法・比較法
主な著作：『Q&A フィリピン家事事件の実務　婚姻・離婚・出生・認知・縁組・親権・養育費・死亡・相続・国籍・戸籍・在留資格』（望月彬史・青木有加との共著、日本加除出版社、2023 年）、「インドにおける法多元性と法の抵触」（『国際私年報』19、2017 年）、『国際養子縁組法制をめぐる現状分析と課題 ―― 国際比較の視点から』（分担執筆、外国法制研究会編、寿郎社、2023 年）。

◉ 監修者紹介

長沢栄治（ながさわ・えいじ）
東京外国語大学アジア・アフリカ言語文化研究所 フェロー、東京大学 名誉教授
専攻：中東地域研究、近代エジプト社会経済史
主な著作：『近代エジプト家族の社会史』（東京大学出版会、2019 年）、『現代中東を読み解く —— アラブ革命後の政治秩序とイスラーム』（後藤晃との共編著、明石書店、2016 年）、『アラブ革命の遺産 —— エジプトのユダヤ系マルクス主義者とシオニズム』（平凡社、2012 年）。

◉ 編著者紹介

嶺崎寛子（みねさき・ひろこ）
成蹊大学文学部 准教授
専攻：文化人類学、ジェンダー学、宗教学
主な著作：『イスラーム復興とジェンダー —— 現代エジプト社会を生きる女性たち』（昭和堂、2015 年）、『ジェンダー暴力の文化人類学 —— 家族・国家・ディアスポラ社会』（田中雅一との共編著、昭和堂、2021 年）、「イスラームとジェンダーをめぐるアポリアの先へ」（『宗教研究』93(2)、2019 年）。

◉執筆者紹介（50 音順、[　] 内は担当章）

アキバリ・フーリエ（Hourieh AKBARI）[第 5 章]
イラン出身。千葉大学特別研究員、白百合女子大学国語国文学科 非常勤講師
専攻：日本に在住している外国人、主にイラン人やアフガニスタン人難民の言語環境や言語問題の実態について社会学・言語学の立場から研究。多文化共生社会・異文化理解とコミュニケーションについて研究・教育活動。
主な著作："Persian: Migration waves and diversification" (John C. Maher (ed.), *Language Communities in Japan*, Oxford University Press, 2022), "Japanese language management by Persian native speakers in honorific contact situations with Japanese native speakers: Case study based on third person's valuation" (Sohrab Azarparand との共著、*Foreign Language Research Journal Tehran University*, 11, 2021), 「接触場面における儀礼的な逸脱の分析 —— 日本語母語話者とペルシア語母語話者の自然界を対象に」（村岡英裕編『アイデンティティと社会的参加 —— 接触場面の言語管理研究 vol.16』2019 年）。

＊監修者・編著者紹介および執筆者紹介の内容は、第 1 刷発行当時のものである。

イスラーム・ジェンダー・スタディーズ7

日本に暮らすムスリム

2024年2月29日　初版第1刷発行
2024年4月 1 日　初版第2刷発行

監修者　長沢栄治
編著者　嶺崎寛子
発行者　大江道雅
発行所　株式会社明石書店
〒101-0021 東京都千代田区外神田6-9-5
電話 03（5818）1171
FAX 03（5818）1174
振替　00100-7-24505
https://www.akashi.co.jp/
装丁　明石書店デザイン室
印刷　株式会社文化カラー印刷
製本　協栄製本株式会社

（定価はカバーに表示してあります）　ISBN978-4-7503-5716-4